人民法院案例选

CHINA LAW REPORT

2024年 第10辑 总第200辑

最高人民法院中国应用法学研究所 / 编

人民法院出版社

图书在版编目（CIP）数据
人民法院案例选. 总第200辑 / 最高人民法院中国应用法学研究所编. -- 北京 : 人民法院出版社, 2025. 4. -- ISBN 978-7-5109-4438-3
Ⅰ. D920.5
中国国家版本馆CIP数据核字第2025U31P12号

人民法院案例选　2024 年第 10 辑（总第 200 辑）

最高人民法院中国应用法学研究所　编

责任编辑　唐　佳
出版发行　人民法院出版社
地　　址　北京市东城区东交民巷 27 号（100745）
电　　话　（010）67550629（责任编辑）　67550558（发行部查询）
　　　　　65223677（读者服务部）
客服 QQ　2092078039
网　　址　http://www.courtbook.com.cn
E-mail　courtpress@sohu.com
印　　刷　河北鑫兆源印刷有限公司
经　　销　新华书店

开　　本　787 毫米×1092 毫米　1/16
字　　数　286 千字
印　　张　15
版　　次　2025 年 4 月第 1 版　2025 年 4 月第 1 次印刷
书　　号　ISBN 978-7-5109-4438-3
定　　价　66.00 元

《人民法院案例选》编审委员会

《人民法院案例选》
编辑委员会

出版说明

“一个案例胜过一打文件。”案例是司法状况的真实反映，是法官智慧和经验的凝结，是法学研究和法治宣传的生动教材。《人民法院案例选》创办于1991年，以新近裁判生效案例为主要刊载对象，是最高人民法院最早的案例研究连续出版物，也是我国改革开放以后出版时间最早、延续时间最长、出版册数最多的案例研究书籍。自创办以来，《人民法院案例选》始终坚持“反映审判面貌，交流司法经验，启发办案思考，促进理论提升”的编选方针，从一个侧面真实记载了人民法院审判工作的发展轨迹，展示了不同时期人民法院审判工作的特点和取得的巨大成就，受到了学术界与实务界的普遍关注和喜爱，在全国法院、社会各界乃至国际上都产生了广泛影响，取得了良好声誉，得到了广泛认可，成为中国应用法学研究所乃至最高人民法院的品牌性连续出版物。

《人民法院案例选》包括“案例精析”和“专题策划”两大版块，以“案例精析”为主要部分。主要特点有二：一是以最新司法实务中的前沿、典型、疑难案件为主要刊载对象，及时反映司法实践中出现的前沿、热点、疑难问题，集中体现人民法院对上述案件在证据采信、事实认定、裁判形成以及说理论证、矛盾纠纷源头预防多元化解等方面的最新探索成果。与人民法院案例库、指导性案例相比，案例选更多关注一线法官们对前沿、典型、疑难乃至争议性案件的司法探索和理论思考，不仅是各级法院法官展现司法智慧、交流探索司法经验的良好平台，也是人民法院案例库、指导性案例的重要来源，可为人民法院案例库及时发现、提供并积累更多鲜活的案例素材。二是内容相对齐全，重点相对突出。每个案例包括正副标题、关键词、裁判要旨、相关法条、案件索引、基本案情、裁判结果、裁判理由、案例注解九个部分，与案件相关的内容较为齐全，其中案例注解部分为重点和核心。案例注解一般由案件承办法官亲自撰写，或聚焦案件中争议的法律问题，或专注于裁判方法和理念的阐释，是办案法官对裁判结果的理论证成和内心确信的逻辑展示，是对裁判要旨、裁判理由或者裁判背景的理论解析和政策说明，是法官办案时深刻思考、灵光闪现抑或困惑纠结、反复权衡的真切记载，对于启发读者思考，特别是类案办理者的思考，具有重要的参考、启发、借鉴作用。

《人民法院案例选》三十多年的发展和影响力的不断扩大，得益于广大读者和法官的大力支持和厚爱，我们表示衷心的感谢。由于水平有限，刊物在编辑过程中存在的不当之处，敬祈批评指正。

编　者

二〇二四年十月

目录 / CONTENTS

民 事

商 事

知识产权

行政与国家赔偿

一、专题策划·劳动争议

【编者按】 劳动人民是历史的创造者，是以中国式现代化全面推进强国建设和民族复兴伟业的建设者和伟大实践者。当前，随着我国经济社会发展进入新阶段，围绕发展新质生产力，就业形态也出现诸多新情况、新问题和新挑战。与此对应，劳动争议类型更加多元和纷繁复杂，相关民事纠纷也日益增多。本专题策划立足时代背景、聚焦劳动争议，所探讨的问题包括：客观情况发生重大变化时用人单位行使用工自主权调岗未果而解除劳动合同的正当性认定，利用社交媒体进行"隐形加班"的认定标准，"人工助孕"背景下女职工生育权的侵害认定及其保护规则，"长期两不找"状态下劳动关系的认定。该专题选取的案例从多个视角呈现了新时代劳动争议纠纷的司法实践现状和法律适用考量，为类似案件办理提供了可资借鉴的裁判思路和规则启示，具有实践和理论意义。

某公司诉杨某劳动争议案

——客观情况发生重大变化时用人单位行使用工自主权调岗未果而解除劳动合同的正当性认定

关键词：民事　用工自主权　客观情况　重大变化　解除劳动合同

【裁判要旨】

用人单位根据经营环境的变化，在不损害劳动者合法权益的情况下进行合理调岗，是合理行使用工自主权的表现。在此基础上，若客观情况发生不可避免的重大变化，无法达成协议导致劳动合同无法继续履行时，用人单位可以依法解除劳动合同。

【相关法条】

《中华人民共和国劳动合同法》

第四十条　有下列情形之一的，用人单位提前三十日以书面形式通知劳动者本人或者额外支付劳动者一个月工资后，可以解除劳动合同：

（一）劳动者患病或者非因工负伤，在规定的医疗期满后不能从事原工作，也不能从事由用人单位另行安排的工作的；

（二）劳动者不能胜任工作，经过培训或者调整工作岗位，仍不能胜任工作的；

（三）劳动合同订立时所依据的客观情况发生重大变化，致使劳动合同无法履行，经用人单位与劳动者协商，未能就变更劳动合同内容达成协议的。

【案件索引】

一审：陕西省西安市未央区人民法院（2023）陕0112民初13417号（2023年10月25日）

二审：陕西省西安市中级人民法院（2024）陕01民终577号（2024年3月29日）

【基本案情】

原告（被上诉人）杨某诉称：原告于2010年12月20日入职被告某公司，工作岗位为PMS。2014年12月20日，双方签订了无固定期限劳动合同，工作岗位为Supervisor－Service Support。2022年9月1日被告发布《关于×××售后服务团队重组公司内部给员工提供新工作岗位的通知》，通知明确载明原告的工作岗位由服务备件助理调整为行政专员，原告收悉后明确表示不同意。2022年9月13日，被告未经原告同意向原告发放了《解除劳动合同通知》。被告解除与原告劳动合同的行为系违法解除，且根据劳动合同、薪酬福利管理制度及每年发放年终奖的情况，被告应向原告支付2022年1月1日至9月13日相应的年终奖及企业福利计划当前储蓄计划CBS中的未归属个人账户资产。诉请法院判令：（1）被告支付原告违法解除劳动关系的赔偿金266931.76元；（2）被告支付原告2022年1月1日至9月13日相应的年终奖10311.78元；（3）被告支付原告企业福利计划当前储蓄计划CBS中的未归属的个人账户资产15124.05元；（4）诉讼费由被告承担。

被告某公司（上诉人）辩称：（1）被告是一家外国法人独资的有限责任公司，受外部经济环境的影响，×××服务业务在过去两年一直萎缩，被告董事会不得不作出决议，撤销部分地区×××服务网点和维修中心，由于各地服务网点和维修中心的撤销，相关服务人员也进行了削减。董事会决议作出之后，被告于2022年7月20日就×××售后服务网点重组和组织架构调整事宜与员工进行了沟通，并进行了线上问题解答。2022年7月21日，被告将重组后的组织架构调整通知通过邮件发送给了售后服务团队成员，并将相关通知进行了张贴公示。由于×××服务网点和组织架构的重组，原告的原工作岗位已不存在。由于业务和人员重组，原告的劳动合同无法继续履行，符合《劳动合同法》规定的客观情况发生重大变化致使劳动合同无法继续履行，且此次重组受影响的员工有8人之多。被告处既没有原告原来的岗位设置，也没有同事从事原告原来的工作职责和工作内容。此次×××业务服务网点和组织架构重组，被告积极为原告提供新的工作岗位，但原告一再拒绝协商变更劳动合同。被告的安排合法合理，基于以下原因：原告原工作岗位为服务备件助理，被告提供的新岗位为行政专员，都属于助理/专员类岗位；被告为原告提供的新岗位，工资、职级等保持不变；在新岗位下原告的工作地点和工作时间也未变化。鉴于客观情况发生重大变化致使双方劳动合同无法继续履行，经多次沟通后原告不同意接受新岗位，双方无法就变更劳动合同达成一致，故被告依法解除了与原告的劳动关系，并支付了经济补偿金、代通知金 132108.08 元。（2）奖金属于用人单位自主权的范畴，双方并未约定奖金的具体计算标准和方式，原告 2022 年度工作未满一年，也不符合享受年度奖金的事实条件。被告规章制度也明确规定，年度绩效奖金发放日不在职的员工无权享受年度绩效奖金。（3）CBS 属于补充养老保险，由商业保险公司运营，应按照公司的企业福利计划执行，原告要求被告支付无事实及法律依据。

法院经审理查明：自 2010 年 12 月 20 日杨某入职某公司，其岗位名称为服务备件助理。自 2020 年以来，公司基于×××服务量一直在下降，该业务呈萎缩的情况下，撤销了部分地区服务网点和维修中心，并削减相关服务人员，并通过多种方式已明确告知杨某将其岗位调整至行政专员岗位，其工作地点和工作薪酬保持不变。但杨某不同意调岗，并拒绝去新岗位报到。2022 年 9 月 13 日该公司人力资源部向公司工会发布《关于×××售后服务团队重组与员工解除劳动合同的工会通知函》，说明因与杨某协商无果，自 2022 年 9 月 14 日起解除劳动合同。该公司工会回复“同意”。后公司向杨某出具《解除劳动合同通知》，并向其支付了经济补偿金等相关费用。杨某提起劳动仲裁，要求公司向其支付违法解除劳动合同的经济赔偿金等相关费用。仲裁委经审查认为公司系合法解除，仅裁决公司向杨某出具离职证明，其余请求均予以驳回。

【裁判结果】

陕西省西安市未央区人民法院于 2023 年 10 月 25 日作出（2023）陕 0112 民初 13417 号民事判决：一、被告某公司于本判决生效后十日内向原告杨某支付违法解除劳动合同的赔偿金 65396.8 元；二、被告某公司于本判决生效后十日内向原告杨某出具离职证明；三、驳回原告杨某关于支付 2022 年 1 月 1 日至 9 月 13 日相应的年终奖及企业福利计划当前储蓄计划 CBS 中未归属的个人账户资产的诉讼请求；四、驳回原告杨某关于 2022 年 9 月 1 日至 9 月 13 日工资、2022 年 9 月 1 日至 9 月 13 日交通津贴、2022 年 1 月 1 日至 9 月 13 日相应的每年第 13 个月薪资的请求。

宣判后，某公司提起上诉。陕西省西安市中级人民法院于 2024 年 3 月 29 日作出（2024）陕 01 民终 577 号民事判决：一、维持（2023）陕 0112 民初 13417 号民事判决第二项、第三项、第四项；二、撤销（2023）陕 0112 民初 13417 号民事判决第一项；三、驳回杨某其余诉讼请求。

【裁判理由】

法院生效裁判认为：用人单位作为市场主体，根据自身生产经营需要而对劳动者的工作岗位、工作地点进行适当调整，是行使用工自主权的重要内容，对其正常生产经营不可或缺。但同时，用人单位用工自主权的行使必须在相关法律和政策的框架内，符合一定条件和范围。本案中，双方在劳动合同中约定杨某的工作岗位为服务备件助理，某公司根据×××业务的现状，撤销全国相关服务网点并削减相关服务人员，公司对杨某所在部门项目关停、对项目人员工作进行调配，该情形属于劳动合同订立时所依据的客观情况发生重大变化，故能够确认公司根据生产经营需要，适当调整杨某的工作岗位、工作内容及工作地点是基于市场经济发展的需要，对杨某并无针对性；同时，某公司对该工作地点和工作内容的调整亦与杨某进行了沟通协商，给出了对杨某工作地点、工资薪酬不变的情况下调整至行政专员岗位的方案，体现了对杨某劳动权益的尊重；且杨某对调整后的岗位也完全能够胜任，但杨某认为公司提供的新岗位不合理，并以公司在网站上发布的招聘岗位与其岗位相近、后该招聘岗位被冻结，公司存在恶意为由，不同意调岗，但杨某至今未能提供公司招聘其他人员顶替其岗位的相关证据。用人单位在保障所调整工作岗位劳动内容、劳动条件、薪酬待遇等合法、合理的基础上对工作岗位予以调整，此种情形下，劳动者应服从岗位调整安排，这也是劳动关系人身从属性的具体体现。

【案例注解】

一、基于市场经营需要，企业进行合理调岗属依法正当行使用工自主权

企业用工自主权是指用人单位在国家法律法规规定的范围内，根据经营管理的需要和劳动者各方面的表现情况，自主地决定用工形式、用工办法、用工数量、用工时间、用工条件、工作地点、工作岗位、工资报酬等的权利。用人单位作为市场主体，根据自身生产经营需要而对劳动者的工作岗位、工作地点进行适当调整，也就是所谓的调岗，是行使用工自主权的重要内容。在劳动关系中，劳动者依附于用人单位，依靠用人单位提供的物质资料，并以符合劳动合同要求的劳动换取报酬，劳动的时间、地点、内容多由用人单位决定，这体现了劳动关系中劳动者对用人单位的从属性，而合理行使用工自主权也是劳动

者从属性的具体表现。

我国法律对调岗的概念没有进行界定，但是将其定性为对劳动合同内容的更改。用人单位根据市场具体情况的变化，在不损害劳动者合法权益的情况下，与劳动者协商一致，对劳动者的岗位做适当变更，属合理合法之举措。这种变更不能背离劳动合同约定的目的，不能对劳动合同双方的权利义务做不合理的增减，且应当具备以下条件：（1）符合用人单位规章制度的规定；（2）符合用人单位生产经营的客观需要；（3）调整后的工作岗位的劳动待遇水平与原岗位基本相当，但根据《劳动合同法》第四十条第一项、第二项，因劳动者患病或者非因工负伤，在规定的医疗期满后不能从事原工作而被调整岗位，或者因劳动者不能胜任工作而调整岗位的除外；（4）调整岗位不具有歧视性、侮辱性；（5）不违反法律法规的规定。

在对企业调岗的用工自主权进行判断的时候，一般采取的标准是：若劳动合同对调岗有明确的约定范围，则用人单位行使用工自主权时应以双方缔约时的合意为优先，尊重双方的意思自治，需要征得劳动者同意；若劳动合同缔约时未对调岗进行明确约定，则用人单位进行人事调动的用工自主权行使只需要受到禁止权利滥用原则的限制。这一判断标准既体现了劳动合同双方基于协商一致所达成的劳动合同变更，以协商一致作为变更的首要原则，同时，又对企业的用工自主权行使作出了合理限制，防止企业为其利益任意调岗，侵害劳动者的合法权益。本案中，用人单位基于市场经济的需要，对落后产能进行淘汰，对相关业务进行撤销、重组后，劳动者的岗位已不复存在，公司在尊重劳动者权益的前提下与劳动者协商，在劳动者的工作地点、工作薪酬保持不变的情况下为劳动者提供了新岗位，且调岗行为不具备对劳动者的恶意针对性，此行为属于用人单位合理调岗，是合理行使用工自主权的体现。

二、客观情况发生重大变化，用人单位与劳动者协商未能达成一致协议的，劳动合同可合法解除

客观情况发生重大变化，用人单位与劳动者协商调岗不成，此时的情况便符合《劳动合同法》第四十条第三项之规定，即劳动合同订立时所依据的客观情况发生重大变化，致使劳动合同无法履行，经用人单位与劳动者协商，未能就变更劳动合同内容达成协议的，用人单位提前三十日以书面形式通知劳动者本人或者额外支付劳动者一个月工资后，可以解除劳动合同。关于《劳动合同法》第四十条第三项的理解，有如下方面：

第一，所依据的客观情况是劳动合同订立时的客观情况。在判断客观情况

是否发生重大变化时，应该依据的是双方在劳动合同订立时所存在并一致认可的客观情况，而非其他时间段的客观情况。

第二，所依据的情况是客观的情况。对于客观情况之理解，即不依赖于劳动关系双方主观而存在的外部情况，非双方之主观能够控制的，独立于双方的行为，不受双方主观意志的转移而变化，不可归责于劳动关系双方当事人。例如不可抗力、情势变更等情形，均为当事人在订立劳动合同时所不可预见的、无法避免的情况，是主观所不能改变的事实。

第三，要求客观情况发生重大变化。所谓重大变化，在劳动关系中体现为出现不可预见的异常风险，该异常风险非市场所固有的、无法事先预见或控制，不可归责于双方，且超出了常规的商业风险的等级范畴，需要劳动关系双方对因此需要付出的预期外的利益风险共同承担。

第四，客观情况的重大变化导致劳动合同无法继续履行。劳动合同在受到客观情况变化的影响下已经失去了继续履行的可能，换言之，在此情况下，劳动合同的继续履行无法达到订立劳动合同时双方意欲达到的合同目的，或者继续履行该劳动合同会严重损害一方或者双方当事人的合法利益，此时，劳动合同继续履行的基石已不复存在。

第五，经双方协商未能就变更达成协议。对劳动合同协商变更是劳资双方对重大风险进行自主分配，也是当事人意思自治的表现。协商变更未果作为本款规定的劳动合同的解除条件，其具有一定的必要性，可以防止用人单位任意解雇员工，降低纠纷解决成本，保障合约的履行。

本项规定的是劳动合同合法解除情形中的客观情况发生重大变化情形。受经济环境影响，用人单位的经营行为难以为继，但与此同时还需要支付劳动者工资等劳动报酬，这对用人单位来说是巨大的负担，用人单位在此情形下，与劳动者就劳动合同的履行变更问题进行协商，但难以达成一致，导致合同无法继续履行。就如本案中，公司受到外部经济环境的影响，×××服务业务在过去两年一直萎缩，董事会不得不作出决议，撤销部分地区服务网点和维修中心，相关服务人员也进行了削减。在此情况下，由于×××服务网点和组织架构的重组，致使原告的原工作岗位不复存在，客观情况发生重大变化，公司与劳动者协商调岗不成，致使劳动合同无法继续履行，在此情况下若只考虑保护劳动者，则显然有失公平，此时本项规定的适用显然有利于实现劳资双方对此异常风险的合理分担。

受经济环境影响，企业经营受到严重冲击，在此环境下劳资双方的权利义务衡平成为难题。如果对企业用工自主权进行过多限制，就无法让企业在科技创新、新质生产力的发展中作出积极贡献。若仅考虑保护劳动者这一弱势群体，则企业将面临严重的用工负担，严重时可能导致企业难以生存，这对于劳动者将产生更不利的影响。因此，在司法实务中应平衡劳资双方的利益，做到不偏不倚，以最小的代价解决双方的纠纷。

（**一审法院独任审判员** 任瑞鑫
二审法院合议庭成员 阿尼沙 许 超 陈洁婷
编写人 陕西省西安市中级人民法院 阿尼沙
西北政法大学 于董生
责任编辑 代秋影
审稿人 刘 敏）

李某某诉北京某科技公司劳动争议案

——利用社交媒体进行“隐形加班”的认定标准

关键词：民事　劳动争议　隐形加班　社交媒体　实质性劳动

【裁判要旨】

1. 对于用人单位安排劳动者在工作时间、工作场所以外利用微信等社交媒体开展工作，劳动者能够证明自己付出了实质性劳动且明显占用休息时间，并请求用人单位支付加班费的，应当予以支持。

2. 利用社交媒体加班的工作时长、工作状态等难以客观量化，用人单位亦无法客观掌握，若以全部时长作为加班时长，对用人单位而言有失公平。因此，在无法准确衡量劳动者“隐形加班”时长与集中度的情况下，对于加班费数额，应当根据证据体现的加班频率、工作内容、在线工作时间等予以酌定，以平衡好劳动者与用人单位之间的利益。

【相关法条】

《中华人民共和国劳动法》

第三十九条　企业因生产特点不能实行本法第三十六条、第三十八条规定的，经劳动行政部门批准，可以实行其他工作和休息办法。

第四十四条　有下列情形之一的，用人单位应当按照下列标准支付高于劳动者正常工作时间工资的工资报酬：

（一）安排劳动者延长工作时间的，支付不低于工资的百分之一百五十的工资报酬；

（二）休息日安排劳动者工作又不能安排补休的，支付不低于工资的百分之二百的工资报酬；

（三）法定休假日安排劳动者工作的，支付不低于工资的百分之三百的工资报酬。

【案件索引】

一审：北京市朝阳区人民法院（2021）京0105民初67920号（2022年3月17日）

二审：北京市第三中级人民法院（2022）京03民终9602号（2022年10月17日）

【基本案情】

原告李某某诉称：自其入职北京某科技公司，经常临时应某科技公司法定代表人刘某某要求加班，根据钉钉打卡记录、微信聊天记录显示，共计工作日延时加班140.6小时，休息日加班397.9小时，法定节假日加班57.3小时。李某某在某科技公司处工作近两年，已休年休假为9.5天，休假天数不足双方约定年休假时长，因此某科技公司应当支付未休年休假工资。因李某某与某科技公司之间的矛盾，某科技公司恶意拒绝李某某的调休、休假、病假申请，在李某某病假期内解除劳动合同，已属违法解除，应当向李某某支付经济赔偿金。请求法院判令：（1）某科技公司支付李某某2020年2月1日至12月11日工资差额169413.79元；（2）某科技公司支付2019年12月21日至2020年12月11日加班费203206.9元，延时加班费36362.07元、休息日加班费137206.9元、法定节假日加班费29637.93元；（3）某科技公司支付未休年休假工资19310.34元；（4）支付违法解除劳动关系经济补偿金120000元；（5）判令某科技公司承担本案全部诉讼费用。

被告某科技公司辩称：不同意李某某的诉讼请求。

法院经审理查明：李某某于2019年4月1日入职某科技公司，双方签订了期限至2022年3月31日的劳动合同。关于加班情况，双方劳动合同中约定执行不定时工作制，某科技公司认可未进行不定时工作制审批。李某某主张其下班后存在延时加班、未调休的休息日加班、法定节假日加班的情形，公司未向其支付加班费。经查，李某某主张的加班系在微信或者钉钉等软件中与客户或者同事的沟通交流，李某某表示自己系运营岗位，岗位职责是搭建运营组织构架、负责程序整体运营、管理内容团队、负责投放计划制定和实施、研究产品优劣并做跟踪、负责商务拓展等。某科技公司则表示，李某某是运营部门负责人，在下班之后，如果公司有事，其他员工给李某某打电话咨询不应属于加班。对于李某某主张的周末及法定节假日值班的情况，某科技公司表示，微信群里有客户也有公司其他员工，客户会在群里发问，只是需要员工回复客户信息，某科技公司认为这不属于加班的范畴。

【裁判结果】

北京市朝阳区人民法院于2022年3月17日作出（2021）京0105民初67920号民事判决：驳回李某某的全部诉讼请求。

宣判后，李某某不服，提起上诉。北京市第三中级人民法院于2022年10月17日作出（2022）京03民终9602号民事判决：一、撤销北京市朝阳区人民法院（2021）京0105民初67920号民事判决；二、某科技公司支付李某某2020年1月21日至2020年12月11日期间加班费30000元；三、驳回李某某的其他诉讼请求。

【裁判理由】

法院生效裁判认为：虽然双方在合同中约定实行“不定时工作制”，但某科技公司未进行“不定时工作制”审批。李某某的工作岗位为“产品运营”，李某某主张的加班为利用微信、钉钉等社交媒体与客户及员工的沟通，从在案证据来看，李某某往往以微信等作为工作媒介进行沟通，从李某某提供的微信记录等证据特别是李某某提交的《假期社群官方账号值班表》来分析，某科技公司存在在部分工作日下班时间及休息日安排李某某工作的情形。

随着经济发展及互联网技术的进步，劳动者工作模式越来越灵活，可以通过电脑、手机随时随地提供劳动，不再拘束于用人单位提供的工作地点、办公工位，特别是劳动者在工作时间、工作场所以外利用微信等社交媒体开展工作等情况并不鲜见，对于此类劳动者隐形加班问题，不能仅因劳动者未在用人单位工作场所进行工作来否定加班，而应虚化工作场所概念，综合考虑劳动者是否提供了实质工作内容认定加班情况。对于利用微信等社交媒体开展工作的情形，如果劳动者在非工作时间使用社交媒体开展工作已经超出了一般简单沟通的范畴，劳动者付出了实质性劳动内容或者使用社交媒体工作具有周期性和固定性特点，明显占用了劳动者休息时间的，应当认定为加班。本案中，虽然某科技公司称值班内容就是负责休息日客户群中客户偶尔提出问题的回复，并非加班，但根据聊天记录内容及李某某的工作职责可知，李某某在部分工作日下班时间、休息日等利用社交媒体工作已经超出了简单沟通的范畴，且《假期社群官方账号值班表》能够证明某科技公司在休息日安排李某某利用社交媒体工作的事实，该工作内容具有周期性和固定性的特点，有别于临时性、偶发性的一般沟通，体现了用人单位管理用工的特点，应当认定构成加班，某科技公司应支付加班费。

对于加班费数额，法院综合考虑李某某加班的频率、时长、内容及其薪资标准，酌定某科技公司支付李某某加班费3万元。

【案例注解】

在当前科技发展程度与通讯便捷化程度之下，劳动者可以通过互联网、社交媒体等多种形式提供劳动，工作地点也不再局限于工作单位之中，这对传统工作模式下加班认定标准的适用产生冲击。本案核心在于，在非工作时间，劳动者在工作单位之外的地点通过通讯工具接受用人单位安排任务并提供劳动，是否应当视为加班；如视为加班，加班费金额如何认定。

一、源起探究：从“工厂中心劳动模式”到“劳动者中心劳动模式”

现行工时制度的框架起源于工业革命时期的工厂中心劳动模式。工业革命前，非农业生产多以手工作业为主，附以简单器械作为生产工具，由经验丰富的师傅带领学徒在家庭作坊内进行作业，由于各家庭作坊差异较大，因此缺乏统一的工时政策或者约束制度。工业革命以后以先进的生产工具为代表的生产力大大提高了生产效率，工厂需要招募大量的劳动者，但同时也使得劳动者提供劳动需要依赖于厂房、机床、生产线等不便移动的劳动工具，工人必须前往工厂所在地才能提供工作，管理者也只有在工厂才能方便地实施工作指令发布、工作过程指挥、工作成果收集等管理行为，工厂中心的劳动模式逐渐形成，工厂与工人形成长期稳定的雇佣劳动关系。工厂需要工人更长时间劳动获得生产利润，工人需要获得与工作时长相对应的报酬与足够的休息权，工时作为平衡劳资关系的劳动制度应运而生，并基于生产力发展和劳动者保护理念逐渐调整，形成相对固定的八小时工作制。

近年来，随着科技发展及移动互联网技术的进步，信息互联已经成为社会生产发展的重要特征。各种新经济、新业态、新岗位层出不穷，社会的工作模式逐渐发生重要变化。劳动者可以通过电脑、手机随时随地提供劳动，越来越多的工作无须劳动者亲临单位就能完成，管理者的工作指令发布、工作过程的沟通、工作成果的反馈接收可以通过即时通讯软件等随时随地完成。工厂中心劳动模式逐渐开始解构，劳动模式逐渐转化为劳动者中心模式，只要有劳动者在的地方，即便是劳动者家里、餐厅、旅馆甚至交通工具都可能成为工作场所。但作为工厂中心主义的工时制度仍然未发生变化。用人单位不仅可以要求劳动者按照考勤制度的要求按时抵达工作地点上下班提供劳动，还可以在非工作时间、非工作地点继续发布工作指令，让劳动者在非工作时间、非工作场所继续提供劳动。近年来，劳动者休息时间被迫在家提供劳动的现象已经成为社会常态，劳动者看似在家休息了，但实际上仍然在以各种方式为单位工作。此种现象导致劳动者工作与休息的边界模糊化，本应被赋予补偿价值的加班事实由于劳动者不在单位呈现出加班“隐形”而无法获得补偿的特征。2022 年，有调查显示：84.7%的职场人在下班后，仍会关注工作相关信息，由此可见隐形加班的问题是当代劳动者在职场受到困扰的重要问题。

当劳动者诉诸法律，对此种现象要求用人单位支付加班费时，用人单位又以诸多方式推诿。用人单位拒绝将劳动者在工作时间、工作场所以外利用微信等社交媒体开展工作的情况视为加班，拒绝支付加班费的理由主要有：（1）用人单位与劳动者在劳动合同中约定实行“不定时工作制”（但实际并未获得“不定时工作制”审批）；（2）劳动者通过社交媒体接受任务，利用社交媒体汇报工作，无法体现完整的加班过程、加班时长，劳动者举证困难；（3）用人单位规定加班需进行审批，但劳动者在工作场所以外地点接到紧急任务通知，无法及时进行审批手续；（4）用人单位认为劳动者的工资标准已经包含预计产生的加班费，或加班费已通过绩效奖金、岗位津贴等方式予以补偿。

笔者认为：隐形加班现象涉及对劳动者多方面权益的侵害，有必要对其进行规制。首先，隐形加班侵害了劳动者的休息权，《宪法》第四十三条第一款规定：“中华人民共和国劳动者有休息的权利。”隐形加班现象客观上延长了劳动者的劳动时间，涉及对劳动者法定休息时间的侵占，侵犯了劳动者的休息权。

其次，隐形加班侵犯了劳动者获取报酬权。因隐形加班具有隐蔽性且难以衡量工作时长，部分用人单位拒绝支付隐形加班的加班费，但《劳动合同法》第三十一条对不得强迫员工加班以及支付加班费也进行了规定：“用人单位应当严格执行劳动定额标准，不得强迫或者变相强迫劳动者加班。用人单位安排加班的，应当按照国家有关规定向劳动者支付加班费。”

再次，隐形加班可能侵犯了劳动者的健康权。《民法典》第一千零四条规定：“自然人享有健康权。自然人的身心健康受法律保护。任何组织或者个人不得侵害他人的健康权。”隐形加班情形下，劳动者在休息状态下往往仍然从事单位工作，导致其身心长期处于紧张的工作状态而无法缓解，部分劳动者甚至存在 24 小时待命的紧迫感，久而久之身体健康可能受到影响。

最后，隐形加班可能侵犯了劳动者的生活安宁权。《民法典》第一千零三十三条第一项规定，“除法律另有规定或者权利人明确同意外，任何组织或者个人不得实施下列行为：（一）以电话、短信、即时通讯工具、电子邮件、传单等方式侵扰他人的私人生活安宁”。笔者认为：在劳动领域，在工作时间以外，劳动者并没有义务再接受工作指令，基于劳动本身和生活休息安宁具有冲突的特点，应当认为劳动者具有免受工作信息打扰的离线权，用人单位在工作时间以外向劳动者通过电话、短信、即时通讯工具、电子邮件等方式发布的工作任务，使得劳动者生活活动被频繁打断，生活节奏亦被打乱，也应被视为对劳动者私人生活安宁权的侵犯。

二、原则重构："既有标准"的打破与"新型标准"的构建

在以往司法实践中，在认定加班时注重审查劳动者的"考勤记录"，即劳动者是否在工作场所提供劳动，在该场所停留的时间是否超过法定工时等。但对于劳动者在工作时间、工作场所以外利用微信等社交媒体开展工作等情况应当如何认定，特别是下班后的线上工作沟通往往具有碎片化和非连续性的特点，这就使得传统认定加班的标准显得"无从下手"，难以套用。笔者认为不能仅因劳动者未在用人单位工作场所进行工作来否定加班，而应打破传统模式下认定加班的司法标准，虚化工作场所概念，构建新型标准，确定是否应当将在工作时间、工作场所以外利用微信等社交媒体开展工作的情况认定为加班。

（一）"隐形加班"的标准塑造

标准一："提供劳动实质性"原则

加班的本质是用人单位安排劳动者延长工作时间提供劳动。对用人单位而言，之所以要给予劳动者补偿的合理性在于劳动者在非工作时间额外付出了劳动，用人单位往往因劳动者加班而获得了法定工时以外的工作成果，用人单位因此而实质性受益，故其有义务对于劳动者的额外付出作出补偿。隐形加班司法实践中，由于劳动者提供劳动脱离了工位，突破了传统劳动管理的桎梏，劳动者往往可以一边从事工作，同时兼顾日常生活，故从时间上不易量化和考核，从劳动付出的结果性导向作为加班费支付的认定对劳资双方更为公平。

实质性劳动强调工作内容的实质性和成果性，即被认定为加班的情形下，劳动者确实要为此付出脑力或者体力劳动，此种工作往往应当具有一定的成果属性。在该类案件的司法实践中，有观点认为应当把下班后回复用人单位发送的一切工作信息都认定为加班，我们认为在社交媒体发达的当今社会，对于隐形加班的认定不宜泛化，对于下班后工作信息的简单沟通，因不具有实质性劳动内容，不宜认定为加班。

标准二："占用时间明显性"原则

司法实践中，法院在判断隐形加班现象应否支付加班费时除考查是否符合"提供劳动实质性"原则之外，还应当考量"占用时间明显性"原则。加班的认定是对劳动者休息权的补偿。休息权具有明显的时间属性。隐形加班的背景下，劳动者的休息时间往往被工作大量占用，导致劳动者无法享受正常的休息和生活安宁，因此劳动者有合理理由要求用人单位对此予以补偿。实务中，如

果劳动者能够证明在线提供劳动的时间具有周期性或者固定性的特点，这就已经达到了占用时间明显性的标准，应当认定为符合隐形加班的条件。

本案中，李某某受公司管理和安排，在部分工作日下班时间、休息日等利用社交媒体工作，李某某提供了实质的工作内容，且其工作时间具有周期性和固定性的特点，明显占用其休息时间，应当认定构成加班，因此某科技公司应支付加班费。

（二）“新型标准”的扩大适用

上述标准不仅适用于个案或类案，在更广义的“隐形加班”概念上，判断劳动者在非工作时间提供劳动是否构成加班，也同样适用。对于近年来劳动者反映较多、怨声较高或劳动争议中较为常见的在非工作时间线上提供劳动的情形，根据表现形式可以分为如下几类：

类型一：简单沟通型

对于劳动者短暂地转发文件或消息、简单回复工作消息、用人单位发布明天的会议通知、工作安排后劳动者回复收到以及值班（值班即用人单位因安全、消防、假日等需要，临时安排或根据制度安排员工从事与本职无关联的工作，或虽与员工本职工作有关联，但员工在值班期间可以休息，且提供的劳动内容为非生产性责任的工作）等情形，此类情形下劳动者没有具体的工作内容，并未提供实质性工作，不应认定为隐形加班（值班应支付补贴，但与加班费在标准上有较大差距）。

如在（2023）粤01民终25319号案件中，劳动者提交的部分聊天记录显示其在非工作时间转发工作文件，法院认为该部分证据所体现出的仅为临时性、偶发性的一般沟通，劳动者未提供实质工作内容，故法院对劳动者主张的该部分加班时长未予支持。

类型二：提供成果型

如用人单位在周五下班时布置新任务，要求周一交特定文章、图纸、报告等，此类成果的完成需要占用一定的时间，劳动者也提供了实质性工作内容，应当认定为隐形加班。

如在（2022）沪01民终1079号案件中，劳动者为设计主管，在休息日的上午10时左右，用人单位通过微信要求劳动者“隔墙图速度出”，劳动者于当日19时35分将图纸发送给用人单位。法院认定该情况构成全天加班并支持了劳动者的加班费主张。

类型三：参与活动型

对于周末应公司要求线上开会、机构教师下班后线上辅导学生作业等情形，劳动者所参与的是与其本职有关的实质性工作，且占用了一定的休息时间，故应认定为隐形加班。

如在（2023）京01民终2674号案件中，劳动者提交微信聊天记录等证明其周末参加周例会，法院认为周末周例会虽为远程在线形式，但参会人员受用人单位安排，基于自身业务提供相应劳动，用人单位受领劳动成果，其性质应属于加班。

上述几类加班表现形式以及是否符合加班认定标准，可以总结为下表：

	提供工作实质性	占用时间明显性	隐形加班
简单沟通型	不符合	不符合	否
提供成果型	符合	符合	是
参与活动型	符合	符合	是

三、利益平衡："状态难定"与"时长难量"的破解之法

司法实践中对于隐形加班时长和加班费金额的认定存在一定分歧，主要分为三种观点。第一种观点认为，有别于传统加班模式的工作场所固定化、工作时间可量化等特点，隐形加班中劳动者的加班时间、工作效率等难以量化，用人单位无法对劳动者进行考勤管理，劳动者亦无法对加班时长充分举证，故对加班费不予支持；第二种观点并不关注隐形加班的劳动者在休息日是否全天持续提供劳动，而是根据劳动者提供的聊天记录等证据认定用人单位应当按照全天加班的标准支付加班费；第三种观点则不以"天"为单位，而是将加班时长细化至小时，若劳动者可通过微信聊天记录等证明某特定小时内存在加班事实，则支持该时段加班费。

但本案并未采用上述任何一种处理方式。由于利用社交媒体的加班不同于传统的在工作岗位上的加班，加班时长等往往难以客观量化，用人单位亦无法客观上予以掌握，存在"时长难量"的问题。而且，利用社交媒体开展工作有时表现为微信群中的客户维护、推送文章等形式，劳动者在"线上加班"同时亦可从事其他生活活动，劳动者的工作状态亦难以考量，若以全部时长作为加班时长，对用人单位而言亦有失公平。因此，在无法准确衡量劳动者"隐形加班"时长与集中度的情况下，对于用人单位应支付的加班费数额，应当根据在案证据情况予以酌定，此种方式更有利于平衡劳动者与用人单位之间的利益。本案中，法院综合考虑李某某加班的频率、时长、内容及其薪资标准，最终酌定某科技公司支付李某某加班费3万元。

本案系全国首例在裁判文书中明确"隐形加班"问题，首次对利用微信等社交媒体进行隐形加班提出相关认定标准的案件。在平台经济背景下，劳动

者提供劳动的工具由实体化向数字化转变，随之也产生了加班“虚拟化”“隐形化”的问题。新技术、新发展对既有审判规则提出新挑战。传统认定加班的案件一般要求工作场所固定化、工作时间可量化，对于劳动者在工作单位之外的地点，利用社交媒体等虚拟工具开展工作是否应认定为加班的问题，司法实践中缺乏认定标准。科技在发展，工作模式在转变，司法实践也应与时俱进。对于此类在数字经济发展背景下产生的新型劳动争议问题，本案突破传统加班认定模式，创造性地提出“提供工作实质性”原则和“占用时间明显性”原则作为对“隐形加班”问题的认定标准，填补了法律空白，保障了劳动者的“离线权”，为后续处理类似案件提供了参考与借鉴，生动体现了法院在司法实践中积极主动顺应科技发展，回应科技创新的态度与能力。

（**一审法院独任审判员** 黄 岚
二审法院合议庭成员 郑吉喆 楚 静 张 阳
编写人 北京市第三中级人民法院 郑吉喆 田艳飞
责任编辑 代秋影
审稿人 刘 敏）

刘某诉某设计院劳动争议案

——“人工助孕”背景下女职工生育权的侵害认定及保护规则

关键词：民事　生育权　现代辅助生育　孕期　旷工　解除劳动合同

【裁判要旨】

不孕症女职工借助现代辅助生育技术受孕过程中，为保证胚胎安全成长和自身生育健康，根据医嘱要求向用人单位提出休病假申请，用人单位经审查后如不存在开具虚假医疗证明的情况，应当予以准许。即便病假申请未被准许，女职工自行休息静养的，也不属于旷工行为，用人单位不得以严重违反规章制度为由，解除劳动合同关系。

如用人单位违法解除劳动关系，受孕女职工提出继续履行劳动合同且具有履行基础的，人民法院应予支持。女职工的孕期既包括自然受孕的期限，也包括人工辅助生殖技术受孕延展出的期限，均适用于法定孕期内的特别保护条款。

【相关法条】

《中华人民共和国劳动法》

第二十九条第三项　劳动者有下列情形之一的，用人单位不得依据本法第二十六条、第二十七条的规定解除劳动合同：

（三）女职工在孕期、产期、哺乳期内的；

《中华人民共和国劳动合同法》

第四十八条　用人单位违反本法规定解除或者终止劳动合同，劳动者要求继续履行劳动合同的，用人单位应当继续履行；劳动者不要求继续履行劳动合同或者劳动合同已经不能继续履行的，用人单位应当依照本法第八十七条规定支付赔偿金。

《中华人民共和国妇女权益保障法》

第三十二条　妇女依法享有生育子女的权利，也有不生育子女的自由。

【案件索引】

一审：重庆市南岸区人民法院（2022）渝0108民初24122号（2022年12月22日）

【基本案情】

原告刘某诉称：2021年12月1日，其与某设计院签订劳动合同，合同期限为2021年12月1日至2022年12月31日。2022年5月23日起，刘某由于需行助孕手术陆续到医院检查、住院治疗，并按照某设计院要求提供诊疗证明书、休假条向其请假，其中，5月23日请假1天获批，5月24日请假2天获批。2022年5月26日，刘某住院进行取卵手术，5月27日出院，医生要求休息14天。在此期间，某设计院始终未批准刘某于5月25日提出的请假申请。后某设计院无视刘某处于休息期的事实，于2022年5月30日、6月1日两次催促其返岗，但实际上在此期间刘某的身体条件根本不允许返岗上班。刘某于2022年6月13日（周一）在医嘱休息期满后，返回岗位工作。2022年6月16日，某设计院以刘某休息期未到岗为由，发出《解除劳动合同通知书》，且只结清了截至2022年5月底的劳动报酬，剩余劳动报酬至今未发放。刘某已提供了充分的证据证明因行助孕手术需要请假，也多次与某设计院沟通其需要休假的原因、事实和假后工作安排事宜，证明了自己不到岗的合理性，不属于无故旷工。刘某作为劳动者有获得医疗、保障休假的权利，某设计院不顾其身体状态、无视医院出具的诊疗单，不批准刘某的休假申请，侵犯了其合法权利，故刘某提起诉讼，请求判令：（1）继续履行双方间的劳动合同；（2）被告某设计院支付2022年6月1日起至劳动关系恢复之日止的工资待遇。

被告某设计院辩称：（1）《员工考勤管理办法》明确规定“旷工连续2天或年度累计3天的视为严重违纪行为，公司可解除劳动合同”，该办法经过职代会讨论并公布告知了刘某，内容、程序合法。（2）自2022年5月26日起，刘某未经同意连续旷工23天。某设计院以其严重违纪为由解除劳动合同合理合法。刘某陆续到医院检查住院治疗，即通常所称的试管婴儿手术所进行的身体检查、促排治疗、取卵取精胚胎移植手术，不属于劳动法所规定的病假范畴或疾病范畴。（3）解除劳动合同后，刘某的工作已经被其他同事替代，包括刘某原岗位在内的工作岗位已经大量缩减，而且现在员工工资已经减半发放，刘某要求继续履行劳动合同的请求已经无法实现。

法院经审理查明：2021年12月1日，刘某与某设计院签订《劳动合同书》，约定的主要内容为：某设计院根据工作需要，安排刘某在某某设计四院从事建筑设计工作；合同期限一年，自2021年12月1日至2022年12月31日；每周工作5日，每日工作8小时；每月最后一个工作日前支付工资，工资标准为8000元/月；刘某患病或非因工负伤，其病假待遇按照国家、地方及某设计院的有关规定执行。签订合同当日，刘某还针对某设计院的《员工考勤管理办法》进行了学习，并签字确认。其中，《员工考勤管理办法》第三十四条第二款规定员工旷工连续2天或年度累计3天视为严重违纪行为，某设计院可解除劳动合同。

刘某于2020年结婚，2021年年中去医院检查时发现自己为不孕症患者。自2022年5月23日起，刘某因患不孕症需行助孕手术到医院检查、住院治疗。2022年5月24日，刘某到医院做辅助生殖助孕，进行胚胎培养，医院建议休假2天。2022年5月26日，刘某住院进行取卵手术，次日出院，因诊断为卵巢过度刺激综合征，医嘱要求休息14天。在此期间，某设计院未批准刘某5月25日的请假申请。后某设计院于5月30日、6月1日两次催促刘某返岗。刘某在医嘱休息期满后，于6月13日返回岗位工作。2022年6月16日，某设计院以刘某休息期未到岗为由向其发出《解除劳动合同通知书》，刘某于6月17日签收。某设计院结清了截至2022年5月底的工资，但2022年6月1日以后的工资至今未付。故刘某于2022年9月诉至法院，请求判决某设计院继续履行劳动合同，并支付所欠工资。起诉时，刘某已怀孕。

【裁判结果】

重庆市南岸区人民法院于2022年12月22日作出（2022）渝0108民初24122号民事判决：一、恢复某设计院与刘某之间的劳动关系，双方从2022年6月17日起继续履行劳动合同；二、某设计院从2022年6月17日起按照6000元/月的工资标准支付刘某工资到双方恢复劳动关系之日止。

宣判后，双方均未提起上诉，判决现已生效。

【裁判理由】

《妇女权益保障法》第三十二条规定：“妇女依法享有生育子女的权利，也有不生育子女的自由。”生育权包括公民有自由而负责地决定是否生育、生育时间、生育数量、生育方式等生育决定权，以及保障自己的健康和保持生育能力的生育保障权和获得特定生活保障的生活保障权。因此，患不孕症的刘某有获得咨询和治疗不孕症的权利。同时，刘某作为企业员工，享有平等就业、选择职业和休息休假的权利。作为女性，更享有特殊的劳动保护。《劳动法》第五十八条规定，国家对女职工实行特殊劳动保护；第二十九条规定，女职工在孕期、产期、哺乳期内的，用人单位不得依据本法第二十六条、第二十七条的规定解除劳动合同。某设计院在刘某明确告知其是不孕症患者且在进行人工辅助生殖的情况下，仍然以连续旷工、严重违反规章制度为由解除劳动合同，此举系严重违法行为。孕期既包括自然受孕，也包括进行人工辅助生殖受孕而产生的孕期。人工辅助生殖受孕必然需要一定期间的治疗和康复期。如企业不同意就不能自主进行人工辅助生殖，与《妇女权益保障法》的相关规定是背道而驰的。刘某进行人工辅助生殖时已经超过30岁，已属晚生晚育的年龄，如果不及时生育，以后生育孩子可能存在更高的健康风险。女性员工的生育不仅是女性员工自己的大事，一个家庭的大事，更是关系一个民族持续发展繁荣的大事，全社会都有义务鼓励、保障女性生育权的行使。综上，法院判决恢复某设计院与刘某的劳动关系，并支付相应所欠工资。

【案例注解】

生育是家庭之大事，亦是国家和民族之大事。党的二十大报告指出："优化人口发展战略，建立生育支持政策体系，降低生育、养育、教育成本。"企业作为社会组织体系的一员，也应承担支持生育的社会责任。本案中，女职工刘某身患不孕症，且已逾女性黄金生育年龄，为了圆做母亲的梦想，接受现代辅助生育技术（以下简称"人工助孕"）的帮助，系人伦之常情、社会之常理，值得肯定和包容。

一、"人工助孕"背景下女职工权益的法律保护

"人工助孕"是指依据非性生活方法将精液放进女性生殖系统内，使精子和卵子结合从而达到怀孕目的的一种辅助生殖医学技术。目前，"人工助孕"的方式大致分为两种，一种为人工授精，另一种为试管婴儿。

（一）"人工助孕"是实现生育权的重要补充路径

生育权是女性的一项基本人权，是人类繁衍生息、代代相传的基本生存权，更是一项自主性、自由度极强的权利。《妇女权益保障法》第三十二条规定："妇女依法享有生育子女的权利，也有不生育子女的自由。"生育权包括公民有自由而负责地决定是否生育、生育时间、生育数量、生育方式等生育抉择权。"人工助孕"技术的出现使得很多患有不孕症的女性，追求生儿哺育、奉献母爱的心愿得以实现，让生育权在人工科技的加持下，获得了新的生命意义，成为不孕症患者实现生育权的重要补充路径。作为治疗生育问题之生命科

学技术代表的人工辅助生殖技术，理应以保障生育权为目的原则。① 然而在社会经济主体不断追逐利益利润的驱动下，女职工生育权不断地被变相否定或挤压，用人单位面对适龄尤其是高龄妇女的“人工助孕”情况时，并没有表现出应有的支持态度，反而借助各种规章制度、考核标准横加干涉，甚至危及劳动者基本的劳动权利和生存基础。身患不孕症的女职工，其治疗备孕的周期更加漫长，需要多次间断性就医辅助生育，不可避免地占用其正常劳动时间。而在此情况下，部分用人单位不仅未给予必要合理的帮扶便利，反而通过规章制度约束、限制女职工诊疗行为，甚至解除劳动关系，显然侵害了女职工的合法权益。

（二）“人工助孕”中的医嘱休息期应纳入病假医疗期

《劳动法》《劳动合同法》等法律法规均赋予了劳动者在非因工患病或负伤时，可以在治疗期间向用人单位提出病假申请，享受病假待遇的权利。病假是劳动者需要停止工作进行医疗休息的时间，其目的之一就是确保劳动者基本的身体健康，不能因为过度追求单位利益而蚕食了劳动者的基本人权。不孕症是一种常见的生殖健康问题。受生活节奏加快、工作压力增大、生育年龄推迟等原因，不孕症患者的数量不断攀升。除常规治疗手段外，“人工助孕”是目前治疗不孕症不可或缺的方式之一。不孕症虽未对患者的基本生活造成直接影响，但却危及患者结婚生子的健康生育需求，不能就此否定其固有的疾病属性和类别，将其排除在劳动者本应享有的病假权利之外。故劳动者因自身生育疾病采取“人工助孕”技术时，应当享有同劳动者身患其他疾病时的病假待遇。

“人工助孕”技术实施过程中，需历经漫长的备孕、治疗、取卵手术、试管培育、胚胎移植等阶段。接受胚胎移植后，不同女性根据自身身体情况均需要不同程度地卧床休息、调理身心，主要是为了让移植术后的子宫处于舒张状态，以利于胚胎的健康成长。本案中，刘某在接受助孕过程中，医生为此多次专门出具了休假建议，少则一天，多则十几天。因此，对于女职工而言，在经历了人工助孕诊疗技术后，给予一定且合理的休息期不仅是其自身所需，也是医疗所需。医嘱中的休息休假期实为患者离院后治疗行为的延续，是患者脱离医院的直接观察后，保持应有的生殖健康权益的必要康复期，理应归入病假期间的医疗期。

（三）“人工助孕”的孕期应属女职工法定的特别保护期

在女职工作为劳动者的特殊情况下，《劳动法》和《劳动合同法》的相关条款都对其进行了特殊立法保护。如《劳动法》第二十九条规定，女职工在

---

① 许中缘：《人工辅助生殖技术法律规制立法价值、原则与规则》，载《中国政法大学学报》2023 年第 3 期。

孕期内的，用人单位不得随意解除劳动合同。由此可知，法律对劳动者无过失的情况下，用人单位解除劳动合同的权利进行了严格限制，尤其是对处于身体特殊时期的女职工。对于孕期的女职工而言，其身体机能、承压负重较之前有了明显不同，其更需要社会和用人单位适度的倾斜性保护。故法律禁止用人单位对其进行无过失性辞退和经济性裁员，不得降低其基本工资或者解除劳动合同，体现了法律应有的温度。需要说明的是，这里的孕期既包括自然受孕也包括进行人工辅助生殖受孕而产生的孕期，不得因受孕方式而区别对待、差异处理。

受孕成功后，如用人单位无正当理由恶意解除与女职工的劳动合同，法律赋予了女职工追究用人单位违约责任的选择权。《劳动合同法》第四十八条规定："用人单位违反本法规定解除或者终止劳动合同，劳动者要求继续履行劳动合同的，用人单位应当继续履行；劳动者不要求继续履行劳动合同或者劳动合同已经不能继续履行的，用人单位应当依照本法第八十七条规定支付赔偿金。"如女职工能够证明其怀孕的事实是发生在劳动合同终止前，且继续履行合同仍有现实基础的，女职工提出继续履行劳动合同的，用人单位就应与其恢复劳动关系。同时，《劳动合同法》第四十五条还规定："劳动合同期满，有本法第四十二条规定情形之一的，劳动合同应当续延至相应的情形消失时终止。"① 即便孕期、产期、哺乳期期间在劳动合同期限内届满的，劳动合同自动延续至"三期"届满为止。可见，在"三期"期限内，用人单位的劳动合同解除权处于受法律上的限制状态。即使具备了解除合同的条件，用人单位也不得解除劳动合同；即使劳动合同期限届满，用人单位也不得解除劳动合同。②

二、借助规章制度行使用工管理权应确保合法性、保持有限性

用人单位的规章制度是用人单位管理本单位劳动者的基本规范性文件，是用人单位对劳动者管理指挥的权力载体。作为企业实施奖惩、规范经营的重要管理举措，规章制度不仅是预防和解决劳动争议的重要依据，同时也是企业规范化、制度化进行奖惩管理的重要手段。合法的规章制度不仅在处理劳动争议时可以帮助企业证明处理员工的合理性，还可以促进企业有效地实施人力资源管理。但同时，企业在借助规章制度行使用工管理权时，应注意与劳动者生育权等基本人权保护之间的动态平衡。

---

① 《劳动合同法》第四十二条第四项规定，"劳动者有下列情形之一的，用人单位不得依照本法第四十条、第四十一条的规定解除劳动合同：（四）女职工在孕期、产期、哺乳期的"。

② 李国光主编：《劳动合同法理解与适用》，人民法院出版社2007年版，第488页。

（一）制定规章制度应确保严格合法性

《劳动合同法》第四条第一款规定："用人单位应当依法建立和完善劳动规章制度，保障劳动者享有劳动权利、履行劳动义务。"劳动规章制度的重要性不言而喻。根据《最高人民法院关于审理劳动争议案件适用法律问题的解释（一)》第五十条的规定，用人单位应通过民主程序制定规章制度，不得违反国家法律、行政法规及政策规定，且向劳动者公示。故规章制度的制定和适用有着严谨、规范的程序。规章制度的效力条件主要表现在民主程序制定、内容合法和向劳动者公示。在程序方面，规章制度应当经职工代表大会或全体职工讨论决定，提出方案和意见，与工会或者职工代表平等协商确定，在规章制度和重大事项决定实施过程中，用人单位应当尊重工会和劳动者提出的意见，通过协商予以完善。在内容方面，用人单位的规章制度直接涉及劳动者的权利和义务，相关内容还应不违反《劳动法》《劳动合同法》《职业病防治法》《妇女权益保障法》和其他相关的行政法规、地方性法规等规定。在公示告知方面，用人单位可通过张贴公告栏、线下线上集中学习、专项培训、定向说明等方式，为劳动者所知。如用人单位制定适用的规章制度违反了上述法定程序，规章制度即属违法，无法适用。

（二）行使用工管理权应保持适度有限性

用人单位在行使用工管理权时，既应遵守国家法律法规的规定，还应注重企业社会责任，体现对困难职工、特殊群体的人文关怀，保障劳动者尤其是女职工的基本健康权、生育权。用工管理权既有权利属性，也有义务色彩，行使过程中还应体现一定的同理心，行使方式应保持一定的善意、宽容，避免滥用处罚权、解除权等具体权利。劳动者成为用人单位的劳动组织成员，在劳动中承担遵守规章制度、保守商业秘密等义务。① 这是劳动者加入用人单位这一群体组织所应遵循的基本规则，也是其让渡一部分人身自由处分权给用工管理权的体现。但同时，用人单位管理权的边界和行使方式亦应尊重劳动者基本权益，如健康权、休息权等，不能肆意扩张，危及甚至侵蚀劳动者的基本权益，尤其是女职工特有的生育权等权益。详言之，如劳动者在因患病治疗过程中，需要进行必要的休息康养时间，无法正常按时继续工作时，用人单位不能选择性忽视劳动者应需的休息康养期，强行套用劳动纪律的约束性惩罚，甚至以严重违反其规章制度为由行使劳动合同解除权。根据《劳动合同法》第三十九条第二项的规定，只有劳动者达到了严重违反用人单位规章制度的情况下，用人单位方可行使解除权。即使出现了劳动者轻微短暂地违反了规章制度的行

---

① 最高人民法院民事审判第一庭编著：《最高人民法院新劳动争议司法解释（一）理解与适用》，人民法院出版社2021年版，第35页。

为，如果没有造成严重后果，劳动关系依然不能解除。

三、本案的启示和意义：用工管理权不应侵害女职工的生育权和休息权，违法解约后可恢复原有劳动合同关系

（一）病假未经批准就静养休息不属于旷工行为

劳动者患病治疗期间需休假的，应当向用人单位提出病假申请，履行相关的审批程序，在无证据证明劳动者虚假或过度医疗的情况下，用人单位应当准予，不得阻却劳动者进行必须的休养康复。通常情况下，用人单位对病假申请进行审核，是以专业医疗机构开具的病情证明单为参考依据。① 病假虽需审批，但并非征得用人单位同意，此时的审批权不是对下绝对权，更大程度上是在核实劳动者的病假真伪，但在必要性上，不得任由用人单位判断和抉择。只要劳动者休假申请符合用人单位内部规定的基本要求和流程，且提供了医疗机构出具的医嘱说明，用人单位就应当批准，保障劳动者应有的病假待遇。本案中，胚胎培养期间，主治医生建议刘某休假 2 天，取卵阶段，主治医生又建议刘某休假 14 天，并出具了《诊断证明书》。从医学角度看，刘某确需进行适度休养。但刘某申请休假之时，被某设计院以各种理由无端拒绝，后刘某自行在家休息。某设计院拒绝审批并准许，其用工管理权的刚性态度显然不当，强行剥夺了刘某因“人工助孕”衍生出的休息休假的权利。故刘某未上班的行为并不能就此认定为旷工行为，更不属严重违反规章制度的情形。在此情况下，某设计院强行解除与刘某之间的劳动关系，过于严苛且不合理，显然系违法解约之举，侵害了刘某应有的生育权、健康权。

（二）违法解除劳动合同关系后可主张继续履行

根据《劳动合同法》第四十八条规定，用人单位违法解除或者终止劳动合同，劳动者要求继续履行劳动合同的，其应当继续履行。由此可知，如用人单位肆意、恶意解约，在合同履行基础尚存且劳动者明确要求继续履行的，应当将破损的劳动关系修复至违法解约前的状态，保护劳动者应有的劳动权。刘某起诉之时，原本签订的劳动合同期限并未届满，且其已处于受孕状态，根据《劳动法》第二十九条的规定，女职工在孕期的，用人单位不得随意解除劳动合同，即便该企业出现经营困难、破产重整的情形，仍然受限。结合上文分析，作为用人单位的某设计院解除劳动合同关系的行为系违法行为，不能产生合同解除的法律效果。为此，法院支持了刘某要求恢复劳动关系的诉讼请求，判决双方继续履行劳动合同。此外，对于劳动合同关系修复前拖欠的刘某的工

---

① 阮忠良、王安、周嫣：《劳动者病假休息权与用人单位管理权之司法平衡》，转引自郭伟清主编：《上海审判实践》（2018 年第 3 辑），上海人民出版社 2018 年版，第 157 页。

资，某设计院也应支付。

四、结语

在人类群体中，妇女承担着种族繁衍的历史使命，这种人类自身再生产过程是妇女对人类承担的重要社会责任。对女职工的特殊劳动保护，不仅仅关系妇女本人的身心健康，还直接关系到祖国下一代的健康成长。用人单位在针对不孕症女职工的管理约束过程中，滥用合同解除权，超出了法律规定的边界，其行为既不合情，亦不合理，更不合法。法院对此行为给予否定性评价，判决用人单位应继续履行劳动合同，以此为例设定了女职工生育权与用人单位自主管理权的合理边界，为女职工群体司法保护提供了积极指引。

（**一审法院独任审判员** 罗远西
编写人 重庆市南岸区人民法院 罗远西 李明刚
责任编辑 代秋影
审稿人 刘 敏）

某公司诉肖某劳动争议案

——"长期两不找"状态下劳动关系的认定

关键词：民事　劳动争议　"长期两不找"　劳动关系　事实解除

【裁判要旨】

劳动者与用人单位双方长期处于互不联系状态，确认双方存在劳动关系不符合公平原则和权利义务相一致原则，且双方均未履行劳动合同项下的权利义务，导致双方之间的劳动关系失去存在的基础，故应认定双方的劳动关系在事实上已经解除。

【相关法条】

《中华人民共和国民法典》

第六条　民事主体从事民事活动，应当遵循公平原则，合理确定各方的权利和义务。

《中华人民共和国民事诉讼法》

第六十七条　当事人对自己提出的主张，有责任提供证据。

当事人及其诉讼代理人因客观原因不能自行收集的证据，或者人民法院认为审理案件需要的证据，人民法院应当调查收集。

人民法院应当按照法定程序，全面地、客观地审查核实证据。

【案件索引】

一审：广西壮族自治区柳州市柳南区人民法院（2022）桂0204民初5416号（2023年1月5日）

二审：广西壮族自治区柳州市中级人民法院（2023）桂02民终816号（2023年3月28日）

【基本案情】

原告柳州某公司诉称：被告曾是原告的股东，并曾担任原告的总经理职务，因被告任职期间存在严重失职，2013 年 3 月 14 日被免除总经理职务。之后被告一直未到原告处上班，双方也没有任何联系，属于互不找状态。2013 年 3 月 14 日起至 2022 年 3 月 15 日长达九年的时间内，被告从未为原告提供劳动，也从未要求原告安排工作，并且被告在长达九年的时间内也从未向原告主张过工资和社保待遇，说明双方均认可劳动关系在 2015 年 7 月 20 日已经解除。因此，柳州劳人仲字（2022）第 1534 号仲裁裁决书认定原告与被告 2015 年 7 月 21 日至 2022 年 3 月 15 日存在劳动关系，与客观情况不符，双方并不存在劳动关系，原告也无需向被告支付任何劳动待遇。为此，原告依据《劳动争议调解仲裁法》第五十条及《民事诉讼法》有关规定，提起本案诉讼，请求判令：（1）确认原告柳州某公司与被告肖某 2015 年 7 月 21 日至 2022 年 3 月 15 日期间不存在劳动关系；（2）原告柳州某公司无须支付被告肖某 2021 年 6 月 30 日至 2021 年 7 月 3 日及 2021 年 8 月 3 日至 2021 年 8 月 28 日期间住院医疗费 12738.75 元；（3）诉讼费用由被告肖某负担。

被告肖某辩称：目前没有证据证明原被告双方劳动关系已经依法解除，双方劳动关系依然存在，原告诉请没有依据。

法院经审理查明：柳州某公司于 2002 年 8 月 29 日成立，类型为有限责任公司（自然人投资或控股）。被告曾在原告公司担任总经理一职，原告曾在某报纸登报公告于 2013 年 3 月 14 日免除肖某总经理职务。肖某于 2013 年 3 月 13 日至今未到公司上班。肖某在工商登记上仍是公司股东，因公司股权问题，公司股东之间一直处于诉讼状态。

被告曾于 2015 年向柳州市劳动人事争议仲裁委员会（以下简称柳州市劳动仲裁委）提起仲裁，要求确认肖某和柳州某公司在 2003 年 10 月 23 日至 2015 年 7 月 20 日期间存在劳动关系并要求柳州某公司支付上述期间的工资，柳州市劳动仲裁委作出仲裁裁决后，柳州某公司不服，向广西壮族自治区柳州市柳南区人民法院（以下简称柳南法院）提起诉讼，柳南法院依法作出（2016）桂 0204 民初 335 号民事判决：（1）2013 年 3 月 13 日至 2015 年 7 月 20 日期间肖某与柳州某公司存在劳动关系；（2）柳州某公司支付肖某 2013 年 3 月至 2014 年 9 月 11 日及 2015 年 7 月 1 日至 20 日期间的工资 18921.7 元。该判决已生效并已履行完毕。柳州某公司为肖某缴纳社会保险至 2015 年 7 月 20 日。

肖某于 2022 年再次以柳州某公司作为被申请人向柳州市劳动仲裁委提起仲裁，请求裁决：（1）确认 2015 年 7 月 21 日至 2022 年 3 月 15 日期间申请人与被申请人存在劳动关系；（2）被申请人支付申请人 2015 年 7 月 21 日至 2022 年 3 月 15 日期间的工资损失共计 103832 元；（3）被申请人支付申请人因停保造成的住院治疗所产生的医药费共计 46406.07 元。2022 年 8 月 11 日柳州市医疗保障事业管理中心向柳州市劳动仲裁委发出《关于核算肖某医疗费的复函》，将肖某主张的医疗费区分出个人应付金额及按规定享受在职职工医保待遇医保统筹基金应支付金额。

2022 年 9 月 7 日，柳州市劳动仲裁委作出柳州劳人仲字〔2022〕第 1534 号仲裁裁决：（1）确认 2015 年 7 月 21 日至 2022 年 3 月 15 日期间申请人与被申请人存在劳动关系；（2）自本裁决生效之日起五日内，被申请人支付申请人 2021 年 6 月 30 日至 2021 年 7 月 3 日及 2021 年 8 月 3 日至 2021 年 8 月 23 日期间住院医疗费共计 12738.75 元；（3）申请人要求被申请人支付 2015 年 7 月 21 日至 2021 年 3 月 15 日期间待岗生活费已超过法定申请仲裁一年时效；要求支付 2021 年 3 月 16 日至 2022 年 3 月 15 日期间待岗生活费缺乏依据，不予支持。原告不服上述仲裁裁决结果，遂向柳南法院提起诉讼。

庭审中，就双方当事人的劳动关系，原告认可未曾与被告达成协商解除的一致意见或发函给被告要求解除劳动关系，双方当事人自 2013 年 3 月 13 日之后除诉讼外没有其他往来。

【裁判结果】

广西壮族自治区柳州市柳南区人民法院于 2023 年 1 月 5 日作出（2022）桂 0204 民初 5416 号民事判决：一、确认原告柳州某公司与被告肖某在 2015 年 7 月 21 日至 2022 年 3 月 15 日期间存在劳动关系；二、原告柳州某公司应向被告肖某支付 2021 年 6 月 30 日至 2021 年 7 月 3 日及 2021 年 8 月 3 日至 2021 年 8 月 23 日期间住院医疗费共计 12738.75 元。

宣判后，柳州某公司不服，提起上诉。广西壮族自治区柳州市中级人民法院于 2023 年 3 月 28 日作出（2023）桂 02 民终 816 号判决：一、撤销广西壮族自治区柳州市柳南区人民法院（2022）桂 0204 民初 5416 号民事判决；二、柳州某公司与肖某 2015 年 7 月 21 日至 2022 年 3 月 15 日期间不存在劳动关系；三、柳州某公司无须支付肖某 2021 年 6 月 30 日至 2021 年 7 月 3 日及 2021 年 8 月 3 日至 2021 年 8 月 23 日期间住院医疗费 12738.75 元。

【裁判理由】

法院生效裁判认为：劳动者提供劳动是劳动关系的基本构成要件。本案中，根据双方当事人的陈述和证据材料，肖某从2015年7月21日至2022年3月15日长期未向柳州某公司提供劳动，柳州某公司亦未向肖某发放工资和缴纳社保，虽柳州某公司未依法与肖某解除劳动关系，但在长达7年期间，双方处于“长期两不找”状态，即双方互不履行劳动权利义务，双方之间的劳动关系已失去了存在的基础，应认定双方的劳动关系在事实上已经解除。另外，从权利义务相一致原则以及公平原则来考虑，在劳动者长期未提供劳动的情况下，如果仍认定劳动者与用人单位之间存在劳动关系并支持劳动者请求支付工资、社会保险待遇损失等相关费用，无疑是对用人单位以及用人单位其他劳动者利益的损害，是极为不公平的。因此，二审法院确认柳州某公司与肖某在2015年7月21日至2022年3月15日期间不存在劳动关系，柳州某公司无须支付肖某2021年6月30日至2021年7月3日及2021年8月3日至2021年8月23日期间住院医疗费共计12738.75元。

【案例注解】

“长期两不找”与停薪留职存在本质区别，停薪留职是履行劳动合同的一种形式，是劳动者与用人单位合意的结果，不能将“长期两不找”与停薪留职混同。

“长期两不找”状态下的劳动争议案件是指劳动者与用人单位之间几年甚至十几年没有联系，在此期间劳动者未为单位提供过任何劳动，用人单位亦未给劳动者发放过任何工资及福利待遇，但用人单位一直未正式与劳动者解除劳动关系，或者用人单位虽主张已经解除劳动关系但未能证明已将解除劳动关系的书面通知送达劳动者，若干年后劳动者突然以劳动争议为由诉至法院，要求确认劳动关系以及享受各种劳动待遇的案件。

“两不找”的概念仅存在于理论及部分司法裁判中，并未被法律法规明确规定，导致实践中关于“两不找”状态下劳动关系的认定及在此情形下劳资双方权利义务关系存在争议，不利于裁判尺度的统一。

一、“长期两不找”情形的认定

“长期两不找”是指劳动者离开用人单位时，双方未正式解除劳动关系，但双方之间已经长期互不履行劳动合同的主要义务，劳动者不再向用人单位提供劳动，用人单位也不再向劳动者发放工资、福利待遇等。由此可知，“长期两不找”劳动争议案件的认定要素主要有三个：一是“两不找”，即劳动者与用人单位都未履行劳动合同的内容，且都未主张解除劳动合同。二是“长期”，即双方两不找的情形持续时间较长，劳动者与用人单位之间几年、十几年甚至几十年都未曾联系，对于该状态的持续时间，相关法律及司法解释均未有明确的规定，而依据“几”字的定义，当其作为数词时表示二到九之间的不确定的数，故而应当将二年及以上认定为长期。三是在两不找期间，用人单位没有向劳动者支付任何劳动报酬或福利待遇，主要包括工资福利、待遇补贴、社会保险费等。

结合本案，首先，肖某自2013年3月13日开始不在原告柳州某公司处上班，离开时双方均未解除合同，离开之后双方亦未继续履行劳动合同，即符合“两不找”。其次，从2015年肖某第一次提起劳动仲裁所确认的劳动关系截止时间，即2015年7月20日，至2022年肖某向仲裁委提起本次仲裁时，长达六年多的时间里，除双方之间的股权诉讼外，双方未曾就劳动关系进行联系，即该“两不找”状态已经持续多年，应当认为属于“长期两不找”状态。最后，在该“两不找”期间内，自2015年7月21日起，即（2016）桂0204民初335号民事判决书确认柳州某公司应当履行的给付义务之后，柳州某公司未支付肖某任何劳动报酬或者福利待遇。因此，本案肖某主张与柳州某公司存在劳动关系的期间，即2015年7月21日至2022年3月15日期间，应当认定双方属于“长期两不找”期间。

二、“长期两不找”状态下劳动关系认定的观点

关于“长期两不找”状态下劳动关系的认定，我国目前并无相关法律法规对此进行明确规定，因此，各地法院在审判实践中秉持的观点并不一致，主要有如下三种观点（详见表1）：

第一种观点认为，劳动关系既然是依法建立，也应依法解除。因为我国现有法律法规对劳动关系的解除制定了严格的程序和条件，劳动者与用人单位均可以主张解除劳动关系，但并无法律规定劳动关系可以自生自灭或者自动解除。“两不找”状态下劳动者虽然多年来未给用人单位提供劳动，但用人单位对此行为未作处理存在过错，因此应该支持劳动者的请求。持此种观点的较少，主要散见于部分裁判文书中。

第二种观点认为，我国既然承认事实劳动关系的存在，那么在劳动者与用人单位双方“长期两不找”状态下，从公平的角度考虑理应承认劳动关系的实际解除，劳动者的诉讼请求不能得到支持。

第三种观点认为，用人单位与劳动者的劳动关系处于中止状态，双方互不负有劳动法上的权利义务。“两不找”期间的时间不计入计算经济补偿金及失业保险待遇损失等的工作年限内。该观点为当下主流观点。

表 1　各地法院关于“长期两不找”的相关文件规定

发布机关	文件名称	内容
某省高级人民法院	《关于劳动争议案件审理中疑难问题的解答》	问：用人单位与劳动者：长期两不找情形下的劳动关系如何认定？ 答：不认定双方继续存在劳动关系。劳动者离开用人单位后，长期未提供劳动，用人单位亦未正式发出通知与劳动者解除劳动关系，双方处于“长期两不找”状态。经过多年以后，劳动者请求确认其与用人单位存在劳动关系，或者请求用人单位继续履行劳动合同、安排工作的，对于劳动者的请求，不予支持。双方处于“长期两不找”状态下，双方之间的劳动关系并非处于中止履行状态，而是已经解除。对于用人单位解除劳动合同的形式，不能局限于用人单位向劳动者发出解除劳动合同通知这一种方式。在实践中，一边是劳动者不辞而别，长期不提供劳动，一边是用人单位停发工资，双方之间的劳动合同在事实上已经解除。如果依据用人单位的规章制度，劳动者不辞而别，长期不在岗，属于旷工行为，此时也符合用人单位解除劳动合同的条件。双方之间解除劳动合同的时间可以从用人单位停止发放该劳动者的工资之日起计算。
某市高级人民法院、某市劳动争议仲裁委员会	《关于劳动争议案件法律适用问题研讨会会议纪要》	14. 劳动者长期未向用人单位提供劳动，用人单位也长期不再向劳动者支付劳动报酬等相关待遇，双方长期两不找的，可以认定此期间双方不享有和承担劳动法上的权利义务。
某省高级人民法院	《关于印发全省民事审判工作会议纪要的通知》	（七）关于基本生活费是否适用仲裁时效的问题……在司法实践也存在着用人单位与劳动者长期“两不找”，时隔多年以后劳动者要求用人单位支付几年甚至十几年的基本生活费的案件，若对这类案件中劳动者的主张全部支持，不符合社会公平原则。而且这种案件中的企业大多经营状况很差，濒临破产边缘，若对于劳动者的主张全部支持，尤其是一些群体性案件，则很可能使这些企业难以为继，不符合既要保障劳动者合法权益，又要维护用人单位生存发展的审判原则。因此，劳动者请求用人单位支付基本生活费的，在劳动争议调解仲裁法实施之前，适用《劳动法》第八十二条规定的仲裁申请期限，劳动争议调解仲裁法实施之后，应适用该法规定的仲裁时效。

续表

发布机关	文件名称	内容
某省高级人民法院	《关于审理劳动争议案件法律适用问题的解答（二）》	1. 劳动者与用人单位“长期两不找”，双方就确认劳动关系、薪酬福利、解除劳动关系、社会保险等发生争议的，如何处理？ 除用人单位提供证据证明劳动合同已经解除或终止外，劳动者要求确认劳动关系的，应予支持；由于未付出劳动，除劳动者提供证据证明存在法定或约定事由外，劳动者请求支付工资、福利、生活费、社会保险待遇损失、解除劳动关系经济补偿、赔偿金等诉讼请求的，不予支持；劳动者要求解除劳动关系及办理档案和社会保险关系转移手续的，应予支持。

笔者认为第二种观点更为合理，即在劳动者与用人单位“长期两不找”状态下，劳动关系已经实际解除，劳动者与用人单位之间不再存在劳动关系，劳动者主张工资报酬及相关福利待遇均不予支持。主要理由有如下几点：

（一）劳动者具有从属性

劳动关系的一个本质特征是劳动者具有从属性，这种从属性包含人格从属性和经济从属性两个方面。从人格从属性上看，劳动关系建立之后，劳动者失去对自身的绝对控制，受到用人单位的管理与支配，需要遵循用人单位的规章制度，服从用人单位的工作安排。从经济从属性上看，劳动者需要依靠劳动所得维持自身及家庭的生存与发展，而用人单位可以依据劳动者的出勤等相关规章制度对劳动者的工资进行调整。劳动者与用人单位处在“长期两不找”状态下，劳动者是自由的，劳动者不受用人单位规章制度的约束，不受用人单位的管理，不参与用人单位的业务活动，用人单位也不向劳动者支付劳动报酬，双方之间并不存在这种从属性，其劳动关系已经失去了存在的基础。

（二）坚持公平与社会效果的统一

劳动者提供劳动是劳动关系的基本构成要件，用人单位遵循按劳分配的原则，依据劳动者提供的劳动给付报酬。在“长期两不找”期间内，劳动者并未为用人单位提供劳动，如认定劳动者与用人单位存在劳动关系并支付相应工资报酬与福利待遇，这对于用人单位显然是不公平的。另外，如司法实践对此予以支持，将会让劳动者产生可以不劳而获的错误认知，无法达到司法实践应有的社会效果，这显然与我国的司法理念相悖。

（三）认定中止的不合理性

“长期两不找”状态下如果认定劳动关系属于中止状态，则劳动合同亦属于中止履行状态。合同中止是指劳动合同存续期间，由于某些原因导致合同主体双方主要权利义务在一定时间内暂停履行，待中止原因消除后，再继续恢复履行。首先，中止行为需要双方的合意或法律的明文规定，如劳动部1995年印发的《关于贯彻执行〈中华人民共和国劳动法〉若干问题的意见》规定，劳动者因涉嫌违法犯罪被限制人身自由期间，用人单位可与其暂时停止劳动合同的履行。“长期两不找”期间劳动关系是否属于中止，相关法律亦无明文规定。其次，合同中止是合同主体双方仍有履行合同的合意，待中止原因消除后仍需要继续履行合同。而“长期两不找”状态下，劳动者与用人单位互不履行合同义务，亦无继续履行合同的意愿，劳动合同不存在继续履行的可能，这与合同中止的本意明显不符。最后，“长期两不找”期间，劳动者存在另行就业的可能，如认定该期间内劳动关系属于中止状态，则该劳动者可能存在双重劳动关系。根据我国相关法律规定，仅对部分非全日制用工条件及企业停薪留职人员、未达到法定退休年龄的内退人员、下岗待岗人员以及企业经营性停产放长假人员规定可以认定双重劳动关系，除此之外主张认定双重劳动关系并无法律依据。

综上，“长期两不找”状态下认定劳动关系解除并不违背我国法律的强制性规定，且更加符合劳动者的本质特征，亦更能在坚持公平原则之下实现司法效果与社会效果的统一。而引起本案诉讼的原因之一，是肖某在2015年第一次提起仲裁及诉讼时，其部分诉请得到了支持，现在其打破“两不找”状态并非希望继续履行劳动合同，而是试图通过法律手段获取不当利益。因此，将本案劳动关系认定为解除更有利于保护公司的合法利益，打击不劳而获。

三、“长期两不找”状态下认定劳动关系解除的困点

（一）劳动关系自动解除的法律空白

我国现行法律并未规定劳动关系可以自动解除，而《劳动法》及《劳动合同法》均规定了劳动合同的解除可以通过协商解除和单方解除两种方式。协商解除即劳动者与用人单位双方达成解除劳动合同的合意。单方解除包含用人单位单方解除及劳动者单方解除，在劳动者单方解除情况下，劳动者需要提前通知用人单位；用人单位单方解除的情况下，用人单位应当事先将理由通知工会，用人单位在劳动者无过失情形下单方解除劳动合同，用人单位还需要提前三十日以书面形式通知劳动者本人或者额外支付劳动者一个月工资。由此可知，劳动者与用人单位如要解除劳动关系，必须通过法定方式，并以一方的提

出与通知为前提。而在“长期两不找”状态下认定劳动关系自动解除并没有直接的法律依据，在司法实践中并不能达到以案释法的社会效果，也容易引发争议。

（二）“两不找”期间仲裁时效起算时间的确定

“长期两不找”状态下认定劳动关系自动解除，则劳动关系应当自“两不找”开始时已实际解除。《劳动争议调解仲裁法》第二十七条第一款规定：“劳动争议申请仲裁的时效期间为一年。仲裁时效期间从当事人知道或者应当知道其权利被侵害之日起计算。”在“长期两不找”情形下，劳动者因解除劳动关系产生争议请求仲裁的，应当自其知道或应当知道劳动关系解除事实之日起一年内申请。如劳动者在“两不找”期间已经另谋职业，则可以说明劳动者知道或者应当知道其与原用人单位之间劳动关系已经解除，仲裁时效应当自“两不找”开始时计算。但是，如劳动者在“两不找”期间并未就业，劳动者对劳动关系是否存续并不知情，则以“两不找”开始时作为仲裁时效起算时间，并不符合上述规定，如以劳动者提起劳动仲裁之日作为劳动仲裁时效期间的起算时间，又容易导致司法对“躺在权利上睡觉”行为的不当容忍。因此，对于仲裁时效起算时间，应当遵循谁主张谁举证的原则，由提出时效抗辩的用人单位对“劳动者知道或应当知道劳动关系解除事实”进行举证，否则应由用人单位承担举证不能的不利后果。

“长期两不找”状态下劳动关系相关问题的法律空白，是由成文法天然的局限性和滞后性决定的，法律不可能穷尽一切现实可能。因此，在审判实践中需要实现政治效果、法律效果、社会效果的有机统一，将法律制度优势转变为治理效能，通过裁判文书的释法说理弥补成文法的缺陷，实现法的安定性和可预测性，使得裁判文书不只是形式逻辑的演绎，而应当成为实践的理性引领。

（**一审法院独任审判员** 覃　军

二审法院合议庭成员 罗贵琼　彭　霞　古龙盘

编写人 广西壮族自治区柳州市柳南区人民法院　覃珊珊

责任编辑 代秋影

审稿人 刘　敏）

二、案例精析

【编者按】《人民法院案例选》坚持“反映审判全貌，总结审判经验，服务审判工作”的编辑方针，突出“真实、全面、及时、说理”的编辑特色，从各级人民法院报送的案件中选择编辑了一批具有典型性、新类型、重大疑难复杂的案件，对指导审判业务、宣传国家法治、预防和化解社会矛盾、促进法学教育与理论研究作出了积极努力。《人民法院案例选》将继续坚持这一优良传统，对判决和评析中虽未提及但比较重要的或评析不充分的问题，进行补充评析，以期达到总结经验教训、指导审判业务、促进理论研究的目的。

刑　事

唐某等帮助信息网络犯罪活动案

——电信从业人员利用职务便利实施帮助信息网络犯罪活动罪及链条式共同犯罪刑事责任的认定

关键词：刑事　帮助信息网络犯罪活动　电信行业从业人员　物联网卡链条式共同犯罪

【裁判要旨】

1. 电信行业从业人员明知他人使用虚假资料申购物联网卡可能用于信息网络犯罪，存在未“机卡绑定”、违规二次销售等异常使用情形，仍利用职务便利为其提供帮助的，可以认定其“明知他人利用信息网络实施犯罪”。

2. 电信行业从业人员接到物联网卡在电信网络诈骗犯罪高发地区登录的风险预警后，未采取纠正措施，违规将物联网卡号导入“白名单”并上报虚假说明规避内部风险管控，协助不法分子逃避监管，属于帮助信息网络犯罪活动罪中提供技术支持的帮助行为，综合考虑其认知能力及供卡数量、提供技术支持的时间及方式、非法获利等，可以认定该行为达到情节严重。

3. 链条式犯罪中，持放任故意的各行为人，虽无直接明确的犯意联络和统一的犯罪目的，但协同实施的不法行为相互之间形成有机联系、密不可分的整体作用力，客观上共同为他人利用信息网络实施犯罪提供帮助，成立帮助信息网络犯罪活动罪的共犯。同时，应坚持治罪与治理并重，根据预防再犯罪需要和履职违规情况，在判处刑罚的同时准确适用禁止令或者职业禁止，并及时发送司法建议促推相关单位堵塞监管漏洞，斩断黑灰产链条。

【相关法条】

《中华人民共和国刑法》

第二百八十七条之二第一款 明知他人利用信息网络实施犯罪，为其犯罪提供互联网接入、服务器托管、网络存储、通讯传输等技术支持，或者提供广告推广、支付结算等帮助，情节严重的，处三年以下有期徒刑或者拘役，并处或者单处罚金。

《最高人民法院、最高人民检察院关于办理非法利用信息网络、帮助信息网络犯罪活动等刑事案件适用法律若干问题的解释》

第十一条第六项 为他人实施犯罪提供技术支持或者帮助，具有下列情形之一的，可以认定行为人明知他人利用信息网络实施犯罪，但是有相反证据的除外：

（六）为他人逃避监管或者规避调查提供技术支持、帮助的；

《最高人民法院、最高人民检察院、公安部关于办理电信网络诈骗等刑事案件适用法律若干问题的意见（二）》

第七条第二项 为他人利用信息网络实施犯罪而实施下列行为，可以认定为刑法第二百八十七条之二规定的“帮助”行为：

（二）收购、出售、出租他人手机卡、流量卡、物联网卡的。

第八条第二款 收购、出售、出租单位银行结算账户、非银行支付机构单位支付账户，或者电信、银行、网络支付等行业从业人员利用履行职责或提供服务便利，非法开办并出售、出租他人手机卡、信用卡、银行账户、非银行支付账户等的，可以认定为《最高人民法院、最高人民检察院关于办理非法利用信息网络、帮助信息网络犯罪活动等刑事案件适用法律若干问题的解释》第十一条第（七）项规定的“其他足以认定行为人明知的情形”。但有相反证据的除外。

第九条第二项 明知他人利用信息网络实施犯罪，为其犯罪提供下列帮助之一的，可以认定为《最高人民法院、最高人民检察院关于办理非法利用信息网络、帮助信息网络犯罪活动等刑事案件适用法律若干问题的解释》第十二条第一款第（七）项规定的“其他情节严重的情形”：

（二）收购、出售、出租他人手机卡、流量卡、物联网卡20张以上的。

【案件索引】

一审：江苏省南京市鼓楼区人民法院（2022）苏0106刑初306号（2023

年12月29日）

二审：江苏省南京市中级人民法院（2024）苏01刑终67号（2024年3月22日）

【基本案情】

江苏省南京市鼓楼区人民检察院指控：被告人唐某、周某某均系四川某公司职员，岗位为四川某公司产品经理、客户经理，分别负责物联网业务管理、服务、风险管控工作和部分项目洽谈支撑、系统支撑处理、系统操作问题等工作。邵某玲（另案处理）系二家涉事公司的实际控制人。2019年10月邵某玲联系被告人彭某寻找物联网卡购卡渠道，二人商议出售物联网卡牟利。随后彭某通过案外人戴某联系到戴某某，后者安排唐某与彭某对接，后唐某安排周某某与彭某对接物联网卡业务。唐某、周某某在明知彭某提交的资料存在虚假的情况下，仍将二涉事公司申请物联网卡的业务提交四川某公司讨论。同年12月9日，四川某公司讨论并通过二涉事公司物联网卡业务，决定分别以二涉事公司名义向四川某公司申请车联网通用流量0.5折优惠资费，当月27日四川某公司通过了该资费申请。当月31日，周某某在公司系统提交了二涉事公司的物联网业务审批，后四川某公司销售给二涉事公司物联网卡各20万张。

邵某玲收到上述物联网卡后，明知公司所购物联网卡不得用于合同外其他用途、不得转售，仍将部分物联网卡通过网络商铺分销或者通过快手、抖音、微信公众号对外宣传销售。被告人侯某舟、张某系涉事公司的员工，参与上述物联网卡的销售、管理、维护。上述物联网卡销售获利未纳入二涉事公司营业收入，邵某玲将部分获利按约支付给彭某，彭某再将部分获利分配给戴某。

自二涉事公司购买物联网卡并开户后，四川某公司系统平台始终预警物联网卡未“机卡绑定”和在手机终端使用等高风险情形。相关监管部门多次向四川某公司下发其出售的物联网卡在高风险地区登录微信、QQ的预警，涉及二涉事公司购买的多个号码。四川某公司的上级公司多次下发内部信息，要求四川某公司对涉及异常登录的物联网卡进行核查、处置，唐某、周某某收到相关通知后，未按规定处理，并于2020年6月16日将二涉事公司名下的40万张物联网卡导入“白名单”，以规避系统预警。

被告人邵某玲在广东省某市经营通讯器材，其曾因出售未实名认证的手机卡被公安机关处理。2020年8月，邵某玲为了牟取利益，隐匿身份通过非正常渠道购买物联网卡并违规转售，其中500张物联网卡（包括案涉物联网卡14407××××9294）来源于涉事公司的层层转售。

2020年9月12日，电信诈骗分子使用卡号为14407××××9294的物联网卡上网并登录微信，冒充领导诈骗被害人侯某琼人民币 5 万元。经查，诈骗侯某琼的微信号在 2020 年 9 月 12 日 8 时 31 分至 10 时 56 分登录期间，登录 IP 始终为 211. 178. 127. 235，对应物联网卡号为 14407 × × × ×9294。

公诉机关指控被告人唐某、周某某、彭某、侯某舟、张某等犯帮助信息网络犯罪活动罪，应依法惩处。

被告人唐某对公诉机关指控的事实和罪名均不予认可，辩称其不具有帮助信息网络犯罪活动的主观明知，请求宣告无罪。其辩护人意见：（1）唐某与周某某没有共谋，实施的是正常履职行为，唐某已尽到审查资料、提出整改意见的义务，案涉物联网卡出售后被转卖的行为与唐某无关；（2）机卡绑定不属于唐某的职责，唐某对加入“白名单”的行为不知情，且将涉案物联网卡加入“白名单”是出于绩效考核并非为了逃避监管；（3）侯某琼被诈骗的事实不清，证据不足，是否机卡绑定与案涉物联网卡被用于诈骗之间没有直接或者间接因果关系。

被告人周某某对公诉机关指控的事实和罪名均不持异议，请求从轻处罚。其辩护人意见：（1）机卡绑定不是出售物联网卡的必要条件，周某某不具有帮助他人实施犯罪的主观明知；（2）涉案 40 万张物联网卡中仅 1 张卡被用于犯罪，且该卡的溯源证据存在明显瑕疵。

被告人彭某对公诉机关指控的事实和罪名均不持异议，请求对其从轻处罚。其辩护人意见：彭某没有帮助他人实施犯罪的主观明知，将涉案物联网卡加入“白名单”的行为与彭某无关。

被告人侯某舟、张某、邵某玲及各自辩护人对公诉机关指控的事实和罪名均不持异议，请求从轻处罚。

法院经审理查明的事实与公诉机关指控的事实一致。

【裁判结果】

江苏省南京市鼓楼区人民法院于 2023 年 12 月 29 日作出（2022）苏 0106 刑初 306 号刑事判决：一、被告人唐某犯帮助信息网络犯罪活动罪，判处有期徒刑一年十个月，并处罚金人民币 50000 元。被告人周某某犯帮助信息网络犯罪活动罪，判处有期徒刑一年四个月，缓刑二年，并处罚金人民币 40000 元。被告人彭某犯帮助信息网络犯罪活动罪，判处有期徒刑一年五个月，并处罚金人民币 100000 元。被告人侯某舟犯帮助信息网络犯罪活动罪，判处有期徒刑一年，缓刑一年六个月，并处罚金人民币 20000 元。被告人张某犯帮助信息网络犯罪活动罪，判处有期徒刑十个月，缓刑一年，并处罚金人民币 15000 元。被告人邵某玲犯帮助信息网络犯罪活动罪，判处有期徒刑一年，并处罚金人民币 20000 元。二、扣押在案的违法所得予以没收，上缴国库。三、禁止被告人唐某、邵某玲在三年内从事通讯网络服务领域相关工作。禁止被告人周某某、侯某舟、张某在缓刑考验期内从事通讯网络服务领域相关工作。

宣判后，唐某不服，提出上诉。江苏省南京市中级人民法院于 2024 年 3 月 22 日作出（2024）苏 01 刑终 67 号刑事裁定：驳回上诉，维持原判。

【裁判理由】

法院生效裁判认为：唐某、周某某作为物联网卡管理的电信行业从业人员，对物联网卡的性质、用途及使用规定有清晰认知，在运营过程中承担着对物联网卡的安全管理、风险管控、违规处理等工作职责。案涉物联网卡出售后，数次出现在电信诈骗高发地区登录使用等不符合约定用途使用的情况，在四川某公司多次下发预警信息、内审通报等情况下，唐某、周某某依然未认真履行职责，对上级公司下发的预警信息不认真核实、不依规处理，积极帮助涉事公司编造虚假理由，谎报已进行机卡绑定的整改措施，为规避系统预警，将多达 40 万张物联网卡拉入白名单逃避监管。二人主观上对案涉物联网卡被违规转卖后被用于电信网络诈骗犯罪持放任故意，客观上为上游信息网络犯罪提供了互联网接入的技术支持，应认定为帮助信息网络犯罪活动罪。

被告人彭某在电信运营商及涉事公司之间联络协调、促成并参与物联网卡的违规销售，牟取非法利益；被告人侯某舟、张某作为涉事公司员工，明知物联网卡不得更改用途、转售，仍通过微信公众号、网络商铺等方式层层分销、提供技术维护。上述五被告人放任案涉数十万张物联网卡被违规转卖给不特定对象，共同导致了有关物联网卡被用于诈骗犯罪，系内外勾连、链条式推进、多环节协作的帮助信息网络犯罪活动的共同犯罪，社会危害性大，应予刑事处罚。

【案例注解】

本案是一起电信行业从业人员利用职务便利参与实施的帮助信息网络犯罪活动罪（以下简称帮信罪）案件，也是已知的全国首例对电信行业从业人员违规出售物联网卡以帮信罪追究刑事责任的案件。近年来，随着“断卡”行动的深入推进，涉信用卡、电话卡类帮信罪行为得到较大程度的遏制，犯罪分子转而利用物联网卡难以及时锁定、追查身份及位置的技术特点，通过大量购买违规销售的物联网卡接入网络进而实施电信网络诈骗犯罪，目前已形成了链条式黑灰产，严重影响国家安全、社会稳定和人民利益。本案立足电信行业从业人员职业要求、物联网卡技术特点等，结合供卡数量、认知能力等情节综合认定帮信罪，并对有关链条式共同犯罪及共犯人刑事责任作出判定，通过精准运用从业禁止、司法建议等方式切实加强该类犯罪的源头综合治理。

一、负有监管职责的电信行业从业人员明知他人申办材料系虚假，仍然利用职务便利违规提供物联网卡，并多次协助他人逃避监管，可以认定其“明知他人利用信息网络实施犯罪”

（一）帮信罪“明知”的规范理解和认定规则

“明知”属于人的主观认识领域的问题，具有“内在隐性”而非“外在显性”，向来是司法认定的难点。与传统犯罪及其帮助犯相比，帮信罪“明知”更具间接性、单向性、预测性、模糊性。根据《刑法》有关规定，帮信罪成立需要满足“明知他人利用信息网络实施犯罪”要件。第一，从认识内容上，帮信罪“明知”是一种概括性认识。行为人只需要认识到被帮助者利用信息网络实施犯罪，不要求认识到具体的犯罪类型、情节、手段等。司法实践中，多数帮信案件的上游犯罪难以查实，考虑到帮信罪的设立初衷和《刑法》打击的有效性，对于此种“概括性明知”所包含的行为违法性认识程度，“明知他人利用信息网络实施犯罪”中“犯罪”指的是符合《刑法》分则规定的行为，不论是否达到犯罪程度。① 第二，认识程度上，帮信罪“明知”包括“不确定明知”，但应达到“高度盖然性”。所谓“高度盖然性”，是指帮助人对他人实施信息网络犯罪的认识程度，达到近似确然性的可能性，表示“很有可能”或者“极有可能”。“明知”包括“确定性明知”和“不确定性明知”。帮助人认识到他人一定会利用信息网络实施犯罪，当然成立帮信罪“明知”。即使不完全肯定被帮助者会实施犯罪，但认识到其实施犯罪的可能性时，也可能成立帮信罪“明知”。

近年来，《最高人民法院、最高人民检察院关于办理非法利用信息网络、帮助信息网络犯罪活动等刑事案件适用法律若干问题的解释》（以下简称《帮信罪解释》）第十一条、《最高人民法院、最高人民检察院、公安部关于办理电信网络诈骗等刑事案件适用法律若干问题的意见（二）》（以下简称《关于办理电信网络诈骗案件的意见（二）》）第八条均概括了“明知”推论规则。但“明知”推论需要综合案情、借助经验和逻辑作出，不是一概而论的。他人是否具有帮信罪“明知”，主要受到两个因素影响：第一，行为主体的认识水平，对于同样的帮助行为，具有专业背景的主体，如信息网络行业从业者，

① 龙宗智、胡佳：《帮助信息网络犯罪活动罪的“明知”认定》，载《西南民族大学学报（人文社会科学版）》2024 年第 1 期。

比普通人更能意识到风险；第二，行为本身的反常性，对于具有同等认识水平的主体而言，反常程度高的行为更具风险提示性。而行为人的主观认识要达到“高度盖然性”，则需要这两个因素达到一定程度。司法实践中，应当坚持以推论为主的证明方法，防止裁判的主观性与或然性演变成司法擅断。同时，特别要避免：拔高行为人的认识水准，不当扩大“明知”的认定范围；降低行为异常性判断，将“高度盖然性”降低为一般可能性。

（二）电信行业从业人员帮信罪“明知”的认定规则

为了确保“明知”认定的合理性，以及裁判的普遍可接受性，“明知”判断应考虑公众的一般认识水平，以具有通常认识能力的一般人在与帮助人处于相同境地时的常见认知作为参照，具体判断帮助人是否系“明知”。由于行为人所认识的范围和程度取决于他所拥有的知识及其当时的注意程度，因人而异，因此在结合一般公众认识标准的同时，还必须综合考虑行为人特性进行个别化考察。电信等行业从业人员，对互联网通讯领域具有高于一般人的风险认知和专业认知，当其利用职务便利非法交易物联网卡时，突破、规避了行业内部风险防控和监管制度，为电信网络诈骗犯罪提供了便利。对这些行业从业人员的要求要高于一般社会公众，对其实施的非法交易物联网卡行为，结合所从事的职业特点及行业监管规定，可以认定行为人主观上明知他人利用信息网络实施犯罪而提供帮助。

本案中，第一，唐某和周某某系专职负责公司物联网卡维护和监管的从业人员，熟悉和掌握物联网卡的申办和审批规则、技术特点，较一般公众更清楚物联网卡被不当利用可能产生的风险和后果。第二，在接受二涉事公司申购材料时，二人已发现涉事公司营业范围没有车联网业务、部分证明虚假等问题，但对此不仅没有按照规定要求，还“指导”涉事公司提交虚假证明材料，后亦未遵循电信行业规定及合同约定实施机卡绑定，导致物联网卡存在被挪作他用的高风险。第三，二人在明知二涉事公司存在违规转售物联网卡的情况下，没有履行核查职责，反而多次编造虚假事由应对内部管控，反映出二人有意为他人逃避监管提供帮助。综上，可以认定唐某与周某某具备帮信罪的“明知”。

二、电信行业从业人员接到物联网卡使用预警后，未采取纠正措施，通过拉入白名单、上报虚假说明等方式规避内部管控，协助不法分子逃避监管，属于帮信罪中提供技术支持类帮助行为

根据《刑法》有关规定，帮信罪的构成要件之一是“提供互联网接入、服务器托管、网络存储、通讯传输等技术支持”。互联网接入主要是针对互联网接入服务提供商的，主要指为他人提供访问互联网或者在互联网发布信息的通路。当前常用的互联网接入服务有电话线光纤宽带接入、无线网络等方式。

互联网接入服务提供商，如果明知他人利用其接入服务实施犯罪，仍继续让对方使用，可能构成帮信罪。实践中，通过提供物联网卡等属此类。

（一）物联网卡的运作原理及其被用于电信网络诈骗犯罪的危害

物联网卡是由运营商基于物联网专网专用号段面向用户提供的移动通信接入业务，支持包括短信、无线数据及语音等基础通信服务，用来满足智能硬件的联网、管理，以及集团公司的无线信息化应用需求的流量卡。从外观上看，物联网卡和普通的手机卡没有差别；从功能上看，两者均能实现无线联网、收发短信息等功能，但物联网卡无法进行语音通话。物联网卡与手机卡的网络接入技术不同，但物联网卡只需要进行设置即可在手机上使用。由于物联网卡由企业申领、使用，往往申领数量较大，部分卡仅登记到企业。公安机关虽能通过电信运营商提供的数据查询到使用流量 IP 地址号段及端口，进而锁定物联网卡的卡号，但却较难确定诈骗分子使用物联网卡所在终端的具体位置以及使用人的真实身份，犯罪分子正是利用物联网卡特定条件下“无需实名认证”“动态 IP 地址和端口”的技术特征逃避打击。

（二）电信行业从业人员提供技术支持类帮助行为的认定

电信运营商在我国电信事业发展中的性质地位相对特殊，其同时兼具管理者和被管理者的身份。一方面，电信运营商属于电信企业，在业务上需要接受工信部、公安部等主管部门的监督管理；另一方面，电信企业作为国家授权负责电信基础设施建设的大型国有企业，在业务办理、维护等方面依法又承担着一定的管理职能，这一特殊功能定位赋予了电信行业从业人员在防控电信网络诈骗犯罪中更重的监管责任、更严的业务要求。对于《帮信罪解释》《关于办理电信网络诈骗案件的意见（二）》的规定，电信行业从业人员利用职务便利提供帮助可以是直接性行为也可以是间接性行为，其本质都是严重违反职责要求，为他人实施信息网络犯罪提供帮助的行为。

本案中，第一，唐某、周某某在明知出售的卡不能二次出售的情况下，放任二涉事公司违规转售。部分反诈监管部门先后多次向某集团总公司、四川某公司通报、发函预警提示二涉事公司的大量物联网卡号在中高风险地区异常登录或者被要求协助关停，唐某均收到了警示提醒，但均未采取措施制止，相反还伪造情况说明予以隐瞒。第二，周某某在唐某的许可下，未做任何调查甄别即把出售给二涉事公司的 40 万张卡导入系统白名单，规避预警系统监管。同期，唐某、周某某以同样的模式为其他公司办理了 40 万张物联网卡并导入白名单，反映出其二人已数次实施协助他人逃避监管行为，致使本应进行实名登记、暂停功能、注销退网的物联网卡可以继续正常联网使用。第三，唐某和周某某明知涉案物联网卡已经被他人用于诈骗，为了推脱责任，还指导张某出具了“客户自行将卡片取下来用于犯罪行为”的虚假情况说明。综上，唐某、周某某的行为属于帮信罪中提供技术支持类帮助行为，综合考虑两人供卡数量、提供技术支持帮助的时间及方式等，可以认定情节严重，以帮信罪追究刑事责任。

三、“链条式”网络共同犯罪中各参与人刑事责任的认定规则

（一）链条式网络共同犯罪的基本属性

随着互联网技术的发展，网络犯罪活动呈现出去中心化样态，上下游犯罪结合共同形成了成熟的犯罪产业链条。这种多环节、多层级、呈链条状互联的新型网络犯罪可称为链条式网络共同犯罪。根据《刑法》有关规定，“共同犯罪是指二人以上共同故意犯罪”。具体可以拆分为：各行为人知晓共犯成员的基本信息；各行为人明知自身及其他行为人的行为会发生危害社会的结果；希望或者放任该危害结果的发生。不同于传统犯罪，链条式网络犯罪中，由于互联网虚拟性特征，使得犯罪成员间直接接触少，行为人主观故意内容发生了极大程度的网络异化，帮助行为人与其他犯罪参与人在故意内容的明确性与犯意联络的双向性上均有所欠缺。

（二）链条式网络共同犯罪刑事责任的认定及综合治理

链条式网络犯罪中的行为人人数众多且存在着不同层级、不同环节、不同部门造成不同行为人对同一犯罪的认识程度、在犯罪组织中所发挥的作用均不相同，对此应分类研究区别认定刑事责任。可将某一具体链条式网络犯罪中的行为人分为组织管理者、具体实施者、中间协调者。第一，组织管理者，其熟悉犯罪组织的目的、组织结构、运作方式等各方面，对犯罪的整体认识程度最高，在共同犯罪中起主要作用，其主观上往往持直接故意。第二，具体实施者，这类行为人往往仅知悉自己所从事部分的工作。对于具体实施者应当区分对待，从加入犯罪组织的时间长短、从事的具体工作内容、过去有无类似经历等几方面综合判断其持直接或者间接的故意，从而确定其刑事责任。第三，中间协调者，即在组织管理者与具体实施者之间可能存在的提供中间服务人员或者在链条某个环节通过提供犯罪工具、资金等发挥作用的人员，对于物联网卡黑灰产，可能包括办卡人、售卡人、转卖人、维护人等，主观上一般为放任故意。需要说明的是，个案情况各异，实际成案人员可能是上述三类中的任意一类，甚至可能都是中间协调者，仅对网络共同犯罪链条某一个环节具有作用力。根据共同犯罪的原理，持放任故意的各行为人，虽无直接明确的犯意联络和统一确定的犯罪目的，但如果协同实施的不法行为相互间形成分工明确、有机联系的整体作用力，客观上共同为他人利用信息网络实施犯罪提供帮助，就能够成立共同犯罪，应当根据罪责刑相适应原则确定各共犯人的刑事责任。

本案中已形成了涉案物联网卡办理、转售、倒卖、维护等全链条。第一、

第二被告人作为电信运营商负责物联网卡审核、办理、维护的主体；第三被告人系电信运营商及涉事公司之间的中间人，亦参与到涉事公司有关办卡、用卡事宜的联系；第四、第五被告人系涉事公司员工；第六被告人系末端贩卖物联网卡的代理商。其中，第四、第五被告人作为涉事公司人员，在案外人邵某玲的授意下，违规出售物联网卡，且经监管部门告知后仍然实施有关行为，构成共同犯罪；第一、第二被告人在这一过程中，接到相关预警仍然协助涉事公司伪造、隐匿相关涉案物联网卡违规出售事宜；第三被告人作为中间人一直在从中联络协调。上述五名被告人有着相对明确的犯罪意思联络，虽然主观上难以证实具有实施帮信罪的直接故意，犯罪目的上以贩卡牟利或者增加办卡绩效为主，均系以牟利为直接目的，但对于相关物联网卡被电信网络诈骗分子利用均持放任的故意，虽然帮助行为的内容各不相同，但在物联网卡犯罪链条上相互协同、分工合作，共同为不法分子实施电信网络诈骗犯罪施加了有效作用力，彼此之间密不可分，应当认定为共同犯罪，对涉事公司违规转售的物联网卡共同承担刑事责任。第六被告人作为末端“卡商”，虽然也违规买售物联网卡，但过程与上述各被告人并无联系，缺乏意思联络，难以认定为共同犯罪，应当对其所收购、出售的物联网卡单独承担刑事责任。

同时，本案存在电信行业从业人员利用职务便利参与实施帮信罪的情况，为了最大限度防止再犯罪、做深做实治罪与治理并重，在判处刑罚的同时，对判处实刑的唐某、彭某、邵某玲适用从业禁止，对判处缓刑的周某某、侯某舟、张某适用禁止令，并全面梳理二涉事公司、四川某公司内部存在的风险管控薄弱环节，针对存在的问题及时向有关单位制发司法建议，落实“抓前端、治未病”，以完善的监管机制清除可能存在的行业“内鬼”，有效斩断物联网卡电信网络诈骗犯罪黑灰产业链。

（**一审法院合议庭成员** 彭　静　王智明　杨建冲

二审法院合议庭成员 方兴宇　钟慧钊　史锋华

编写人 江苏省南京市中级人民法院　钟慧钊　周　晓

责任编辑 包献荣

审稿人 刘树德）

冯某某故意杀人案

——隔空助力他人自杀行为的司法认定

关键词：刑事　故意杀人　隔空助力自杀　刑事违法性　帮助行为

【裁判要旨】

利用信息网络等平台隔空助力他人自杀的行为，属于刑法意义上的帮助行为，可涵摄至故意杀人罪构成要件之下。当行为人知道被害人有自杀意愿，仍提供有效、具体且深入的实质帮助，对被害人实施自杀产生实质推动，后被害人通过其帮助实现死亡结果时，应当认定其行为系故意杀人行为。

【相关法条】

《中华人民共和国刑法》

第二百三十二条　故意杀人的，处死刑、无期徒刑或者十年以上有期徒刑；情节较轻的，处三年以上十年以下有期徒刑。

【案件索引】

一审：山东省济南市历城区人民法院（2022）鲁 0112 刑初 547 号（2023 年 4 月 11 日）

二审：山东省济南市中级人民法院（2023）鲁 01 刑终 310 号（2023 年 6 月 25 日）

【基本案情】

山东省济南市历城区人民检察院指控：2021 年 11 月至 12 月，被告人冯某某在互联网论坛上寻找涉及自杀、抑郁的相关文章，主动向文章下留言评论的网友发送“一起走吗，我有无痛方法，加微聊”“无痛，保证送走”等信息，后在网络上以相约自杀为由向多人介绍、推荐使用氮气自杀的方法。被害人马某某于 2021 年 11 月 24 日通过网络添加了冯某某为好友并向其询问自杀方法，冯某某向其推荐吸食氮气自杀的方法，同时传授如何避免被他人发现和抢救，马某某在冯某某的指导和推荐下购买了氮气瓶、软管、扳手等工具。2021 年 12 月 1 日，马某某在酒店房间内，按照冯某某传授的操作方式自杀。被害人自杀后，冯某某又连续多次向其发送消息、拨打视频电话，在确认被害人死亡后，继续向其他人推荐使用氮气自杀的方法并发送与马某某的聊天记录作为成功示范。经法医鉴定，被害人马某某符合窒息死亡。被告人冯某某的行为触犯了《刑法》第二百三十二条的规定，应当以故意杀人罪追究其刑事责任。

被告人冯某某辩称：（1）其有自杀想法，向马某某提出一起自杀，因不在同一城市，就各自实施自杀行为；（2）其想在宾馆自杀，没有死亡是因为没有钱开房间；（3）其没有怂恿马某某，只是想让他用其提供的无痛苦方法自杀。

其辩护人意见：被告人的行为不属于胁迫、教唆、帮助被害人实施自杀的任何情形之一。被告人没有教唆、怂恿被害人自杀，也没有给被害人提供其他物质上的帮助，只是提供了吸食氮气死亡的办法，并非对被害人死亡意图的强化。被害人自杀决意坚定，吸食氮气是其自杀方式的选择，并未受到被告人的欺骗、引诱等。被告人的行为对被害人自杀死亡结果没有决定作用或者帮助、辅助作用。被告人客观上无法对被害人现场自杀行为施加影响或者干预。被告人的行为不构成故意杀人罪。

法院经审理查明的事实与公诉机关指控的事实基本一致。

【裁判结果】

山东省济南市历城区人民法院于 2023 年 4 月 11 日作出（2022）鲁 0112 刑初 547 号刑事判决：被告人冯某某犯故意杀人罪，判处有期徒刑五年。

宣判后，被告人冯某某提出上诉。山东省济南市中级人民法院于 2023 年 6 月 25 日作出（2023）鲁 01 刑终 310 号刑事裁定：驳回上诉，维持原判。

【裁判理由】

法院生效裁判认为：被告人冯某某明知被害人马某某有自杀意愿，主动向被害人推荐、传授吸食氮气自杀的方法，告知所需工具、操作方法、用量及注意事项如塑料袋要在头部扎紧防止软管脱落等细节问题，提供了购买氮气的商家。为防止马某某自杀被挽救，冯某某否定了被害人在宿舍自杀的想法，向马某某推荐在宾馆自杀。其间，冯某某通过虚构自己曾服药自杀、给马某某发送他人自杀图片、提供所谓自杀成功范例及催问马某某何时“走”“晚上走”等多种方式不断强化马某某自杀的意愿。冯某某明知马某某已携带氮气等到达宾馆准备自杀，仍继续通过发送他人自杀信息及图片、谎称自己当晚自杀等多种方式，继续强化马某某自杀意愿，促使被害人吸食氮气死亡。冯某某明知他人有自杀意愿，仍提供推荐自杀方法、操作步骤等有效、具体且深入的帮助，不断强化马某某的自杀意愿，进而促使被害人在其帮助下实施自杀行为并死亡。冯某某主观上具有积极追求他人死亡结果发生的故意，客观上实施了实质性的帮助和推动行为，其帮助行为与马某某的死亡结果之间具有物理和心理的因果性，符合故意杀人罪的构成要件。

【案例注解】

司法不能等待“最优的法律解决方案”出台，而应当不断往返于规范和事实之间，在现有规范内合法、审慎地寻求具有司法智慧的答案。隔空助力他人自杀案件中，虽然行为人与自杀者存在空间上的距离、时间上的错位，但当其发展到一定程度，与面面相授和直接提供行为辅助并无二致；不能因自杀者存在自杀意愿，就中断行为与死亡结果之间的因果关系，否定对自杀者生命权益的侵害性。个案审查时，司法人员应重视形式正义与实质正义的平衡，兼顾行为规制和一般预防的双重需要，充分结合个案案情和在案证据进行理性的司法考量。当该类行为在客观上确对推动被害人自杀并引起死亡结果起到实质作用，主观上亦有追求或者放任被害人死亡结果的故意时，依法认定其行为系故意杀人行为。

一、隔空助力他人自杀行为具有社会危害性

社会危害性是犯罪构成的立法依据。[①] 某类行为首先应具有社会危害性，后刑法再对社会危害性行为进行遴选设立犯罪构成。[②] 通常情况下，判断行为是否属于刑法规制时，只需要就刑事违法性进行判断，不需要深究其深层的社会危害性依据。但当出现新类型、非通常性规范表现行为时，有时难以直接适用规范，甚至是否纳入刑法规制亦存在争议，此时有必要进行前置判断，即对行为是否具有社会危害性进行判断。社会危害性行为本质上是对一个国家内整

---

① 参见杨兴培：《犯罪构成原论》，北京大学出版社2014年版，第141页。

② 参见杨兴培：《犯罪构成原论》，北京大学出版社2014年版，第140～141页。

体社会利益和既定社会秩序的损害，这与刑法目的的本质法益保护说抑或规范违反说也是相通的。本文认为，隔空助力他人自杀行为对整体社会利益和既定社会秩序均存在损害，具有成立犯罪行为的前置社会危害性基础。

（一）该类行为损害整体社会利益

即使行为针对个体对象实施，但如果侵犯的是公共意志认可的利益，因其将公共认可利益置于不安全状态，也是对整体社会利益的侵犯。反对涉案行为具有社会危害性的观点认为，自杀者本就自愿放弃生命权益并由个人行为导致死亡结果，此时没有侵害自杀者的生命权益。自杀是自己处分自己的生命法益，根据法益保护原则，难以认为自杀行为符合故意杀“人”罪的构成要件。① 法益保护说认为，刑法整体目的的变易性很小，在任何时候，都可以将刑法目的归纳为保护法益。②

本文认为，法律保护人民的生命权不受直接侵犯。本案中，被告人虽然没有直接实施损害自杀者生命权益的行为，但其推荐自杀方法，详授具体操作，持续强化被害人自杀意愿，推动被害人实施自杀。在被害人实施自杀前，仍通过视频确认操作步骤是否正确，深度介入了被害人独立判断和决定如何处置生命权益的过程，侵犯了被害人的生命权益。其行为将社会成员普遍认同的生命利益置于不安全状态，损害了整体社会利益。

（二）该类行为损害既定社会秩序

社会利益需要在公众普遍认同、遵循的社会规范下有序运行，得以实现。规范违反说认为，必须特别强调规范有效性，需要动用刑法来证明违反规范的行为是不值一提的。刑法目的就是稳定规范、证实规范的效力。③ 犯罪通过对个别化的生活秩序的侵害，破坏了存在于社会中的规范联系，使整个社会陷入现实的以及未来可估算的危险。④ 刑法通过对违反规范的行为人施以刑罚的方式提出反对，说明规范的效力是牢不可破的，同时指向所有规范对象，它包含了这样一个信息，即规范是有效的，继续遵守规范是正确的。⑤ 本案中，被告人对被害人实施的具体行为推动了自杀进程，是对被害人个人生活秩序的侵害，亦侵犯了公众所认同的不应对他人生活秩序施加干涉的普遍认知。此外，被告人通过网络空间先后向100余人谎称一起自杀，向有自杀意愿的人推荐自杀方法。本案被害人死亡后，将被害人的死亡作为成功范例向其他网友推荐自

① 参见陈洪兵：《共犯的处罚边界》，载《北大法律评论》2005年第1辑。

② 参见张明楷：《刑法目的论纲》，载《环球法律评论》2008年第1期。

③ 参见周光权：《论刑法目的的相对性》，载《环球法律评论》2008年第1期。

④ 参见周光权：《论刑法学中的规范违反说》，载《环球法律评论》2005年第2期。

⑤ 参见［德］乌尔斯·金德霍伊泽尔：《法益保护与规范效力的保障：论刑法的目的》，载《中外法学》2015年第2期。

杀方法。综合上述情况，其行为违反了社会公众所普遍认同和接受的规范，损害了既定社会秩序。如果不加以干涉，不仅对行为人造成处罚漏洞，亦难以通过对行为人施加后果来震慑、阻止现实和潜在的行为人，更无法对社会公众的行为进行有效的预防和引导。

二、隔空助力他人自杀行为犯罪性的主客观审查

肯定行为的社会危害性，不代表行为可以纳入刑法规制，只有社会危害性发展到一定程度，才能进入刑法规制视野。该类行为的表现形式，多是提供传授自杀方法、说明具体操作步骤等帮助。因此，需要对该类行为的帮助程度进行剖析，据以判断是否可以纳入刑法规制。帮助行为既可以是物理上（技术上）的助力，也可以是精神上（心理上）的支持。① 帮助他人自杀，通常表现为帮助购买毒药、提供自杀工具等。隔空助力他人自杀行为的特殊性在于，行为人并未“面对面”“即时性”地提供物理或者精神上的帮助。本文认为，帮助行为的认定，应当从行为本身性质去判断，不能因时空距离就排除在帮助行为之外。此外，也不能因存在空间距离就认定此类行为均是精神性帮助，应当从其帮助内容去判断，如提供自杀工具购买渠道、详细阐述自杀操作步骤应归为物理性帮助，对自杀者自杀意愿的强化系精神性帮助。在此基础上，审查其犯罪性时，当帮助行为客观上有效、具体且深入，具有实质性作用，主观上知道被害人有自杀意愿及其帮助行为可能造成被害人死亡，仍希望或者放任死亡结果的发生时，认定其行为具有刑事违法性。

（一）客观层面：行为需达到实质帮助程度

要着重分析被告人的行为，据以判断其帮助是否具有实质作用。可以结合个案从以下几个方面进行考量：首先，其帮助行为的有效性，如传授的自杀方法是否有效；自杀死亡结果是否归因于被告人传授的自杀方法。其次，其隔空帮助行为的具体程度，如仅粗略告知自杀者操作步骤还是详细说明操作流程。最后，其隔空帮助行为的深入程度，包括提供帮助的持续时间、频率等，如行为人与自杀者仅极短时间一次性接触，还是集中时间内多次联系提供帮助等；其与自杀者的沟通内容，如是否多次鼓励实施自杀、美化自杀是解脱等，判断其对自杀者实施自杀行为的精神推动程度。

总而言之，通过综合分析被告人所提供的帮助行为是否有效、具体、深入，达到与面对面提供物理性和精神性帮助相当程度，从而判断对自杀行为是否具有实质作用，使得自杀者的生命权益陷入更加紧迫的危险中并存在死亡结果。此外，还应当考虑其提供的帮助是否属于正常业务行为，避免打击面不当

---

① 参见张明楷：《刑法学》（第四版），法律出版社 2011 年版，第 384 页。

扩张。本案中，被告人隔空助力他人自杀的行为，无异于面面相授，其对于自杀方式、所需工具、用法用量等内容详细传授，并告知如何有效操作才能实现死亡结果，与将氮气、工具等亲手递到自杀者手中并无本质区别；其谎称一起自杀、反复催促自杀进程等行为，无异于面对面在精神上持续强化自杀者的自杀意愿，其帮助行为在客观上具有明显的实质作用。

（二）主观层面：需有实质帮助的不法性

当被告人提供的帮助行为确系实质性帮助时，要从主观方面分析被告人帮助行为的不法性。被告人的主观方面应限定为故意，继而从被告人的认识因素和意志因素两方面进行判断。

对认识因素要从认识内容和认识程度出发。认识内容一般包括对危害行为、危害结果、行为与结果之间的因果关系等客观方面的所有事实。[①] 审查隔空助力他人自杀行为人的认识内容时，应当进行双重考量，一是行为人是否认识到对方有自杀意愿，二是行为人是否认识到自己提供的帮助行为对推动他人顺利实施自杀起到客观促进作用，即认识到其提供帮助行为、可能产生死亡结果、其助力行为与被害人可能死亡之间存在因果关系。考量认识程度时，把握为知道，即行为人知道、认识到、预见到，并不限于确切知道或者确定性认识。这里的预见并不是臆想，而是根据经验法则、事物的发展规律预料到将来会发生的事情，[②] 即行为人需要知道自己的行为会导致发生或者可能发生自杀者的死亡结果。

意志因素是行为人对自己实施行为产生危害结果的积极追求或者放任发生两种心理态度。“隔空助力”他人自杀行为人，既可能对被害人自杀并死亡的结果是积极追求的直接故意，也可能对自杀者是否会死亡持漠不关心的态度。本案中，在案证据可以充分证明被告人明确认识到被害人有自杀意愿，被害人使用其传授的方法实施自杀行为极大可能产生死亡结果。同时，被告人告知被害人使用氮气自杀时要扎紧塑料袋、用绳子绑上密封，并推荐在宾馆自杀排除干扰等行为，表明其对被害人死亡结果积极追求的意志因素，其帮助行为在主观上具有明显的不法性。

三、隔空助力他人自杀行为可涵摄至故意杀人罪名之下

（一）行为分析：故意杀人罪构成要件可以涵盖此类行为事实

涵摄，就是将特定案件事实归属于法律规则的构成要件之下，以得出法律

① 参见高铭暄、王作富主编：《新中国刑法的理论与实践》，河北人民出版社1988年版，第240～242页。

② 参见张明楷：《故意犯罪中的“明知”》，载《上海政法学院学报》2023年第1期。

后果的推论过程。[①] 涵摄是否成功，取决于构成要件的定义能否涵盖个案事实。[②] 因此，首先应当对故意杀人罪的构成要件进行解读。故意杀人，是指非法剥夺他人生命的行为。主体是一般主体，主观要件为故意，客体为他人的生命权，客观要件为非法剥夺他人生命的行为。其中，重点在于对客观要件“非法剥夺他人生命”的理解。因为刑事制裁是最为严厉的制裁方法，在此需进行严格的文义解释。这要求从刑法文本所使用的词句中寻找立法者的意图，对“不利于被告人的刑事禁令”不能超出文本的含义进行解释。[③] 因此，需对“非法”“剥夺”“他人生命”重要词语含义进行文义明晰。

“非法”从字面上理解，就是在法律上予以否定性评价，“剥夺”在字典上的含义为强制夺去，“他人生命”即为字面含义。就隔空助力他人自杀行为来看：首先，关于“非法”，该类行为属于在法律上予以否定性评价的行为，其社会危害性、刑事违法性已在上文中详细释明，不再赘述。其次，关于“剥夺”，其本身代表着一种强制性，当该类行为深度介入他人对生命权的自主决定意志，推动他人结束生命，虽非亲手实施侵害他人生命的行为，亦不可否定其对他人生命权益的剥夺性。最后，“他人生命”系他人的生命权益，即自杀者死亡结果的存在。故，该类行为可涵摄至故意杀人罪构成要件之下。

（二）因果关系判断：要着眼于实质推动作用

在该类行为可以涵摄至故意杀人罪构成要件的基础上，判断该类行为与自杀者死亡结果的因果关系至关重要。反对将该类行为认定为故意杀人行为的原因之一，认为自杀者死亡结果的产生掺杂了自杀者本人的意愿，其帮助行为不能等价于故意杀人罪中的杀人行为，难以判断行为人的帮助行为与被害人死亡结果之间的因果关系。但罗克辛教授认为，将帮助自杀行为犯罪化，主要有两个方面的原因：其一，很难证明死者结束自己的生命是出于“自我决定”；其二，生命保护规范，要求将他人的生命视为“禁忌”。[④] 本文认为，不能因为被害人自杀意愿的存在，就完全中断行为人行为与自杀者死亡结果之间的关系。

本文这一观点在相关案例中也可以得到支持，如《刑事审判参考》第746号刘某某故意杀人案中认为，如果帮助者主观上明知他人有强烈自杀倾向，客观上仍通过言行进一步强化自杀意愿，并提供自杀工具或者帮助他人完成自

---

① 参见王泽鉴：《法律思维与民法实例——请求权基础理论体系》，中国政法大学出版社2001年版，第200~201页。

② 参见舒国滢、王夏昊、雷磊：《法学方法论前沿问题研究》，中国政法大学出版社2020年版，第206页。

③ 参见郑永流：《法律方法阶梯》（第三版），北京大学出版社2015年版，第22页。

④ 参见杨春然：《论划分刑法边界的标准》，载《中国刑事法杂志》2012年第8期。

杀，应当认定具有刑法上的因果关系。第810号邓某某故意杀人案，亦肯定邓某某对自杀者的帮助行为与自杀者死亡结果之间的因果关系。虽然这两个案例中，被告人提供的均是面对面的物理性帮助，但根据上文的分析，隔空助力他人自杀行为虽有时空距离，亦不能据以否定其物理性或者精神性帮助的实质。从根本上讲，传统犯罪在网络空间上的延伸，并不绝对影响对行为性质、定罪及归责的判断。在判断原因力时，除了上文所述考量行为人的行为是否具有实质帮助作用，也要考量行为人对自杀者实施自杀行为的助推程度。当其行为对被害人实施自杀行为具有实质推动作用时，应当肯定其行为与自杀者死亡结果之间的因果关系。

（三）审查实质推动：结合帮助者和自杀者两主体情况

判断帮助行为是否具有实质推动作用时，可以从帮助者和自杀者两个主体出发。对帮助者主客观方面的分析不再重述，对自杀者主体可从以下几个层面进行审查：一是自杀意愿的强烈程度。对此可以通过自杀原因、自杀意愿持续时间、个人性格和承受能力、是否有过自杀行为等因素进行分析。二是自杀者的年龄因素。通常情况下，未成年人认知尚未完全成熟，不能确保有独立判断能力，此因素需要结合自杀者的社会经历等因素综合判断。三是自杀者的心理状况。具有自杀意愿的人常伴随一定程度的心理健康问题，通过其心理疾病的类型、程度等情况分析其受他人意愿影响的程度。四是自杀者的社会生存环境。对此可以考虑其家庭情况、工作情况、社会关系等，综合判断自杀者通过家庭、社会关怀等途径重新树立生存意愿的可能程度。在办案过程中，应当结合个案情况，从帮助者的主客观表现和自杀者情况两个层面出发，分析判断行为人对自杀者自杀意愿的干预程度。当帮助者对自杀者自杀意愿确有实质强化并推动实施的作用时，应当肯定因果关系的存在。

综上，当隔空助力他人自杀行为人知道对方具有自杀意愿，仍提供有效、具体且深入的自杀帮助，不断强化自杀者的自杀意愿，对实施自杀行为具有推动作用，后自杀者通过其帮助实现死亡结果时，应当认定其行为系故意杀人行为。具体到本案中，被告人主观上具有积极追求他人死亡结果发生的故意，客观上实施了提供具体、有效、深入的帮助自杀行为，帮助行为与自杀者死亡结果具有物理上和精神上的因果性，依法应认定为故意杀人行为。

四、结语

刑事裁判最终是要走向公平正义，不能因理论桎梏而搁置对具有法益侵害性行为的处置，更不能因此否定该行为的法益侵害性。司法者不仅仅是“法律的代言人”，而是与立法者“分工协力”确定什么样的行为可罚。[1] 司法者在面对争议行为时，要在有限的规范内，通过对个案的综合考量，在规范与事实之间不断往返，对应当纳入刑法规制的行为选择适用恰当的规范。“隔空助力”他人自杀行为，有时无异于“面面相授”，利用网络等公共空间提供的自杀帮助，有时影响更为恶劣。对该类行为的规制，没有超出刑法的干预边界，具有一般预防的理论基础和现实需要，亦是与社情民意、与常识常理常情的同频共振。

（**一审法院合议庭成员**　常　颖　卢洪娴　张光亮
二审法院合议庭成员　瞿守印　孟庆孝　徐　娜
编写人　山东省济南市中级人民法院　孔祥燕
责任编辑　包献荣
审稿人　刘树德）

① 参见［德］洛塔尔·库伦：《罪刑法定原则与德国司法实践》，载梁根林、［德］埃里克·希尔根多夫主编：《中德刑法学者的对话：罪刑法定与刑法解释》，北京大学出版社2013年版，第124页。

靳某某等诈骗案

——零首付购车犯罪模式下被害人之确定及行为定性

关键词：刑事　诈骗　零首付购车　质押　被害人

【裁判要旨】

1. 行为人利用被害人急于获取贷款的心理，诱骗欲贷款但名下无资产的人员通过所谓“零首付购车”与融资租赁公司或者担保公司签订合同先购买车辆，再就购买的车辆向银行进行质押实现贷款等方式，由行为人支付车辆首付款后设置圈套将该车实际控制并转押牟利，致使实际购车人既失去了车辆亦背负巨额债务，违背最初购车的交易目的，蒙受实际财产损失，则实际购车人系被害人。

2. 行为人主观上明知被害人在经济实力不足、短期内不能清偿债务的情况下只能质押车辆，仍与被害人签订协议，并诱骗被害人转移车辆控制权，通过转卖、转押的方式牟利，自行为之初即具有非法占有被害人财物的主观故意；客观上行为人诱骗被害人转移车辆控制权，违法任意处分被害人的车辆牟利，构成诈骗罪。

【相关法条】

《中华人民共和国刑法》

第二百六十六条　诈骗公私财物，数额较大的，处三年以下有期徒刑、拘役或者管制，并处或者单处罚金；数额巨大或者有其他严重情节的，处三年以上十年以下有期徒刑，并处罚金；数额特别巨大或者有其他特别严重情节的，处十年以上有期徒刑或者无期徒刑，并处罚金或者没收财产。本法另有规定的，依照规定。

【案件索引】

原一审：陕西省西安市长安区人民法院（2020）陕0116刑初242号（2021年3月24日）

原二审：陕西省西安市中级人民法院（2021）陕01刑终549号（2021年8月13日）

一审：陕西省西安市长安区人民法院（2021）陕0116刑初937号（2023年3月20日）

二审：陕西省西安市中级人民法院（2023）陕01刑终285号（2023年5月10日）

【基本案情】

陕西省西安市长安区人民检察院指控：被告人靳某某、任某某、张某以非法占有为目的，骗取他人财物，应依法以诈骗罪追究刑事责任。具体犯罪事实如下：

1. 2018年7月，被害人黄某某欲贷款做生意，通过朋友认识了被告人张某某（已判决）。被告人张某某谎称可以零首付购车，再用购买的车抵押贷款，被害人黄某某表示同意。2018年7月27日，被告人张某某让被害人黄某某一起到西安市某二手车交易市场选车时，被告人任某某、张某也来到现场。被告人张某选了一辆白色奔驰车，被告人任某某私下通过微信给被告人张某某微信转账6笔共计4万元作为购车的首付款，被告人张某某私下将4万元购车首付款交给二手车公司人员张某甲，并让被害人黄某某与陕西某汽车服务公司签订了《汽车消费信贷担保合同》《个人车辆分期购车承诺书》等材料，办理车贷12.8万元。该公司收到车辆首付款后，向二手车行垫付了车辆尾款。车贷手续办理后，被告人张某开着所购奔驰车拉着被害人黄某某出了二手车行。为保证购车首付款不受损失，任某某借口车的手续没有办完，让黄某某签订了《购车承诺书》《汽车质押借款合同》《车辆转押协议》《借条》《收款凭证》《免责声明》等，但只有被害人黄某某的签字。后又让被害人黄某某将签署的《汽车质押借款合同》放在胸前拍照，录制一段视频，内容为询问姓名，是否因资金周转借钱，如果到期不还对方有权将购买的车辆转押或者转卖等情况。后借口要给车过户、挂牌，车暂由他们保管，等车的手续办理完毕再将车交给被害人黄某某。这辆白色奔驰车后挂牌号码为陕A×3D××，但该车挂牌后，被害人黄某某再未见过这辆奔驰车。后该车被追回。

2. 2018 年 5 月 21 日，被害人蔡某欲贷款，被告人靳某某、任某某、张某让被害人蔡某与重庆某融资租赁公司签订了《汽车租赁合同》，后又签订了《汽车抵押合同》等材料，约定重庆某融资租赁公司根据蔡某要求购买陕 A××2C×白色斯柯达明锐车一辆，并租给蔡某使用，车辆登记在蔡某名下；融资总额 10 万元，租赁期限 36 个月，按月支付租金。付清应付款项后，租赁车辆所有权转移至蔡某，后重庆某融资租赁公司将购车款 10 万元划付至销售方名为李某乙的账户。车辆挂牌后，被告人张某拿出借款合同等材料要求蔡某签署，被告人任某某为蔡某录制视频。后以办理手续为由将车留下。2018 年 6 月 3 日，被告人张某将该车及被害人郭某的一辆陕 A××3R×黑色大众朗逸车转卖，2020 年 1 月 22 日，蔡某从公安机关将陕 A××2C×号斯柯达明锐轿车领回。

3. 2018 年 5 月 18 日，被害人张某乙欲贷款，被告人靳某某、任某某、张某采用上述犯罪手段让被害人张某乙与重庆某融资租赁公司签订了《汽车租赁合同》等材料，融资总额 10.4 万元，重庆某融资租赁公司将购车款 10.4 万元划付至张某乙指定的李某乙的账户。后三被告人又让张某乙签订了《汽车抵押台同》等材料；因被告人靳某某、任某某、张某拒不交代犯罪事实，该车去向不详。

4. 2018 年 5 月 12 日，被害人郭某欲贷款，被告人靳某某、任某某、张某采用上述方法，让被害人郭某与浙江某汽车集团有限公司签订了《汽车按揭服务合同》，购买陕 A××2D×白色大众朗逸车一辆，售价为 10.69 万元，以分期付款方式从某银行取得透支资金 9.55 万元。因被告人靳某某、任某某、张某拒不交代犯罪事实，该车去向不详。

5. 2018 年 5 月 17 日，被害人郭某欲贷款，被告人靳某某、任某某、张某采用上述的方法让被害人郭某与重庆某融资租赁公司签订了《汽车租赁合同》《汽车抵押合同》等材料，融资总额 10.5 万元，购买陕 A××3R×黑色大众朗逸车一辆。该公司将购车款 10.5 万元划付至郭某指定的李某乙账户。因被告人靳某某、任某某、张某拒不交代犯罪事实，后该车去向不详。

6. 2018 年 5 月 17 日，被害人何某欲贷款，被告人靳某某、任某某、张某让被害人何某与某国际融资租赁公司签订了《售后回租合同》，由该公司根据何某要求购买租赁物福克斯牌汽车一辆（陕 A××7U×号），原值 8.58 万元，租赁成本（协议价款）7.6420 万元，租赁期限 36 个月，西安某汽车销售服务公司为担保公司。因被告人靳某某、任某某、张某拒不交代犯罪事实，该车去向不详。

被告人靳某某辩称：他只参与了蔡某和郭某的车各一辆，其他均未参与，其在实施行为前不知道构成诈骗罪，系李某甲安排其做。现在对这两宗犯罪事实认罪认罚。其辩护人意见：具有坦白、处于次要和辅助作用情节，请求对其从轻、减轻处罚。

被告人任某某辩称：其只是提供借款，通过利息牟利，张某称将车抵押给他，他对其他事情不知情，认为自己不构成诈骗罪。其辩护人意见：（1）任某某只是垫资；（2）任某某仅提供借款，签订的借款协议未对任何人采取虚构事实、隐瞒真相的方法。综上，任某某不构成诈骗罪。

被告人张某辩称，其仅参与了第一、第二、第五起犯罪事实。其辩护人意见：（1）本案罪名有误，应当为合同诈骗罪；（2）起诉书指控的第三至第六起犯罪事实中车辆去向不明，无法确定被害人的实际损失，诈骗数额不能确定；（3）张某具有从犯、积极赔偿损失等情节。请求对其判处五年以下有期徒刑。

法院经审理查明的事实与公诉机关指控的事实一致。

【裁判结果】

陕西省西安市长安区人民法院于2021年3月24日作出（2020）陕0116刑初242号刑事判决：一、认定靳某某、任某某、张某均构成诈骗罪，判处被告人靳某某有期徒刑九年，并处罚金人民币80000元；二、分别判处被告人任某某、张某有期徒刑十年三个月，并处罚金人民币100000元；三、责令三被告人向被害人重庆某融资租赁公司退赔经济损失人民币209000元；四、向被害人浙江某汽车集团有限公司退赔经济损失人民币95500元；五、向被害人西安某汽车销售服务公司退赔经济损失人民币76420元；六、随案移送的被告人任某某所使用的作案工具iPhone6s手机一部依法予以没收。

原审被告人靳某某、任某某、张某不服，提出上诉。陕西省西安市中级人民法院于2021年8月13日作出（2021）陕01刑终549号刑事裁定：一、撤销西安市长安区人民法院（2020）陕0116刑初242号刑事判决；二、发回西安市长安区人民法院重新审判。

陕西省西安市长安区人民法院另行组成合议庭，于2023年3月20日作出（2021）陕0116刑初937号刑事判决：一、认定靳某某、任某某、张某均构成诈骗罪，判处被告人靳某某有期徒刑八年十个月，并处罚金人民币80000元；二、分别判处被告人任某某和张某均为有期徒刑八年二个月，并处罚金人民币80000元；三、并责令被告人靳某某、任某某、张某向被害人郭某退赔经济损失人民币200500元，向被害人张某乙退赔经济损失人民币104000元，向被害人何某退赔经济损失人民币76420元；四、随案移送的被告人任某某所使用的作案工具iPhone6s手机一部依法予以没收。

宣判后，被告人任某某、张某不服，提出上诉。陕西省西安市中级人民法院于2023年5月10日作出（2023）陕01刑终285号刑事裁定：驳回上诉，维持原判。

【裁判理由】

法院生效裁判认为：上诉人任某某、张某和原审被告人靳某某在主观上具有非法占有他人财物的故意，客观上实施虚构事实，利用借款、质押协议，设置圈套诈骗他人财物，其行为符合诈骗罪的构成要件，应当以诈骗罪追究其刑事责任。其中靳某某属于数额巨大，任某某、张某属于数额特别巨大，其行为均构成诈骗罪。

【案例注解】

本案的争议焦点为：零首付购车犯罪模式下，本案被害人系实际购车人还是银行或者担保公司、融资租赁公司；本案是否构成诈骗罪。

一、零首付购车模式下被害人的确定

财产性犯罪如诈骗、盗窃等，犯罪对象和犯罪故意内容的最终确定要看谁最终蒙受了实际财产损失。谁蒙受了实际财产损失，谁就成为行为人非法占有的受害方。

（一）套路贷犯罪模式之识别

《最高人民法院、最高人民检察院、公安部、司法部关于办理“套路贷”刑事案件若干问题的意见》（以下简称《套路贷意见》）规定：“‘套路贷’，是以非法占有为目的，假借民间借贷之名，诱使或迫使被害人签订‘借贷’或变相‘借贷’‘抵押’‘担保’等相关协议，通过虚增借贷金额、恶意制造违约、肆意认定违约、毁匿还款证据等方式形成虚假债权债务，并借助诉讼、仲裁、公证或者采用暴力、威胁以及其他手段非法占有被害人财物的相关违法犯罪活动的概括性称谓。”

从《套路贷意见》可以看出，套路贷的不法实质在于“名为借贷实为诈骗”。要认定是否构成刑事领域的“套路贷”需要判断行为人是否具有非法占有他人财物的目的，并通过套路手段伪造债权债务关系，从而达到有民间借贷之名，而无民间借贷之实。① 所谓通过套路伪造债权债务关系，是指放贷人使

---

① 陈兴良：《高利放贷的法律规制：刑民双重视角的考察》，载《华东政法大学学报》2021年第6期。

借贷人基于错误认识签订借贷合同，进而产生实际贷款数额与约定贷款数额不符，或者借贷人本就无力偿还借款构成故意违约的情况，以达到放贷人非法占有财物的目的。简而言之，可以将套路贷分为“设套构债”与“非法索债”两个阶段。“设套构债”的本质即为前文所述的伪造债权债务关系，“非法索债”则是构成套路贷的不法本质。本案中，被告人通过向被害人许诺“零首付购车”的方式伪造债权债务关系，即被告人主动支付车辆首付款获取被害人信任，继而在明知被害人无力偿还贷款的情况下以保证购车首付款为由诱使被害人基于错误认识签订车辆质押合同，后以继续办理车辆手续为由实际控制车辆，在未经被害人允许的情况下肆意处置，通过此种方式将车辆变卖以达到非法占有被害人财物的目的。故所谓零首付购车实际上是套路贷，无论是购车人还是银行或者担保公司，都是行为人诈骗的对象，可能会使购车人既开不到车还要背负巨额债务，会使银行或者担保公司损失巨额资金。揭开本案犯罪行为模式之面纱，实质上系套路贷犯罪。

（二）行为人利用借款、质押等协议，通过套路手段使实际购车人既无法控制车辆亦背负巨额债务情形下，实际购车人系被害人

当被害人是实际购车者的情况下，被骗取的是车辆，购车人既开不到车还要背负巨额债务，被告人利用借款、质押协议，“设套”骗取他人财物。本案中，合同甲乙双方中，甲方是被害人，乙方是空白，被告人这样做的目的就是变卖车辆，不留痕迹，伪造成经济纠纷的假象，被告人在与被害人签订《借条》《逾期变卖委托书》《汽车质押借款合同》等协议时，向对方当事人隐瞒其住址、联系方式以及质押物存放地点、保管人及保管人联系方式等质押合同必备事项，且未经出质人同意，违反法律规定的程序处分质押财产。此时合同无相对方，被告人是利用协议、所谓的“合同”设套骗取被害人的财物。

实践中第二种情况，银行金融机构为了确保所贷出的款项安全，一般都要求借款人在申请贷款时提供必要的担保。担保人作为借款合同的第三人，在借款人不能偿还贷款本息时负责偿还贷款本息或者承担与借款人共同偿还贷款的连带责任。行为人虚构事实或者隐瞒真相骗取购车人的信任，非法占有钱款后，银行可以依据担保合同从担保人处获取担保，担保人才是银行债务的实际承担者，受侵害的往往是担保人。担保合同中的担保既是为了保证债权人能够对债务人享有的债权得到履行，也是为了保证债务人能够向债权人履行债务。在担保人代替主合同债务人承担担保责任使主合同权利义务消灭后，依法因主合同的债权人债权让渡而享有追偿权，担保人成为合同相对方。此种情况下零首付被害人是担保公司，因为购车人在零首付购车时，实际是向银行贷款，需要有担保公司，当购车人没有能力归还银行贷款后，担保公司承担了所有的垫付责任，此时实际上是侵害了担保人的财产权益，犯罪对象并非银行贷款，而

是担保合同一方当事人的财产，担保公司成为实际的被害人。

确定本案被害人的关键在于区分谁真正蒙受财产损失，根据实质的个别财产说，认定被害人的财产损失不能简单以财产的实质交付为衡量标准，而是要进一步考量被害人是否获得相应对价、交易目的等是否实现。如若被害人仅是以交付财物作为交易的手段，获得了相应对价或者实现了交易目的，则不能认定存在财产损失。在本案中，被害人参与被告人组织的“零首付购车”活动并与被告人签订《借条》《逾期变卖委托书》《汽车质押借款合同》等协议的目的在于获得车辆所有权，并通过车辆获得相应贷款，然而由于被告人存在非法占有被害人车辆的主观故意，诱骗被害人陷入错误认知后实质上转移车辆，导致被害人最终丧失对车辆的实际控制权，被害人既未获得车辆还背负巨额贷款，无法实现最初的交易目的，应当认定为被害人存在实际财产损失，即本案中实际购车者系被害人。

二、行为人主观上具有非法占有的目的，客观上利用借款、质押协议的方式，将被害人名下具有所有权或者使用权的车辆骗走并肆意进行处置牟利，其行为构成诈骗罪

（一）主观上具有非法占有他人财物的故意

诈骗罪，是指以非法占有为目的，用虚构事实或者隐瞒真相的方法，骗取数额较大的公私财物的行为。诈骗罪的行为结构包括以下五个要素：行为人实施欺骗行为、对方产生或者继续维持错误认识、对方基于错误认识而处分财产、行为人或者第三者取得财产、被害人遭受财产损失。这五个要素环环相扣，共同构成了诈骗罪完整的行为链条。欺骗行为的内容是，在具体状况下，使对方产生错误认识，并作出行为人所希望的财产处分，欺骗行为使对方陷入错误认识之后处分财产，即意味着将被害人的财产转移为行为人或者第三者占有，或者说使行为人或者第三者取得被害人的财产，处分财产表现为直接交付财产、承诺行为人取得财产、承诺转移财产性利益、承诺免除行为人的债务等。行为人或者第三者取得财产，被害人遭受了财产损失。①

本案中，认定被告人具有诈骗罪的主观目的的难点在于区分诈骗罪与借贷纠纷的关系。本案上诉人任某某及其辩护人提出，任某某在本案中仅支付贷款，其所得仅为利息收益，主观上不具有刑法上非法占有的目的，其行为属于借款牟利，而不构成诈骗罪。就诈骗罪与借贷纠纷的区别而言，借贷纠纷的放贷方主要目的是获得利息收益，产生借贷纠纷只是因客观原因或者不可抗力一

① 张明楷：《刑法学》（第五版），法律出版社2016年版，第945页。

时无力偿还借款。而在诈骗罪中，借贷只是放贷人的行为方式之一，其本质目的是非法占有借款人的财产。根据证人李某的证言，本案被告人的目的就是以客户的名义购车，再将车卖掉从中获利，根本不会给被害人办理贷款。本案中各被害人意欲贷款，被告人靳某某或者张某某在明知被害人无力偿还贷款的情况下，利用其急于获得资金的心理对被害人虚构“零首付购车”的事实，向被害人许诺在名下无足够资产的情况下可通过购买车辆获得贷款资质，从而诱骗欲贷款又无足够资金的被害人用车辆抵押贷款筹措资金，再通过签订《借条》《逾期变卖委托书》《汽车质押借款合同》将车辆以质押的方式由靳某某等人开至外地，实现转移被害人财产的目的，这会导致购车人不仅无法找到车辆，还需背负巨额债务的危害后果发生。靳某某的供述也印证了上述事实，在实施“零首付购车”过程中，由被告人任某某和张某负责垫付车辆首付款，之后将客户的车辆处理掉从中获利作为任某某与张某的报酬。上述言词证据均印证了三被告人实施“零首付购车”的目的在于转卖被害人的车辆获利，其自行为之初就熟悉“零首付购车”的套路，知道对于无能力偿还借款的被害人将既拿不到钱也拿不到车，本案并非被告人辩称的收取贷款利息获益，因此本案并非借贷纠纷而是主观上具有非法占有他人财物故意的诈骗行为。

（二）客观上实施虚构事实的行为，利用借款、质押协议，设下圈套诈骗他人财物

根据靳某某在本案中的有罪供述，按照主客观相一致认定其行为构成诈骗罪，但认定任某某、张某是本案的难点。根据《套路贷意见》，“明知他人实施‘套路贷’犯罪”，应当结合行为人的认知能力、既往经历、行为次数和手段、与同案人和被害人的关系、获利情况、是否曾因“套路贷”受过处罚、是否故意规避查处等主客观因素综合分析认定。根据本案所处的生活环境以及行为人的个人认知水平，任某某、张某是知道也应当知道靳某某、张某某所实施行为的严重社会危害性已经达到犯罪程度。具体到本案，根据卷内相关证据，任某某长期从事“押车业务”，其熟知“押车”的流程。根据《民法典》的相关规定，当事人双方签订借款合同、质押合同应当约定“当事人的姓名或者名称和住所”“履行期限、地点和方式”以及“质权人负有妥善保管质押财产的义务”“债务人不履行到期债务或者发生当事人约定的实现质权的情形，质权人……可以就拍卖、变卖质押财产所得的价款优先受偿”等事项。任某某等人在与被害人签订《借条》《逾期变卖委托书》《汽车质押借款合同》等协议时，向对方当事人隐瞒其住址、联系方式以及质押物存放地点、保管人及保管人联系方式等质押合同必备事项，且未经出质人同意，违反法律规定的程序处分质押财产。上诉人任某某等人的上述行为反映出其在占有出质人车辆时，就不打算让出质人赎回车辆，说明其在主观上具有非法占有他人财

产的故意。本案中，被害人以质押为由转移并变卖被害人的车辆，使得被害人彻底丧失对车辆的控制，可以确认被告人的非法占有目的。从靳某某、张某某向各被害人介绍“零首付购车”的内容及任某某与张某某等人之间的资金往来情况可以看出，任某某对经营模式十分清楚，明知靳某某、张某某将自己垫资的车辆首付款借给素未相识之人购车，保障资金安全的唯一途径就是质押所购车辆，能保证其收益的唯一途径就是将车辆变卖。靳某某、任某某、张某在给购车人购买车辆后，靳某某等人将车辆开离西安，且拆除了车辆的GPS，显然具有逃避被害人或者担保公司及车贷公司追索车辆的目的；同时，任某某等人实施该行为并非一次，根据原审判决认定的事实，任某某等人在一个月之内，连续五次实施诈骗行为，从其一系列的客观行为可以推定出任某某等人利用借款、质押协议，通过“设套”诈骗被害人财物，行为之初即具有非法占有目的，通过采取虚构事实、隐瞒真相的手段取得对方财物，在客观上亦可认定其具有非法占有的行为，故任某某、张某在本案中构成诈骗罪的共犯。在诈骗罪共同犯罪中，各被告人自取其利，分工明确，其中靳某某在除第一宗犯罪外的五宗犯罪中负责联系客户及办理贷款手续，系主犯；任某某、张某在六宗犯罪中负责其中的垫资、选车、录像等环节，二人在共同犯罪中系从犯。故行为人明知其在促进、帮助诈骗犯罪的正犯者实现诈骗犯罪的构成要件，仍然实施参与行为，构成诈骗罪共犯。故本案各被告人的行为构成诈骗罪。

（**一审法院合议庭成员** 张 亮 万媛媛 程纪平
二审法院合议庭成员 阿尼沙 李欣烨 李馨欣
编写人 陕西省西安市中级人民法院 阿尼沙
西北政法大学 郁筱怡
责任编辑 包献荣
审稿人 刘树德）

吴某某等帮助信息网络犯罪活动案

——自愿退赔与违法所得的交叉处理

关键词：刑事　帮助信息网络犯罪活动　自愿退赔　违法所得　发还

【裁判要旨】

在帮助信息网络犯罪活动案件中，被告人在法院审理阶段出于认罪悔罪态度以及争取从轻处罚、从宽处理的考虑，主动要求对上游电信网络诈骗被害人进行退赔或者积极缴纳一定数额退赔款并明确表示用于向上游犯罪被害人退赔。虽其退赔的数额大于违法所得数额本身，但基于追赃挽损的效果实现，对于有能力、有意愿主动提出进行退赔的被告人应当允许，并在量刑时予以充分考量，且相关退赔款应当在判决时明确向被害人进行发还。

【相关法条】

《中华人民共和国刑法》

第六十四条　犯罪分子违法所得的一切财物，应当予以追缴或者责令退赔；对被害人的合法财产，应当及时返还；违禁品和供犯罪所用的本人财物，应当予以没收。没收的财物和罚金，一律上缴国库，不得挪用和自行处理。

第二百八十七条之二第一款　明知他人利用信息网络实施犯罪，为其犯罪提供互联网接入、服务器托管、网络存储、通讯传输等技术支持，或者提供广告推广、支付结算等帮助，情节严重的，处三年以下有期徒刑或者拘役，并处或者单处罚金。

【案件索引】

一审：上海市宝山区人民法院（2023）沪 0113 刑初 31 号（2023 年 1 月 12 日）

【基本案情】

上海市宝山区人民检察院指控：2022 年 2 月，被告人吴某某为牟利，明知在某平台进行虚拟币交易有为他人犯罪所得提供支付转移帮助的风险，仍使用自己名下银行账户等在某平台进行虚拟币交易，因其银行账户接收电信网络诈骗案件被害人被骗资金被止付。经审计，被告人吴某某涉案银行账户可疑流水共计人民币 219 万余元（以下币种均为人民币），接收电信网络诈骗被害人被骗资金 1 万余元。2022 年 7 月，被告人胡某在被告人吴某某的指使下，明知在某平台进行虚拟币交易有为他人犯罪所得提供支付转移帮助的风险仍办理银行卡等 7 个银行账户在某平台上进行虚拟币交易，因其银行账户接收电信网络诈骗案件被害人被骗资金被止付、冻结。经审计，被告人胡某涉案银行账户可疑流水共计 259 万余元，接收电信网络诈骗被害人被骗资金 1.5 万余元。2022 年 7 月 23 日被告人胡某被抓获归案；2022 年 7 月 27 日，被告人吴某某至上海市公安局宝山分局投案。到案后，被告人胡某、吴某某如实供述了上述犯罪事实。

公诉机关认为二被告人的行为构成犯罪，应以帮助信息网络犯罪活动罪追究刑事责任。

被告人吴某某对指控罪名及事实无异议，自愿认罪认罚。被告人胡某对指控罪名及事实无异议，表示认罪认罚。其辩护人提出：被告人胡某法律认知程度相对有所欠缺，主观恶性比较小，有坦白情节，希望综合考虑对其从轻处罚，适用缓刑。

法院审理查明的事实与公诉机关指控的事实基本一致。审理中，被告人吴某某自愿向被害人满某退赔经济损失 10128 元并取得其谅解，同时退出违法所得 7000 元，并预缴罚金 10000 元；被告人胡某自愿退出 15000 元用于向被害人退赔，并预缴罚金 5000 元。

【裁判结果】

上海市宝山区人民法院于 2023 年 1 月 12 日作出（2023）沪 0113 刑初 31 号刑事判决：一、被告人吴某某犯帮助信息网络犯罪活动罪，判处有期徒刑十个月，缓刑一年，并处罚金人民币 10000 元；二、被告人胡某犯帮助信息网络犯罪活动罪，判处有期徒刑七个月，缓刑一年，并处罚金人民币 5000 元；三、违法所得依法予以追缴；四、扣押在案的作案工具银行卡依法予以没收，扣押在案的赃款依法发还被害人。

宣判后，被告人未上诉，检察机关未抗诉，判决已发生法律效力。

【裁判理由】

法院生效裁判认为：被告人吴某某、胡某明知他人利用信息网络实施犯罪，为其犯罪提供支付结算等帮助，情节严重，其行为已构成帮助信息网络犯罪活动罪，依法应予处罚。被告人吴某某具有自首情节，被告人胡某具有坦白情节，依法均可从轻处罚。被告人吴某某、胡某自愿认罪认罚，依法均可从宽处理。

1. 关于违法所得进行发还处理的法律基础。本案系支付结算型帮助信息网络犯罪活动罪，属于妨害社会管理秩序类犯罪，二涉案被告人实施了帮助上游电信网络诈骗犯罪进行资金支付结算的行为，上游犯罪涉案资金大部分经由被告人的银行账户进行流转，且本案中被告人吴某某的违法所得系以金钱形式从被害人被骗资金的回流支付中直接或者间接获取，其退出的违法所得从本质上亦属于上游电信网络诈骗犯罪中被害人被骗资金的部分，若对该部分违法所得直接没收，不利于上游犯罪被害人的损失填补，故本案根据《刑法》第六十四条的规定，同时结合追赃挽损的现实需要，对被告人退出的违法所得在判决中明确了依法发还被害人的处理方式。

2. 关于允许被告人退赔的具体考量因素。本案系电信网络诈骗的关联犯罪，被告人吴某某、胡某的支付结算帮助行为虽在刑事立法评价下独立构成帮助信息网络犯罪活动罪，但并不改变其上游电信网络诈骗犯罪帮助犯的实质，上游电信网络诈骗被害人所遭受的财产侵害损失与被告人吴某某、胡某的帮助行为之间具有刑法意义上的因果关系，其行为作为犯罪帮助的属性是固定存在的。因此，本案在明确涉案退缴的违法所得应进行发还处置的基础上，结合被告人吴某某、胡某在法院审理阶段主动提出对上游电信网络诈骗被害人进行退赔或者积极缴纳一定数额退赔款用于向上游犯罪被害人退赔的主观意愿，在综合案件主客观情况下让被告人适度地承担了部分对上游电信网络诈骗犯罪被害人的赔偿责任，被告人吴某某自愿向被害人满某退赔了经济损失 10128 元并取得其谅解，同时退出违法所得 7000 元，被告人胡某自愿退出了 15000 元用于向上游被害人退赔。

3. 关于退赔与违法所得的交叉处理。在本案中，退赔与违法所得的交叉主要表现在被告人吴某某退赔部分上游犯罪被害人经济损失后继续退出违法所得。被告人吴某某自愿向被害人满某退赔经济损失 10128 元并取得其谅解，且其退赔的数额已经大于违法所得数额本身，但其后出于认罪悔罪态度的表现以及争取从轻处罚、从宽处理的考虑又自愿提出退出违法所得，该情形下由于被告人自愿主动提出另行退出违法所得，故本案对于另行退出的违法所得作为酌情从轻处罚情节在量刑上对被告人吴某某进行了考量。

综上，基于追赃挽损的效果实现，在本案中对于有能力、有意愿主动提出进行退赔的被告人吴某某与胡某，允许其二人进行超出违法所得数额的退赔，并在量刑时对该情节予以充分考量，酌情对二人从轻处罚，且相关退赔款在判决时明确了向被害人进行发还处理。

【案例注解】

支付结算型帮助信息网络犯罪活动罪（以下简称帮信罪）在司法实践中主要是作为电信网络诈骗的关联犯罪，其帮助行为虽在刑事立法评价下独立构成犯罪，但并不改变其上游电信网络诈骗犯罪帮助犯的实质。上游电信网络诈骗日益猖獗，且往往难以查证，但上游电信网络诈骗被害人所遭受的财产侵害损失与帮助行为之间明显具有刑法上的因果关系，其行为作为犯罪帮助的属性是固定存在的。因此，本案在明确涉案退缴的违法所得应进行发还处置的基础上，综合案件主客观情况让被告人适度地承担了部分对上游电信网络诈骗犯罪被害人的赔偿责任。具体理由如下：

一、基于《刑法》第六十四条的规定

《刑法》第六十四条的规定主要解决的是犯罪相关财物的处理问题，其根据不同犯罪类型设定了追缴与责令退赔两种主要处理路径，且针对追缴而来的犯罪相关财物依据其财产权属和作用确立了返还与没收两种后续的措施。支付结算型帮信罪中，其帮助行为主要是帮助上游犯罪进行资金的支付结算，而在上游犯罪多为电信网络诈骗犯罪的情况下，涉案资金往往都是全部或者部分直接经由支付结算型帮信罪的被告人的账户进行流转，但考虑到支付结算型帮信罪属于妨害社会管理秩序类犯罪，加之其区别于侵犯财产类犯罪，责令退赔显然导致承担责任过大，因此实践中鲜有责令被告人对上游电信网络诈骗犯罪被害人进行退赔的处理模式。考虑到该类案件中被告人的违法所得大都是以金钱形式从被害人被骗资金的回流支付中直接或者间接获取，故判决文书中往往以追缴违法所得的方式予以处理，追缴后的违法所得钱款虽属于种类物，但其从本质上亦属于上游电信网络诈骗犯罪被害人被骗资金的部分，根据《刑法》第六十四条规定，对被害人的合法财产，应当及时返还。

二、存在追赃挽损的迫切需求

帮助信息网络犯罪活动罪系电信网络诈骗的关联犯罪，其上游所涉犯罪主

要以诈骗为主，上游犯罪被害人涉及面广、人数众多，上游被害人资金基本上都是通过支付结算的帮助行为予以流转，且该帮助行为往往没有固定的帮助对象，呈现出一对多的关系。目前实践中，由于上游信息网络犯罪活动跨地域流水线式作业且各个环节独立，侦查难度极大，查证和追诉周期较长，导致很多上游犯罪没有得到及时、有效打击，上游犯罪被害人损失如果仅依赖于上游犯罪案件的退赔，大多数很难获得损失填补。因此，很多上游犯罪被害人把目光转向了帮助进行支付结算的被告人，期许能从该类案件中挽回部分损失。

三、被告人退赃、退赔积极性高

支付结算型帮信罪属于新类型轻罪，在宽严相济的基本刑事政策背景下，出于有利于被告人改造和回归社会的考虑，退赃退赔是否积极主动与缓刑适用与否密切相关。从退赃退赔的法律后果来看，被告人退赃退赔的主动积极性以及退出的数额多少是作为酌情从轻处罚的重要依据。因此，帮信罪案件中被告人为争取从轻处罚，往往退赃积极性高、主动性强。虽然个案中退出的违法所得数额在各个方面均远远低于流水金额以及查实的上游犯罪涉案数额，但目前帮助信息网络犯罪活动案件数量总体仍高位运行，因此总体上的数额仍然较高，如不采取一定合理恰当方式进行发还，而是径直没收，显然不符合法理与人情。

四、实现办案的“三个效果”

让支付结算型帮信犯罪被告人承担适度的赔偿责任，对其所退出的违法所得向上游犯罪被害人进行发还，通过增加违法成本有效遏制该类犯罪，有效促进社会治理，这不仅是司法裁判符合形式理性的重要体现，更是实质理性的应有之义。大量上游犯罪被害人能够获得适度的损失填补，这会让更多的社会公众感受到司法的人文关怀和温度，以此为基础，可以进一步深化信息网络犯罪治理工作，为维护国家经济安全、推进网络强国建设提供有力司法保障，实现办案“三个效果”的有机统一。

五、退赔与违法所得的交叉处理

退赔与违法所得的交叉主要是指支付结算型帮信罪案件中被告人退赔被害人经济损失后是否还应继续退出违法所得，即退赔上游犯罪被害人的钱款是否已包含了被告人的违法所得退出金额。对此，应当区分不同情形予以处理：一是被告人主动退赔被害人经济损失后又自愿提出退出违法所得，该情形下由于被告人自愿主动提出另行退出违法所得，故应视为退赔金额不包含违法所得数额，对于另行退出的违法所得可作为酌情从轻处罚情节在量刑上适度考虑。二是被告人仅主动退赔被害人经济损失，该情形下如退赔金额远超违法所得数额，应视为违法所得已包含在退赔金额中即完成了退出；若退赔金额低于违法所得数额，则违法所得剩余数额应当继续依法予以追缴。三是被告人违法所得无法查明，但出于罪责刑相适应的考虑，让其适当承担退赔责任，该情形下违法所得数额存疑，故应当按照有利于被告人原则视为其已经完成了违法所得的退出。

六、分情况适当承担退赔责任

对于自愿退赔的处理。支付结算型帮信罪涉案被告人在法院审理阶段出于认罪悔罪态度的表现以及争取从轻处罚、从宽处理的考虑，有时会主动要求对上游电信网络诈骗被害人进行退赔或者缴纳一定代管款用于向上游被害人退赔，此时其退出的数额往往远远大于违法所得数额本身，基于追赃挽损的效果实现，对于有能力、有意愿主动提出进行退赔的被告人应当允许，并在量刑时予以充分考量，且相关退赔款应当在判决时明确向被害人进行发还。被告人因此获得了从轻处理的机会，上游被害人损失亦得到了有效填补，在一定程度上化解了社会矛盾，有利于取得良好的办案效果。

对于适当责令退赔的处理。支付结算型帮信罪案件中被告人违法所得的来源在方式上有流转金额截留、差旅费给付等，在获得形式上有电子转账、现金给付等多种方式，一般情况下，违法所得数额的认定应当结合在案证据，如转账记录、被告人供述、证人证言等进行综合判断。对于某些特殊案件，被告人违法所得无法查明抑或可能由于种种原因并未实际获得给付，但案件中被告人支付结算帮助行为又造成危害后果较大且其又不愿意主动退赔，在这种情况下可以考虑结合流水金额、上游犯罪被害人流入金额、被告人在案件中所处地位以及作用大小等情况酌情让被告人承担一定的退赔责任，责令其适当退赔被害人经济损失。

（**一审法院独任审判员**　徐敏芳
编写人　上海市宝山区人民法院　管胜杰
责任编辑　包献荣
审稿人　刘树德）

民　事

白某诉朱某、某科技公司等机动车交通事故责任纠纷案

——新业态下从业人员交通事故侵权的赔偿责任主体认定

关键词：民事　机动车交通事故责任　新业态　互联网用工平台　劳动关系　商业保险

【裁判要旨】

1. 在骑手履行职务致第三方损害的侵权责任纠纷中，一方面，需要根据用工主体劳动管理程度和骑手提供服务过程中的具体权利义务综合认定骑手与不同用工主体之间的法律关系；另一方面，需要根据平台经营者、平台合作者等用工主体与骑手之间形成的不同法律关系，认定不同的用工主体责任。当骑手因履行职务致第三方损害时，若骑手接受用工平台经营者劳动管理的，平台经营者应承担赔偿责任，若骑手实际用人单位系平台合作者，平台合作企业应承担用工主体的赔偿责任。

2. 保险公司有义务对于免除保险人责任的条款进行提示和说明，未履行则该条款不生效。法院依法可以依照保险合同的约定要求保险人直接向受害人赔偿保险金，保险公司在保险责任范围内赔付不足部分由用人单位予以赔偿。

【相关法条】

《中华人民共和国民法典》

第一千一百九十二条第一款　个人之间形成劳务关系，提供劳务一方因劳务造成他人损害的，由接受劳务一方承担侵权责任。接受劳务一方承担侵权责任后，可以向有故意或者重大过失的提供劳务一方追偿。提供劳务一方因劳务

受到损害的，根据双方各自的过错承担相应的责任。

《中华人民共和国保险法》

第十七条 订立保险合同，采用保险人提供的格式条款的，保险人向投保人提供的投保单应当附格式条款，保险人应当向投保人说明合同的内容。

对保险合同中免除保险人责任的条款，保险人在订立合同时应当在投保单、保险单或者其他保险凭证上作出足以引起投保人注意的提示，并对该条款的内容以书面或者口头形式向投保人作出明确说明；未作提示或者明确说明的，该条款不产生效力。

《最高人民法院关于适用〈中华人民共和国保险法〉若干问题的解释(二)》

第十条 保险人将法律、行政法规中的禁止性规定情形作为保险合同免责条款的免责事由，保险人对该条款作出提示后，投保人、被保险人或者受益人以保险人未履行明确说明义务为由主张该条款不成为合同内容的，人民法院不予支持。

【案件索引】

一审：北京市海淀区人民法院（2021）京 0108 民初 66344 号（2022 年 9 月 26 日）

二审：北京市第一中级人民法院（2023）京 01 民终 3937 号（2023 年 5 月 31 日）

【基本案情】

原告白某诉称：2021 年 6 月 19 日 18 时 50 分，在北京市海淀区某小区北门，朱某驾驶电动自行车由北向南行驶，电动自行车与白某身体接触，造成白某受伤，事发后朱某驾车逃逸，后于 6 月 29 日被查获。经北京市公安局公安交通管理局某大队进行事故认定后确定，朱某为全部责任，白某无责任。事故发生后白某被送往医院急救，因需要进行手术治疗，后前往某医学中心救治，并于 2021 年 6 月 20 日至 7 月 6 日住院，共计 16 天，经诊断为左胫骨平台骨折等。朱某系某网络公司众包平台注册的骑手，日常由该平台接单配送外卖，事故发生时正在配送外卖途中；某科技公司系某网络公司众包平台的实际运营商和其经营相关业务的最终受益人，配送外卖属于其经营的日常业务，二公司应当共同承担相应的赔偿责任。中国某财产保险公司在骑手意外险范围内承担赔偿责任。

被告朱某辩称：对原告诉请没有意见，要求的赔偿费用过高。

被告某科技公司辩称：其系网络平台经营者，仅是为商户和用户提供交易平台的网站，并不参与实际商业行为，亦非交易主体。“某网络公司众包平台”是指为用户提供劳务需求信息展示的手机 App 信息平台。其与河南某技术公司签订《平台服务协议》，约定河南某技术公司对网约配送员进行管理和报酬的结算和发放，并就网约配送员执行配送行为承担责任。我方已将上述协议展示在注册界面，朱某在某网络公司众包平台注册成为众包员时，需要审慎阅读上述协议。我司作为本次诉讼被告主体并不适格，请求驳回原告诉讼请求。

被告中国某财产保险公司辩称：河南某技术公司作为投保人，朱某作为被保险人，在我方投保某网络公司骑手保障组合产品保险，保障项目是个人综合责任，保险范围为三者身故或者伤残赔偿金，三者医保范围内的医疗费、误工费、护理费及三者财产损失。本案原告起诉各被告是基于机动车交通事故责任纠纷，我司仅与朱某存在保险合同关系，与本案不是同一法律关系，不应在同一案件中处理。本案中骑手发生事故后驾车逃逸，导致无法查明事实，并且无法证明事故发生在骑手送餐过程中，无法证明该起事故属于保险责任。

被告河南某技术公司辩称：不同意承担赔偿责任。我方是某网络公司平台的第三众包服务商，朱某是众包类兼职骑手，我方不对其进行日常工作管理与安排，双方之间无人身依附性。骑手车辆由其个人配置，我方不予解决。朱某作为完全民事行为能力人，在本次事故中存在主观重大过失，应承担赔偿责任，公司不承担任何责任，有线上协议条款为证。

法院经审理查明：2021 年 6 月 19 日 19 时 50 分，在北京市海淀区某小区北门，朱某驾驶电动自行车由北向南行驶，电动自行车前部与白某身体相撞，造成白某受伤，事发后朱某驾车逃逸，后被公安机关查获。事故经公安局道路交通管理局认定朱某为全部责任，白某为无责任。事发当日白某至某医学中心就诊，并于次日入该院治疗，被诊断为胫骨平台骨折，7 月 6 日出院，其间行左胫骨平台骨折切开复位内固定术，出院医嘱定期门诊复查，加强功能锻炼，不适随诊。

2021 年 10 月 25 日，白某委托北京某物证鉴定中心对其伤残等级、误工期、护理期、营养期进行鉴定，该机构出具鉴定意见书，白某交纳鉴定费 4400 元。庭审中，中国某财产保险公司对该鉴定意见不予认可并申请重新鉴定。法院委托北京某司法鉴定中心对白某伤残等级及误工期、护理期、营养期进行鉴定，该机构出具司法鉴定意见书。各方当事人对该鉴定意见均无异议。

一审诉讼中，白某诉请朱某、河南某技术公司、某科技公司、中国某财产保险公司承担赔偿责任，主张朱某为实际侵权人，河南某技术公司是朱某的雇用单位，朱某是职务行为；某科技公司与河南某技术公司之间存在合作关系，应承担连带赔偿责任；中国某财产保险公司在保险范围内优先承担赔偿责任。某科技公司不予认可，提交某网络公司众包 App 注册界面截图、众包平台服务协议、网约配送员协议，主张其公司为某网络公司众包平台运营商，该平台是为用户、劳务公司和网约配送员之间提供互通信息的平台，为用户提供劳务需求信息展示，不参与实际交易；用户注册成为网络配送员时已阅读、知悉并同意众包平台服务协议及网约配送员协议，并受上述协议约束，与河南某技术公司达成一致，成为河南某技术公司服务人员，由河南某技术公司承担网约配送员配送期间发生的所有用工风险，并支付服务报酬。该公司另提交其与河南某技术公司签订的平台服务协议，约定其通过平台为河南某技术公司提供配送需求平台服务和配送服务平台服务，网约配送员注册后与河南某技术公司达成服务协议，成为河南某技术公司服务人员，由河南某技术公司支付报酬。河南某技术公司对上述证据真实性认可，认可由其为朱某结算报酬。就事发时朱某处于配送状态，某科技公司提交事发当日朱某送单数据，载明事发时朱某属于送单过程中。

一审审理中，中国某财产保险公司提交某网络公司骑手保障组合产品保险单（以下简称《保单》）及个人责任保险条款（以下简称《保险条款》），载明：投保人为河南某技术公司，被保险人为朱某，保障项目含意外身故、残疾给付，保险金额 60 万元；1.“e－有责无忧”个人综合责任，保险金额 25 万元，意外医疗费用补偿，保险金额 5 万元，保险期间 2021 年 6 月 19 日十时起至 2021 年 6 月 20 日二时止。在保险期间内被保险人在中华人民共和国境内发生意外事故，造成第三者人身伤亡或财产损失，依法应由被保险人承担的经济赔偿责任，保险人按照保单约定负责赔偿：2. 三者伤残赔偿；3. 三者医疗费用；4. 上述列明以外的项目和费用为除外责任，包括但不限于营养费、交通费、食宿费、抚养费、精神损害赔偿。《保险条款》责任免除项为投保人、被保险人故意、重大过失或犯罪行为。中国某财产保险公司据此认定朱某事发后逃逸属于责任免除情形。

【裁判结果】

北京市海淀区人民法院于 2022 年 9 月 26 日作出（2021）京 0108 民初 66344 号民事判决：一、中国某财产保险公司于本判决生效后七日内赔偿白某各项损失共计人民币 208718.76 元；二、河南某技术有限公司于本判决生效后七日内赔偿白某各项损失共计人民币 20000 元；三、驳回白某其他诉讼请求。

宣判后，中国某财产保险公司提出上诉。北京市第一中级人民法院于 2023 年 5 月 31 日作出（2023）京 01 民终 3937 号民事判决：一、撤销北京市海淀区人民法院（2021）京0108民初66344号民事判决；二、中国某财产保险公司于本判决生效之日起七日内赔偿白某各项损失共计人民币200000元；三、河南某技术有限公司于本判决生效之日起七日内赔偿白某各项损失共计人民币28718.76元；四、驳回白某其他诉讼请求；五、驳回中国某财产保险公司的其他上诉请求。

【裁判理由】

法院生效裁判认为：本案争议焦点是，中国某财产保险公司是否应当就白某损失进行赔付，如果需要赔付，赔付范围如何认定。关于中国某财产保险公司是否应当赔付一节，根据在案证据可以认定，本案事发时朱某处于外卖配送过程中，朱某与河南某技术公司之间存在服务协议，事发时朱某从事的系履行职务行为，其相应赔偿责任应由河南某技术公司承担。河南某技术公司作为保险人、朱某作为被保险人在中国某财产保险公司投保有个人综合责任三者赔付险，事故发生在保险期间，白某属于保险单约定的赔付对象。中国某财产保险公司主张因朱某存在逃逸违法行为属于保险免责范围而不同意赔付，但《最高人民法院关于适用〈中华人民共和国保险法〉若干问题的解释（二）》第十条规定："保险人将法律、行政法规中的禁止性规定情形作为保险合同免责条款的免责事由，保险人对该条款作出提示后，投保人、被保险人或者受益人以保险人未履行明确说明义务为由主张该条款不成为合同内容的，人民法院不予支持。"依据上述规定，在保险公司将肇事逃逸等法律、行政法规中的禁止性规定情形作为保险合同免责条款的免责事由时，并没有免除保险公司的提示义务。本案中，中国某财产保险公司并没有提供证据证明其就上述免责条款履行了提示说明义务，其据此主张不承担赔付义务法院不予支持。

关于中国某财产保险公司的赔付范围一节，本案中，关于《保单》中特别约定的除外责任条款，中国某财产保险公司在该条款中约定免除自身的部分赔偿项目，但又未就该条款进行特别提示，且未向投保人进行特别解释说明，该条款免除了中国某财产保险公司的保险责任，在中国某财产保险公司无证据证明其尽到了提示说明义务的前提下，可以认定该条款不成为《保单》中的条款，进而对双方的权利义务不产生约束效力。因此，中国某财产保险公司应当在保险限额内承担赔付义务。因《保单》中将保障项目中的个人综合责任赔偿范围区分为三者身故限额为20万元和财产损失不高于5万元，该内容系对具体保险项目的区分，不构成减轻保险人的义务，故该部分约定应为有效，中国某财产保险公司在三者人伤范围内赔付限额为20万元。一审法院判决中国某财产保险公司赔付白某208718.76元，已超出保险限额。鉴于各方认可一审认定的白某各项损失数额，法院在此基础上予以纠正。中国某财产保险公司该部分上诉意见成立，法院予以支持。

【案例注解】

在数字经济蓬勃兴起的进程中，基于互联网所衍生的平台经济、零工经济以及按需经济等劳动密集型经济模式纷纷涌现，由此催生出“新业态从业人员”这一新兴的劳动力群体。该群体在我国劳动力大军里占据着重要地位，此类经济模式也成为了吸纳就业的重要途径和不可忽视的新就业形态。不过，新兴就业形态在助力产业升级、拓展就业市场之际，也为劳动用工与管理带来了意义深远的变革。其中，通过互联网平台开展工作，接收并验视客户订单，依照订单指令要求，遵循平台智能规划的路线，在特定时间段内把订单物品配送至指定位置的服务人员，即互联网平台配送骑手就是受新就业形态影响的从业人员典型代表之一。由于“互联网平台+个人”的新型用工模式结构复杂，用工方式相对灵活，骑手工作自主性较强，用工平台企业与骑手之间在管理模式、收入分配方式等方面均有别于传统劳动关系，且常与劳务关系、承揽关系、合作关系等法律关系相混同，往往导致对劳动关系从属性认定难，进而导致多方主体下用人单位认定难。因此在骑手履行职务致第三方损害的侵权责任纠纷中，如何确定用工平台企业、用工平台合作企业等主体的责任，如何一并处理涉骑手商业保险的赔付范围、赔付标准问题，成为大部分案件的核心焦点与难点。从本案延伸，笔者基于保护新业态从业人员合法权益与维护“互联网+”新业态发展活力之间的平衡角度，拟在区分互联网平台不同用工模式情形下对骑手交通事故侵权的赔偿责任主体认定问题进行分析。

一、新业态下平台用工模式的类型化分析

鉴于市场环境的变动以及用工合规风险的应对需求，近年来众多互联网平台纷纷由传统模式向多种用工模式转变，此模式引入了代理商、分包商，甚至涵盖多层劳务外包，致使用工链条趋于复杂，所涉主体更为多元，劳动关系要件特征更为隐蔽。笔者认为，正确审理涉互联网平台骑手相关民事纠纷的核心在于准确认定用工平台经营者、平台合作者等相关用工主体与骑手之间法律关系的性质，尤其要审查明确双方构建的是劳动关系还是普通民事关系。唯有在查明辨别各主体间的法律关系的基础上，方可对内界分用工平台经营者、平台合作者、骑手的权利义务，对外准确适用不同的法律规定，从而正确认定涉第三人侵权纠纷中的责任承担主体和责任形式。为准确判定新业态下多元用工主体与骑手之间的法律关系性质，理应对当前市场中互联网平台的不同骑手用工

模式予以梳理归类，进而以此为依据进行针对性研究。

（一）众包模式

众包模式系当前被互联网平台经营者广泛运用的一种用工模式，通常是指用工平台经营者通过与平台相关联的 App 向非特定的大众群体发布配送任务，非特定群体可通过 App 注册成为骑手，并通过登录骑手账号进行抢单或等候平台派单，从而完成平台指定的配送服务。此种模式下，平台经营者并不限制骑手所服务的用工平台的唯一性，也并不严格限制骑手的工作时间和接单自由度，骑手通常可以自主选择上线时间、上线后是否接单、工作地点、工作量，自主决定完成配送服务的交通工具和交通路线，其劳动报酬一般按单结算、自由提取。平台经营者为匹配此类“互联网＋个人”的新型用工模式，往往还会在骑手注册相关 App 时要求骑手点击同意相关协议，明确用工平台仅提供互联网信息服务，平台业务系为用户及骑手提供达成交易的机会，并不包括配送服务，用工平台对骑手不进行劳动管理，与骑手也不构成劳动关系。

（二）外包模式

外包模式系平台经营者将特定业务或特定区域的业务外包给第三方公司，由其负责招募骑手从事配送服务，平台经营者联合第三方公司对骑手的劳动过程进行共同管理和监督。外包模式下，第三方公司通过加盟、代理、外包互联网平台经营者业务与平台经营者之间形成劳务外包关系，第三方公司与骑手之间既可能通过订立劳动合同形成劳动关系，也可能通过订立承揽、合作等合同形成劳务关系，甚至不订立书面合同，但通常不影响二者间事实劳动关系的成立。在直接外包模式的基础上，与平台经营者合作的第三方公司通常会将全部或部分业务转包或分包给其他公司甚至个人，形成更多层级更为复杂的多角用工网络。本案中，虽某科技公司、河南某技术公司均主张朱某在某网络公司众包平台上注册的身份是众包员，认为朱某是众包兼职型骑手，但根据某科技公司、河南某技术公司之间的平台服务协议可知，某科技公司通过平台为河南某技术公司提供配送需求平台服务和配送服务平台服务，二公司分别作为平台经营者与平台合作者成立劳务外包关系，骑手朱某系以河南某技术公司服务人员身份参与完成某科技公司用工平台发布的配送订单，故案涉平台经营者之用工模式为外包模式。

（三）个体工商户模式

个体工商户模式系指骑手以个体工商户的名义与平台经营者或者平台合作企业签订相应的承揽、转包、合作等协议，并据此承接平台经营者发布的工作内容、提供配送服务。催生此种用工模式的主要原因是部分平台经营者试图通过引导骑手注册为个体工商户从而规避用工主体责任，一方面在认定双方是否成立劳动关系时平台可主张双方劳动关系因劳动者与第三方形成承揽关系而终止，或主张因劳动关系主体不适格双方建立的并非劳动关系；另一方面，平台经营者与平台合作者可将向外剥离的人力成本、层层区隔的商业风险转嫁至作为个体工商户的骑手身上。值得注意的是，随着国家出台一系列政策落实新就业形态劳动者的权益保障，国内几大主流互联网用工平台经营者都发布了关于禁止诱导和强迫新就业形态劳动者转为个体工商户的声明倡导，这一用工模式的渐趋寥寥也将有利于整个行业的健康发展。

（四）传统模式

传统模式下，存在两种常见的企业运作模式，主要表现为：一是用工平台经营者与骑手直接签订劳动合同，为骑手发放薪资，并代扣代缴个税和社保；二是用工平台经营者与劳务派遣公司签订合同，由劳务派遣公司将与其订立劳动合同的骑手派遣到互联网平台公司进行配送服务，劳务派遣公司是骑手的薪资发放方和个税扣缴义务人。无论是上述的自营型用工还是劳务派遣型用工，双方之间的权利义务关系均适用《劳动法》《劳动合同法》等法律法规调整，而且平台经营者即使选择劳务派遣型用工，往往也在实际上可能需要承担支付加班费、绩效奖金、进行薪资调整、缴纳社保等劳动法上的义务，由此导致依托互联网发展平台经济的经营者难以将用工合规风险控制在其想要掌控的范围内，此类传统模式逐渐被用工平台经营者弱化使用。

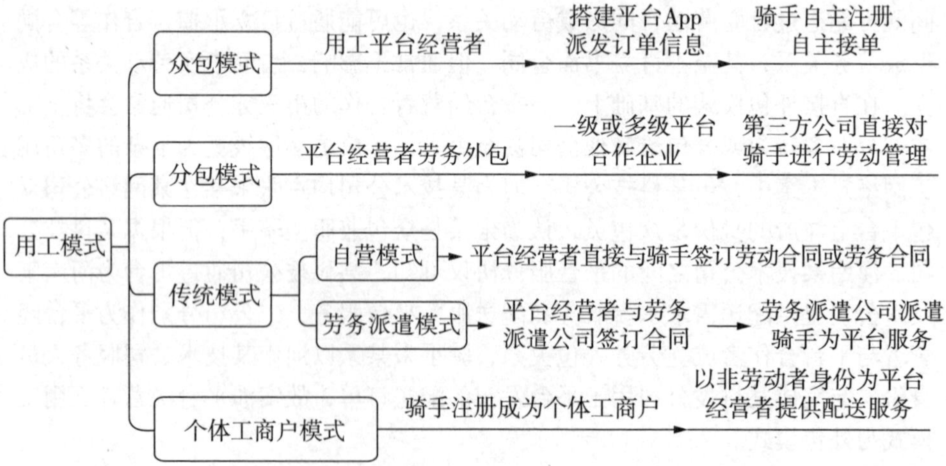

二、不同用工模式下法律关系性质界定及侵权责任主体认定

如前所述，新就业形态下互联网平台用工模式呈现出多元繁杂的形态，四类模式亦无法完全囊括当前行业中不同平台经营者在各个细分领域采取的独特运作方法，且平台运营者也会不时地在用工模式方面予以创新。然而就四种典

型用工模式下骑手与平台经营者、合作者之间的法律关系性质予以分析时，仍可以以骑手与用工平台的依附程度为切入点，结合当前政策对用工关系法律性质认识的变化，针对这些纷繁复杂的用工模式所涉及的法律关系性质予以归纳整合，进而认定骑手致第三方损害的侵权责任主体。

第一，平台经营者与骑手之间成立劳动关系或接受劳务派遣时，由平台经营者承担侵权赔偿责任。2005 年，《劳动和社会保障部关于确立劳动关系有关事项的通知》分别从主体资格、劳动附属性、管理模式角度对是否成立劳动关系的认定标准进行了确定，即："用人单位招用劳动者未订立书面劳动合同，但同时具备下列情形的，劳动关系成立。（一）用人单位和劳动者符合法律、法规规定的主体资格；（二）用人单位依法制定的各项劳动规章制度适用于劳动者，劳动者受用人单位的劳动管理，从事用人单位安排的有报酬的劳动；（三）劳动者提供的劳动是用人单位业务的组成部分。"依据上述规定，当劳动者与用人单位之间符合主体合法性及人身、经济、业务从属性时，此类提供从属性劳动的用工关系由劳动法调整。在前述归纳的互联网平台用工模式中，自营型模式即符合上述传统劳动关系认定标准，平台经营者依法应为其自营骑手执行工作任务时的交通事故侵权纠纷承担赔偿责任；劳务派遣模式中，劳务派遣公司与骑手之间依法应签订劳动合同，平台经营者作为接受劳务派遣的用工单位，被侵权者可以请求其承担全部责任，也可请求劳务派遣单位在过错范围内承担共同责任。同时，基于司法实践中普遍采用的"劳动二分法"理论，当劳动者提供的是独立性劳动时，其与用人单位之间形成的就是承揽、合作等普通民事法律关系，由民法调整。在众包模式、个体工商户模式中，平台经营者往往以此为由否认其与骑手之间成立劳动关系。

不可否认，新就业形态下，骑手因其提供劳动的灵活性、可选择性、自主性呈现出有别于传统劳动关系从属性的特征，但鉴于骑手作为弱势方，在平台经营者复杂的派单规则、服务规则、奖惩规则下往往可能承受平台更严格也更隐蔽的管理，尤其是那些以平台用工为主要生活收入来源的骑手，与平台之间搭建起了更为紧密的经济依赖联系，新型用工模式下双方之间从属性的实质并未发生改变。无论是众包模式还是个体工商户模式，依旧可以依托传统劳动关系认定的基本规范，依据从属性标准实质审查平台经营者与骑手间的权利义务状况，诸如骑手是否需严格受平台经营者的劳动控制和管理；平台是否针对工作周期、工作场地、工作内容、工作方式等予以限制；平台是否对骑手实施监管、考核评定举措以及是否代骑手缴纳社保、代扣缴个税；平台设置的惩罚规则严厉程度及其与劳动过程的关联度；骑手所获报酬是否主要由平台提供；平台是否系骑手所使用的劳动工具的提供主体以及骑手配送时是否需要统一劳动外观；骑手是否需要独自承担配送过程中的各类风险等。认定平台经营者与骑手之间法律关系时，既要防止劳动关系泛化，也要防止平台经营者为规避用工风险，通过形式上的“身份转换”达到法律层面“雇主责任免除”的效果。对于事实上与平台经营者成立劳动关系的众包骑手及个体工商户骑手而言，其执行平台工作任务所致的交通事故侵权纠纷的赔偿责任主体为平台经营者。

第二，平台经营者与骑手之间不完全符合确立劳动关系情形，但骑手系因履行职务致第三方损害，在平台经营者系用工主体的情况下由其承担赔偿责任。2021 年 7 月，人力资源和社会保障部等部门联合发布《关于维护新就业形态劳动者劳动保障权益的指导意见》，提出了“不完全符合确立劳动关系情形”这一概念。依照上述指导意见，“符合确立劳动关系情形的，企业应当依法与劳动者订立劳动合同。不完全符合确立劳动关系情形但企业对劳动者进行劳动管理（……）的，指导企业与劳动者订立书面协议，合理确定企业与劳动者的权利义务。个人依托平台自主开展经营活动、从事自由职业等，按照民事法律调整双方的权利义务”。2022 年 12 月 26 日发布的《最高人民法院关于为稳定就业提供司法服务和保障的意见》提出，“依法规范新就业形态用工，推动平台经济可持续发展。”“准确把握新就业形态民事纠纷案件审判工作要求。”“依法合理认定新就业形态劳动关系。”“加强新就业形态劳动者合法权益保障。”“推动健全新业态用工综合治理机制。”上述意见的颁布，对新业态用工关系中不完全符合确立劳动关系的用工情形作出了合法性认定，进一步拓展了新就业形态下骑手的权益保障路径。当平台经营者与骑手之间形成的是定作关系、合作关系等民事关系时，骑手应就交通事故致第三方损害自行承担赔偿责任；但在骑手受平台经营者一定程度劳动管理，双方间又不完全符合确立劳动关系的标准时，上述规定并未对平台经营者就骑手损害的责任承担作出具体规定，理论界与实务界亦对此存在一定争议。2024 年 9 月 27 日施行的《最高人民法院关于适用〈中华人民共和国民法典〉侵权责任编的解释（一）》第十五条规定：“与用人单位形成劳动关系的工作人员、执行用人单位工作任务的其他人员，因执行工作任务造成他人损害，被侵权人依照民法典第一千一百九十一条第一款的规定，请求用人单位承担侵权责任的，人民法院应予支持。个体工商户的从业人员因执行工作任务造成他人损害的，适用民法典第一千一百九十一条第一款的规定认定民事责任。”可见，在众包模式中，当骑手因履行职务致第三方损害，虽有时平台经营者与骑手之间不完全符合确立劳动关系的情形，但平台经营者作为众包骑手的用工主体仍须承担赔偿责任。

第三，外包公司、代理公司等互联网用工平台合作者直接对骑手进行劳动管理，并与平台经营者签订合同，指令骑手为平台提供配送服务时，由平台合作者为执行工作任务的骑手承担致第三方损害的用工主体赔偿责任。在外包模式下，骑手与加盟、代理、外包互联网平台经营者业务的合作者建立劳动关系或者形成事实劳动关系，完成上述平台合作者指派的来自平台的配送工作。本案中，某科技公司的用工模式是外包型，其并不直接对骑手朱某进行劳动管理。根据众包平台服务协议、网约配送员协议及当事人陈述可知，河南某技术公司为骑手朱某支付相应服务费，对朱某配送服务进行考核，系朱某实际服务的用人单位，故法院认定故事发时正在派送订单的朱某系从事履行河南某技术公司的职务行为，判定由河南某技术公司承担用工主体责任。考虑到现实中层层转包、多主体混同用工等情形，实际用工法律关系往往会更加复杂。在多层转包中可能出现骑手借助互联网平台关联 App 承接订单，平台经营者负责为骑手提供订单资讯并为 App 提供数据管理及支持，发包方负责通过平台录入骑手个人信息并汇总统计工作数据，承包方负责对骑手进行终端管理并发放劳动报酬，同时平台经营者又借助算法等科技手段对骑手订单分派、薪酬给付、工作周期、奖惩评定等进行管理，有时承包方甚至还会委托第三方为骑手订立合同、提供劳动工具、支付劳动报酬、收取押金等。值得注意的是，《关于维护新就业形态劳动者劳动保障权益的指导意见》中明确规定，“对采取外包等其他合作用工方式，劳动者权益受到损害的，平台企业依法承担相应责任”。“互联网 + 个人”新业态下，涉及多元主体的外包用工模式中用人单位的确定存在一定难度，但在这些复杂的用工关系中，依旧可以适用骑手与用工主体之间的实质劳动从属性强弱这一底层逻辑标准来判定真正用人单位。外包模式下，事实上与骑手真正建立劳动关系的平台合作者，依法应为骑手因履行职务行为造成的第三方损害承担用工主体的赔偿责任。

三、保险公司的赔偿责任认定及保险合同免赔条款审查

除了通过甄别不同用工模式下法律关系性质来确定个案中骑手因交通事故致第三方损害的侵权责任承担主体外，倡导平台经营者、平台合作者为骑手购置第三者责任保险或为更具现实意义的更优解决方案。保险合同需明确约定赔偿要素以及赔偿覆盖范围，且需着重说明特定情形下保险公司可免除赔偿责任。这样可以有效平衡平台经营者、平台合作者、骑手、被侵权人以及保险公司等各方利益，既可以有效激励互联网用工平台积极开展创新活动，防止平台运营者与合作者背负过重的法律责任，又能够对被侵权方给予充分、快速的救济，及时且高效地化解矛盾纠纷，最终有力地促进新就业形态下“互联网 + 个人”用工模式朝着健康有序的方向持续发展。

本案中，用人单位河南某技术公司为骑手在中国某财产保险公司投保了某网络公司骑手保障组合产品保险，其中个人责任保险条款关于保障范围的约定是骑手发生意外事故造成的第三者人身伤亡或财产损失，属于人身保险及财产保险的复合险种中明确的责任保险类别。保险人对责任保险的被保险人给第三

者造成的损害，可以依照法律的规定或者合同的约定，直接向该第三者赔偿保险金。被保险人对第三者应负的赔偿责任确定的，根据被保险人的请求，保险人应当直接向该第三者赔偿保险金。中国某财产保险公司提出上诉的主要意见为保险条款在责任免除项约定中涵盖了投保人、被保险人故意、重大过失或犯罪行为，并由此主张朱某事发后逃逸属于责任免除情形。二审法院认为该条款具有免除己方责任、加重被保险人义务的性质，但保险公司并未提供相关证据证明其与投保人就该项损失的赔偿进行了保险法意义上的明确约定并作出了足以引起投保人注意的提示及明确说明，故认定保险公司提出的免赔事由不成立。无论是直接的第三者责任保险还是包括了第三者责任保险在内的雇主责任险，保险最终保障的是骑手及被侵权者的合法权益。保险公司作为格式合同提供方，应知悉新就业形态下从事互联网订单配送的骑手的工作特性及潜在风险。若要限制理赔责任，保险公司有义务对免除保险人责任的条款进行充分提示和说明，未履行则该条款不生效。

（**一审法院独任审判员** 胡喜辉
二审法院合议庭成员 杨 磊 王湘羽 何 悦
编写人 北京市通州区人民法院 吴可加 邓 琳
责任编辑 杨 奕
审稿人 刘 敏）

龚某某诉施某民间借贷纠纷案

——以债权凭证虚构借贷关系掩盖非法目的的审理原则

关键词：民事　借贷纠纷　债权凭证　证明责任　穿透式审判思维

【裁判要旨】

对仅以债权凭证主张民间借贷的案件，一方面要从债权凭证内容、双方当事人关系、当事人的陈述与抗辩等角度综合审查借贷合意是否真实；另一方面要从当事人经济能力、财产变动情况、交易方式与习惯、日常经验与逻辑推理等角度综合判断案涉款项支付的可能性。同时要用穿透式审判思维查清双方的真实法律关系，按照相关法律规定处理被隐藏的法律行为，防止通过虚假诉讼掩盖非法目的，维护社会主义核心价值观和弘扬社会正能量。

【相关法条】

《中华人民共和国民事诉讼法》

第六十七条第一款　当事人对自己提出的主张，有责任提供证据。

《中华人民共和国合同法》

第二百一十条①　自然人之间的借款合同，自贷款人提供借款时生效。

《最高人民法院关于审理民间借贷案件适用法律若干问题的规定》

第十五条　原告仅依据借据、收据、欠条等债权凭证提起民间借贷诉讼，被告抗辩已经偿还借款的，被告应当对其主张提供证据证明。被告提供相应证据证明其主张后，原告仍应就借贷关系的存续承担举证责任。

被告抗辩借贷行为尚未实际发生并能作出合理说明的，人民法院应当结合借贷金额、款项交付、当事人的经济能力、当地或者当事人之间的交易方式、交易习惯、当事人财产变动情况以及证人证言等事实和因素，综合判断查证借贷事实是否发生。

---

① 对应《民法典》第六百七十九条：“自然人之间的借款合同，自贷款人提供借款时成立。”

【案件索引】

一审：广东省深圳前海合作区人民法院（2021）粤0391民初10249号（2022年3月21日）

二审：广东省深圳市中级人民法院（2022）粤03民终13011号（2023年7月6日）

【基本案情】

原告龚某某诉称：其与被告认识多年，属朋友关系。因关系比较深，被告以投资老家建房为借口，共2次向原告借款现金33万元整。后因发生矛盾，被告要无赖，不愿支付欠款，原告多次催要无果。请求法院判令：（1）被告支付原告借款本金33万元；（2）被告向原告支付借款3万元的利息，从2020年7月5日起至还清之日止，利率按银行贷款利率计算，违约金从2021年4月6日起至还清之日止，每日100元；（3）被告向原告支付借款30万元的利息，从2019年9月11日起至还清之日止，利率按银行贷款利率计算；（4）诉讼费由被告承担。

被告施某辩称：（1）被告所书写的借条为双方酒后不慎文书，不具有法律约束力。原、被告于酒后声称要发展情人关系，原告声称被告必须用金钱担保该情人关系，被告借着酒兴，书写该借条。被告第二天酒醒，问及该借条事宜，原告谎称已撕毁，被告故不再留意借条，原告竟以此为证状告被告。借条内容虽为30万元，但没有双方身份证号码、利息、还款时间等主要条款，且写上“一生不抛弃”“担保不抛弃龚某某”“不用还”“白头到老结为夫妻”等无关文字。按照《最高人民法院关于审理民间借贷案件适用法律若干问题的规定》（2020年第一次修正）第十四条第六项，[①] 违背公序良俗的借贷合同无效，该借条当然也无效。（2）该借条并无款项支付证据，即无借款事实。该借条列明为现金，在2019年9月，现金支付已很罕见的情况下，原告应提供给付被告30万元现金的其他证据。（3）因被告亲戚急需用钱，被告财政大权都由其老婆掌握，所以请原告借贷，实际情况是原告通过信用卡转出2.4万元，原告称按照两分利息每月600元预扣10个月6000元，所以借条才写3万元，该2.4万元有银行流水显示。（4）原告可能涉及虚假诉讼，应受到相应

---

① 该司法解释已于2020年第二次修正，修正后第十四条第六项被修改为第十三条第六项，内容未作修改。

处罚。

法院经审理查明：2019 年 9 月 11 日，被告施某向原告龚某某出具《借条》，内容载明："今借到龚某某现金人民币 30 万元整（大写：叁拾万元整），施某一生不抛弃龚某某，这个 30 万担保施某不抛弃龚某某；不用还；白头到老结为夫妻。"庭审中被告称，写该《借条》的原因是"原告说要做我的情人，需要 30 万元做担保，所以写了 30 万元的借条"。2020 年 7 月 5 日，被告向原告出具《借条》，内容为："今借到龚某某现金人民币大写：叁万元整（￥：30000 元）；还款期限至 2021 年 4 月 5 日前。附：逾期不还每日加壹佰元整。"原告称其通过案外人叶某忠的 POS 机刷卡 24000 元给被告。根据被告提供的平安银行的个人账户汇总信息清单，2020 年 7 月 6 日被告账户收到转账 24000 元。庭审中，双方确认该笔转款为案涉 3 万元借条中的借款。关于案涉 3 万元借条中的另外 6000 元，原告庭审中称是被告给予的好处费，被告称是预先支付的利息。

【裁判结果】

广东省深圳前海合作区人民法院于 2022 年 3 月 21 日作出（2021）粤 0391 民初 10249 号民事判决：一、被告施某于本判决发生法律效力之日起三日内向原告龚某某偿还借款本金人民币 24000 元及逾期利息（利息以 24000 元为基数，按年利率 15.4% 计算，自 2021 年 4 月 6 日起计至本金付清之日止）；二、驳回原告龚某某的其他诉讼请求。

宣判后，龚某某提出上诉。广东省深圳市中级人民法院于 2023 年 7 月 6 日作出（2022）粤 03 民终 13011 号民事判决：驳回上诉，维持原判。

【裁判理由】

法院生效裁判认为：自然人之间的借贷为实践型合同，自出借人实际提供借款时生效。对于现金交付的借贷，出借人仅凭借据起诉而未提供付款凭证，借款人抗辩借贷行为尚未实际发生，法院应根据现金交付的金额大小、出借人的支付能力、当地或者当事人之间的交易方式、交易习惯以及借贷双方的亲疏关系等因素，结合当事人本人的陈述和庭审言词辩论情况以及提供的其他间接证据，依据民事诉讼高度盖然性的证明标准，运用逻辑推理、日常生活常理等，综合审查判断借贷事实是否真实发生。本案中，施某出具的《借条》虽显示其向龚某某借款 30 万元，但《借条》上同时书写了"施某一生不抛弃龚某某""这个 30 万担保施某不抛弃龚某某""不用还、白头到老、结为夫妻"

等文字，该内容与正常的借条存在明显区别。结合双方之间的特殊关系以及前后两张借条内容的差异等情况，施某抗辩其出具该30万元《借条》实际上系为双方之间的感情发展作担保具有一定合理性。30万元属于较为大额的款项，龚某某主张该款项并非从银行取现而是与他人做玉石生意赚取的，但其未提交任何证据予以证明。龚某某亦未提交与施某就该30万元商讨借款、确认收款、催讨还款的相关证据，且该所谓30万元借款的借条载明的内容、支付方式等与此后双方之间的另一笔2.4万元借款的交易方式不相符。因此，龚某某未能提供充分有效的证据证明其已实际向施某交付借款30万元的事实，应承担举证不能的不利后果。关于另一笔借款，因双方确认原告只向被告支付了2.4万元，故案涉3万元《借条》借款的本金为2.4万元。因该笔款项无借期内利息约定，借条上约定"逾期不还每日加壹佰元整"超出必要限度，故逾期利息应以本金2.4万元为基数，从双方约定借期（即2021年4月5日）届满次日起至被告还清之日止，按一年期贷款市场报价利率（3.85%）四倍计算。

【案例注解】

民间借贷是自然人、法人和非法人组织之间进行资金融通的行为。① 其属于实践性的民事法律行为，我国《民法典》第六百七十九条规定："自然人之间的借款合同，自贷款人提供借款时成立。"基于此，可以明确人民法院审理民间借贷纠纷案件必须重点审查的两个方面，即借贷合意是否真正达成，贷款人是否已经将款项提供给借款人。实践中时常遇到一方当事人仅凭借据、欠条等债权凭证主张债权，特别是企图以此掩盖非法目的的纠纷，对此人民法院应从债权凭证本身、双方的关系、贷款人的经济实力、财产变动情况、款项的交付习惯等角度综合分析双方之间借贷合意是否属实、诉争款项是否支付，② 并通过穿透式审判思维审查双方的真实法律关系，进而据此依法作出裁决。

一、从债权凭证等现有证据审查借贷合意的真实性

如上所述，成立民间借贷关系必须要有借贷合意。实践中存在双方当事人达成了真实的借贷合意，但贷款人没有按借贷合意支付款项的情况；也会存在以民间借贷的名义掩盖其他关系，甚至企图以此达到不法目的的情况。本文主要

---

① 参见《最高人民法院关于审理民间借贷案件适用法律若干问题的规定》（2020年第二次修正）（以下简称《民间借贷司法解释》）第一条。

② 参见最高人民法院民事审判第一庭编著：《最高人民法院新民间借贷司法解释理解与适用》，人民法院出版社2021年版，第255~258页。

揭示的是后一种情形，也将通过所涉案例来分析如何审查借贷合意是否真实存在。

借贷合意是指双方当事人达成一方出借款项，另一方接受并愿意按约定还款等内容的一致意思表示。[①] 根据我国《民法典》第六百六十八条规定，借款合同（即借贷合意）应当采用书面形式，其内容一般包括贷款人、借款人、借款数额、借款期限、利率、借款时间和还款方式等内容。借贷合意载明的具体内容直接关系到双方权利义务的明确和实现，因此当事人一般会在借据、收据、欠条等债权凭证中载明相关内容。审查借贷合意是否真实存在，可从以下几个方面着手。

1. 从债权凭证载明的内容来审查。债权凭证一般包括借据、收据、欠条等，是审查借贷合意最直接的证据。一般来说，如果双方在债权凭证中没有载明借贷合意的核心内容，而是记载了一些与借贷毫不相关的事项，并且一方据此提出合理抗辩，那么双方之间是否存在真实的借贷合意就值得怀疑了。本案中案涉 30 万元《借条》载明的内容没有涉及借款期限、利息利率、还款方式等关键内容，而是载有"不抛弃……不用还、白头到老结为夫妻"等内容，这与正常借条内容有显著差别，也使其借贷合意真实性大打折扣。

2. 结合双方的其他债权凭证等交易习惯来审查。一个事情在一个时间点上可能看不清其特质，但如果把时间拉长和范围扩大，从双方类似的其他交易交往中则可能更清晰地反映或推导出之前模糊事情的本来面目。本案中，同样是原、被告双方，同样是原告主张借贷关系，2020 年 7 月 5 日被告向原告出具案涉 3 万元的《借条》载明了借款金额、还款时间、逾期还款后果等内容。同样的当事人，同样都是"借贷"，前后相隔时间也不算太长，3 万元的《借条》能清楚写明相关借贷所涉核心内容，30 万元的《借条》有些借贷合意核心内容竟不涉及，这与常理和双方类似行为不符，从中也可以看出其借贷合意有问题。

3. 结合双方关系、当事人的陈述和抗辩进行审查。双方当事人是案涉事实的行动者和亲历者，双方间是什么样的关系能反映和印证案件事实走向，其陈述和抗辩虽时常针锋相对，但结合证据能越辩越明，进而能更好将事实真相呈现出来。本案中原告手持 30 万元的《借条》主张债权，被告抗辩该《借条》是为原告做其情人提供担保，因双方关系特殊且有情感纠纷，结合该《借条》所载"白头到老结为夫妻"等内容，可以判断被告的抗辩更具合理性，进而推断出双方间可能本来就没有借贷 30 万元的真正合意。

---

① 参见韩世远：《合同法总论》（第三版），法律出版社 2011 年版，第 75 页。

二、在综合判断中分析案涉款项支付的可能性

款项是否交付是借贷事实是否完成的标志，是审理民间借贷纠纷的重点之一。一般来说，贷款人可通过银行转账记录、收条、证人证言等证据来证实款项已经支付。① 但在贷款人仅依据债权凭证主张债权的纠纷中，应根据《民间借贷司法解释》第十五条等相关规定，综合分析借贷是否实际发生。

1. 从经济能力和财产变动角度审查。经济能力可以说明款项的来源，财产变动情况可以反映款项的走向。在双方对款项是否支付有争议的情况下，审查贷款人的经济能力大小、财产变动情况和款项来源，可以帮助分析相关证据是否达到高度盖然性的证明标准，进而辅助法官判断谁的主张更可信。比如本案中，原告主张其是以现金方式向被告支付了30万元，资金来源是其做玉石生意赚取，但在一、二审中原告对此均没有提交相应证据证实。二审中原告虽提交银行流水和理财产品拟证明其有相应的经济能力，但银行流水显示在其主张的借款时间前后其账户最高余额仅为数万元，理财产品也无购买者的主体信息和购买时间，相关证据难以让人采信。30万元是一笔大额款项，原告既无已经支付给被告的直接证据，也无让人信服的能证明其有相应经济能力和财产变动的间接证据，因此原告主张其已向被告支付30万元不可信。

2. 从交易方式和交易习惯角度审查。交易方式和交易习惯能反映一个地区和个人的惯常做法，从中也能说明其他类似行为是否具有合理性和可信性。随着电子化、信息化时代的到来，人们在社会生活和经济交往中的交易和支付经常是通过微信、支付宝、银行等途径的电子方式完成，较少使用现金方式，特别是在大额款项的往来中几乎都是使用电子方式。本案中涉及的金额达到30万元，原告主张该笔款项是现金支付，又无其他证据佐证，特别是在双方当事人之间另一笔涉及3万元《借条》的纠纷中，双方都认可是原告通过刷卡方式向被告支付了2.4万元，从中可以看出30万元以现金方式交付既与常用的电子支付方式不同，也与双方之间的其他交易习惯有异，原告主张的真实性值得怀疑。

3. 从日常经验和逻辑推理角度审查。在民间借贷中，根据日常经验和逻辑推理，当事人之间一般会就借贷合意相关内容、款项支付与收款、催讨还款等内容进行沟通和交涉。具体到现金特别是大额现金的交付中，双方一般会对交付的细节和过程较为清楚，并且常常也是有迹可循。因此审理中应询问贷款人交付现金的时间、地点、方式、现场人员乃至现金交付前后的沟通情况等具

① 参见陈群峰、张衡：《论民间借贷案件中借贷合意的事实审查与举证责任——以〈民间借贷司法解释〉第17条的适用为视角》，载《法律适用》2020年第22期。

体情况。通过运用日常经验和逻辑推理的方法，对当事人的诉辩主张和提交的证据进行分析、对比、判断和取舍，有利于排除合理怀疑和帮助法官形成内心确信。本案中就原告主张的所谓30万元借贷，除了一张借条，既无借款沟通过程，也无款项支付及催还款交涉过程，这与日常经验和逻辑推理不符。

三、穿透式审判思维厘清真实关系

为达不当甚至非法目的，一些人会以合法的形式掩盖真实目的从事活动。我国《民法典》第一百四十六条规定："行为人与相对人以虚假的意思表示实施的民事法律行为无效。以虚假的意思表示隐藏的民事法律行为的效力，依照有关法律规定处理。"第一百五十三条第二款规定："违背公序良俗的民事法律行为无效。"正本清源查清双方真实关系，有利于还原案件事实真相，维护社会公平正义。在民商事案件的审理过程中，既要依法保障主体从事民商事活动的自愿、公平、诚信原则，避免对民商事主体契约自由、意思自治的不当干扰，又要拿出应有的司法态度，依法审查虚假意思表示和违背公序良俗行为，防止当事人以合法形式掩盖非法目的，通过虚假诉讼损害国家、社会或第三人的合法利益。为达此目的，必须运用穿透式审判思维，依法发掘并审查隐藏在双方虚假意思表示背后的真实关系。如果被隐藏的真实关系和行为不违法违规，那就按其真实关系依法处理和保护双方合法权利，如果被隐藏的真实关系和行为违法违规，那就依法对其进行否定性评价和惩戒。本案中通过现有证据审查、当事人陈述、逻辑推理等方法发现相关债权凭证承载的借贷合意是假的，更没有实际交付案涉款项，其实质目的是为双方非正当男女关系做担保。基于此，法院依法判决驳回原告的该项诉讼请求，使其非法目的得不到实现。同时，因为原告所谓借贷背后隐藏的不正当男女关系违背了社会公序良俗，违反了社会主义核心价值观，随着败诉结果而来的是否定性评价和谴责，法院旗帜鲜明的坚定态度，是对非法不当行为的强力矫正和对社会主义核心价值观的坚定弘扬。

（**一审法院合议庭成员** 陈雅凌 吴 琦 黄耀武
二审法院合议庭成员 梁乐乐 许海锚 李立菲
编写人 广东省深圳前海合作区人民法院 陈雅凌
责任编辑 杨 奕
审稿人 刘 敏）

某集团诉蔡某某等案外人执行异议之诉案

——夫妻双方在不动产登记时的权属约定能否排除人民法院强制执行

关键词：民事　案外人执行异议之诉　夫妻约定　不动产登记　排除强制执行

【裁判要旨】

约定财产制是法律对婚姻关系双方当事人就双方之间的财产关系进行约定的意思自治的尊重，具有优先于法定财产制适用的效力。但夫妻双方在办理不动产登记时出具的产权约定具结书，仅是办理产权登记的证明材料，从内容到形式均不能构成夫妻财产约定，且在没有证据证实善意相对人对该具结书知晓的情况下，该具结书内容对相对人不产生约束力，进而不能据此排除相对人申请强制执行。

【相关法条】

《中华人民共和国民法典》

第一千零六十二条　夫妻在婚姻关系存续期间所得的下列财产，为夫妻的共同财产，归夫妻共同所有：

（一）工资、奖金、劳务报酬；

（二）生产、经营、投资的收益；

（三）知识产权的收益；

（四）继承或者受赠的财产，但是本法第一千零六十三条第三项规定的除外；

（五）其他应当归共同所有的财产。

夫妻对共同财产，有平等的处理权。

第一千零六十三条　下列财产为夫妻一方的个人财产：

（一）一方的婚前财产；

（二）一方因受到人身损害获得的赔偿或者补偿；

（三）遗嘱或者赠与合同中确定只归一方的财产；

（四）一方专用的生活用品；

（五）其他应当归一方的财产。

第一千零六十五条 男女双方可以约定婚姻关系存续期间所得的财产以及婚前财产归各自所有、共同所有或者部分各自所有、部分共同所有。约定应当采用书面形式。没有约定或者约定不明确的，适用本法第一千零六十二条、第一千零六十三条的规定。

夫妻对婚姻关系存续期间所得的财产以及婚前财产的约定，对双方具有法律约束力。

夫妻对婚姻关系存续期间所得的财产约定归各自所有，夫或者妻一方对外所负的债务，相对人知道该约定的，以夫或者妻一方的个人财产清偿。

【案件索引】

一审：河南省林州市人民法院（2022）豫 0581 民初 5372 号（2022 年 12 月 14 日）

二审：河南省安阳市中级人民法院（2023）豫 05 民终 664 号（2023 年 2 月 22 日）

再审：河南省高级人民法院（2023）豫民申 4453 号（2023 年 11 月 2 日）

【基本案情】

原告（被上诉人、再审被申请人）某集团诉称：某法院在办理该集团执行某公司、刘某借款合同纠纷一案中，裁定扣留被执行人刘某妻子蔡某某所有的某房产应收取的租赁费（限额 260 万元）。蔡某某不服，以案涉房产及可收取的租赁费系其个人财产，某法院执行无依据为由，提出执行异议，请求停止对案涉房产租赁费的执行行为。某法院审查后，作出（2020）豫 0581 执异 168 号执行裁定，中止对案涉房产和租赁费的执行。某集团不服，提起本案异议之诉。主要理由是案涉房产作为刘某和蔡某某夫妻共同财产，某法院对该房产和租赁费采取执行措施依据充分，请求撤销某法院（2022）豫 0581 执异 255 号执行裁定，对蔡某某名下案涉房产及租赁费继续执行。

被告（上诉人、再审被申请人）蔡某某辩称：一是刘某所负债务属于个人担保债务，与其无关。二是案涉房产登记在蔡某某名下，且刘某与蔡某某在不动产登记时出具了具结书，确认案涉房产归蔡某某个人所有。故根据《最高人民法院关于人民法院办理执行异议和复议案件若干问题的规定》第二十五条的规定，该房产及相应的租赁费作为案外人蔡某某的个人财产孳息，林州法院执行无依据。

原审被告刘某辩称：案涉房产办理登记时，蔡某某和刘某签订了产权约定具结书，该房产属蔡某某一人所有，不属于夫妻共同财产。案涉房产办证在前，案涉债务发生在后，不存在恶意转移财产、逃避债务的目的。林州法院对案涉房产及租赁费执行没有依据。

原审被告某公司对某集团的诉讼主张无异议。

法院经审理查明：某集团与某公司、刘某借款合同纠纷一案，某法院作出（2019）豫0581民初7450号民事判决，判令刘某、某公司共同偿还某集团借款本金260万元；某公司偿还某集团利息11402377.55元。执行中，刘某履行了借款本金260万元的给付义务。某公司向某法院出具分期履行还款义务的书面承诺。刘某向某法院亦出具书面承诺，对某公司的还款承诺提供担保，承诺如果某公司未按期还款，其自愿代替该公司履行债务。同时，刘某在其出具的承诺书尾部写明“我的承诺与蔡某某无关”。后因某公司和刘某均未履行还款义务，某法院依据某集团的申请，恢复执行并作出（2022）豫0581执恢127号执行裁定，查封刘某之妻蔡某某名下案涉房产并扣留相应的租赁费。蔡某某不服，提出执行异议。某法院审查后，作出（2022）豫0581执异255号执行裁定，中止对案涉房产及租赁费的执行。

另查明，在办理案涉房产登记时，刘某与蔡某某共同出具产权约定具结书，约定案涉房产归蔡某某单独所有。

【裁判结果】

河南省林州市人民法院于2022年12月14日作出（2022）豫0581民初5372号民事判决：准许执行被告蔡某某名下相关房产及扣留该案涉房产租金。

宣判后，蔡某某提出上诉。河南省安阳市中级人民法院于2023年2月12日作出（2023）豫05民终664号民事判决：驳回上诉，维持原判。

蔡某某不服，申请再审。河南省高级人民法院于2023年11月2日作出（2023）豫民申4453号民事裁定：驳回蔡某某的再审申请。

【裁判理由】

法院生效裁判认为：本案争议焦点是刘某、蔡某某办理房产证时，向房屋登记部门出具产权约定具结书，约定房产归蔡某某单独所有，是否属于夫妻双方约定财产归属，能否以不动产登记认定案涉房产系蔡某某个人财产，排除人民法院的强制执行。

《民法典》第一千零六十五条规定："男女双方可以约定婚姻关系存续期间所得的财产以及婚前财产归各自所有、共同所有或者部分各自所有、部分共同所有。约定应当采用书面形式。没有约定或者约定不明确的，适用本法第一千零六十二条、第一千零六十三条的规定。夫妻对婚姻关系存续期间所得的财产以及婚前财产的约定，对双方具有法律约束力。夫妻对婚姻关系存续期间所得的财产约定归各自所有，夫或者妻一方对外所负的债务，相对人知道该约定的，以夫或者妻一方的个人财产清偿。"本条是关于夫妻约定财产制的规定。约定财产制与法定财产制相对应。约定财产制是夫妻以契约的方式依法选择适用的财产制，而法定财产制是依照法律直接规定而适用的财产制。约定财产制是法律对婚姻关系双方当事人就双方之间的财产关系进行约定的意思自治的尊重，约定财产制具有优先于法定财产制适用的效力，只有在当事人未就夫妻财产作出约定，或者所作约定不明确，或者所作约定无效时，才适用夫妻法定财产制。结合本案，案涉房产系某公司与某置业公司合作开发。工商登记信息显示某公司的投资人为刘某、蔡某某、蔡某甲（蔡某某的父亲）。蔡某某与某甲置业公司、某乙置业公司签订商品房买卖合同。2017 年刘某与蔡某某在办理不动产登记时，填写产权约定具结书，约定案涉房产所有权归蔡某某一人所有。具结书只是明确案涉 6 套房产全部登记在蔡某某名下，不具有分割财产的意思表示，系办理房产登记时，双方依据登记流程填写的材料，不产生夫妻约定财产的效力。

本案执行依据（2019）豫 0581 民初 7450 号民事判决书认定中国农业银行某市支行 2016 年 3 月 20 日将债权转让给某集团时，某公司欠本金 400 万元及利息 11402377. 55 元。上述借贷关系发生于 1995 年 11 月至 1997 年 5 月期间。再审审查阶段，某集团提供以下证据：某市政府清收农行不良贷款工作组 2018 年 8 月 23 日对刘某的询问笔录，刘某自认 2011 年 4 月至 2012 年 9 月期间是某公司大股东。某公司私营企业基本注册信息查询单显示，2011 年 4 月 18 日刘某实缴注册资本 2440 万元。某公司 2012 年第一次股东会决议刘某减资 2440 万元，公司注册资本由 3000 万元变更为 560 万元。根据以上证据，2017 年刘某与蔡某某在办理不动产登记时，将案涉 6 套房产全部登记在蔡某某一人名下，不能对抗债权人某集团。案涉房产系刘某、蔡某某婚姻关系存续期间取得，即使登记在蔡某某个人名下，依据《民法典》第一千零六十二条规定，应认定案涉房产为夫妻共同财产。原审法院未认定所涉债务为蔡某某和刘某夫妻共同债务，但在执行案涉房产时保留蔡某某的份额，并无不当。

【案例注解】

本案涉及的主要法律问题是夫妻约定财产制的法律适用问题。对于夫妻一方所负债务能否执行夫妻共同财产法律有明文规定，理论界和实务界亦达成共识。《最高人民法院关于人民法院民事执行中查封、扣押、冻结财产的规定》第十二条规定："对被执行人与其他人共有的财产，人民法院可以查封、扣押、冻结，并及时通知共有人。共有人协议分割共有财产，并经债权人认可的，人民法院可以认定有效。查封、扣押、冻结的效力及于协议分割后被执行人享有份额内的财产；对其他共有人享有份额内的财产的查封、扣押、冻结，人民法院应当裁定予以解除。共有人提起析产诉讼或者申请执行人代为提起析产诉讼的，人民法院应当准许。诉讼期间中止对该财产的执行。"根据《民法典》第一千零六十二条的规定，夫妻在婚姻关系存续期间所得的财产为夫妻的共同财产。据此，在婚姻关系存续期间，夫妻取得需要登记的不动产的，无论登记在夫妻双方名下还是仅登记于一方名下，均属于夫妻共同财产。

在因夫妻一方所负债务执行夫妻共同财产时，共有三种方式：一是夫妻双方协议分割共有财产，经申请执行人认可后，可以执行被执行人享有的份额内的财产；二是申请执行人代为提起析产诉讼，执行法院根据判决确定的被执行人的财产份额予以执行；三是被执行人的配偶对执行标的提出排除执行的实体异议的，可以通过执行异议之诉进行救济，若法院查明属于夫妻共同财产，不影响对执行标的的执行，但应保留被执行人的配偶应当享有的财产份额。

根据《民法典》第一千零六十五条的规定，男女双方可以约定婚姻关系存续期间所得的财产以及婚前财产归各自所有、共同所有或者部分各自所有、部分共同所有。此即夫妻约定财产制。那么，如果夫妻约定涉执行的财产归被执行人的配偶所有，被执行人的配偶据此提出案外人异议主张排除执行，人民法院应如何处理。这就需要对夫妻约定财产制的有关问题予以澄清，并在此基础上作出判断。

一、夫妻约定财产制的规范目的

所谓夫妻约定财产制，是指法律允许夫妻以协议的方式，对夫妻在婚前和婚姻关系存续期间所得的财产的所有权的归属、管理、使用、收益、处分，以及对第三人债务的清偿、婚姻解除时财产的分割等事项作出约定，从而排除或部分排除夫妻法定财产制适用的制度。① 夫妻约定财产制充分彰显了意思自治

① 黄薇主编：《中华人民共和国民法典释义（下）》，法律出版社2020年版，第2005页。

原则，允许夫妻双方通过协议排除法定财产制的适用，即夫妻约定财产制具有优先于夫妻法定财产制适用的效力。由于夫妻约定财产制更能体现夫妻双方的真实意愿，适应现代社会复杂的财产关系，因此，大多数国家和地区都建立了夫妻约定财产制。

夫妻约定财产制是经济发达的产物。在物资匮乏、生活水平低下、个人财产有限的社会发展阶段显然没有这样的制度需求。因此，我国 1980 年《婚姻法》规定了夫妻共同财产“另有约定的除外”，初步形成了夫妻约定财产制的雏形。随着社会主义市场经济的发展，社会财富越来越丰富，人们的生活方式也在不断变化，个人权利意识和独立意识不断增强，婚姻家庭观念也发生了很大的变化。为了适应现代社会的发展变化，满足人们的个性化需求，保护个人财产权利，兼顾对债权人利益的保护，减少离婚财产分割的争议，我国在 2001 年修改《婚姻法》时，于第十九条正式确立了夫妻约定财产制。《民法典》第一千零六十五条在进行适当修正后延续了这一规定。

二、夫妻财产约定的内容

根据《民法典》第一千零六十五条第一款第一句的文义，夫妻约定财产制的内容共有三种模式，即婚姻关系存续期间所得的财产以及婚前财产可以：（1）归各自所有；（2）共同所有；（3）部分各自所有、部分共同所有。即可以约定采取分别财产制、一般共同制或限定共同制。分别财产制即婚前财产和婚姻关系存续期间所得的财产，归各自所有。一般共同制即婚前财产和婚姻关系存续期间所得的财产，均归夫妻双方共同所有。限定共同制即婚前财产和婚姻关系存续期间所得的财产中，只将部分财产设为夫妻共同所有，其他财产归双方各自所有，由双方约定共同所有的财产和一方个人所有的财产的范围。① 从各国夫妻约定财产制的立法例来看，共有两种模式，一种是自由主义模式，即夫妻可以对财产的归属和管理自由约定，没有财产种类的限制，如日本、俄罗斯、英国等；另一种是选择式或限定式的模式，即在约定财产制的范围上，明确规定约定时可供选择的财产制，在约定的内容上规定不得相抵触的事由，在程序上要求夫妻订立要式契约，如法国、德国、瑞士、意大利等国。② 我国属于第一种模式，即夫妻可以对财产的内容自由约定。但是约定的内容必须合法，不得违反法律、行政法规的强制性规定，不得违背善良风俗，不得利用约定恶意串通、损害他人合法权益。约定的内容不得超出夫妻财产的范围，如不

---

① 最高人民法院民法典贯彻实施工作领导小组主编：《中华人民共和国民法典婚姻家庭编继承编理解与适用》，人民法院出版社 2020 年版，第 174 ~ 175 页。

② 参见黄薇主编：《中华人民共和国民法典释义（下）》，法律出版社 2020 年版，第 2006 页。

得将其家庭成员的财产列入约定财产的范围。不得利用约定逃避对第三人的债务以及其他法定义务，[①] 如不得利用约定排除法定的抚养、赡养义务等。

夫妻约定财产制极易和夫妻间的赠与发生混淆。这就需要明确“婚姻关系存续期间所得的财产以及婚前财产”的含义。婚前财产属于夫妻一方的财产应无疑义，而婚姻关系存续期间所得的财产依《民法典》第一千零六十二条的规定虽为夫妻共同所有的财产，但仍可以区分为夫妻各自所得的财产，即无论是夫或妻所得的财产均为夫妻共同财产。但无论是何种情形，在全部约定为共同所有、分别所有的情况下，不存在任何认定上的疑义，如果是将个别财产约定为共同所有，亦应适用《民法典》第一千零六十五条的规定，但如果将共同所有的财产约定为个人所有，其本质是夫妻共同财产的分割协议。[②] 如果夫妻一方将其个人所有的财产直接约定给另外一方，应按照赠与进行处理。[③] 也就是说，夫妻双方可以将各自的婚前财产、依《民法典》第一千零六十三条规定的夫妻一方的个人财产、依《民法典》第一千零六十五条各自所得的夫妻共同财产约定为共同所有、分别所有。但若是夫妻双方将一方的婚前财产或者依《民法典》第一千零六十三条所得的个人财产约定为另一方所有，则属于赠与；若是将夫妻共同所有的财产约定归一方所有，则系夫妻共同财产分割协议。

根据意思自治原则，夫妻双方除可以约定财产所有权归属外，还可以就财产的使用权、管理权、收益权、处分权等进行约定，也可以约定家庭生活费用的负担、债务清偿责任、婚姻关系终止时财产的清算及分割等。[④]

本案中，蔡某某申请再审称案涉房产系其依夫妻财产约定而取得的个人所有的财产，因其不是被执行人因而不应当进行强制执行。那么，如果属于夫妻约定财产，就要首先确定该财产是否属于夫妻约定的财产范围。案涉房产系由某甲置业公司和某乙置业公司合作开发，而某甲置业公司的投资人为刘某、蔡某某和蔡某甲，2017 年蔡某某以商品房买卖的方式取得案涉房产并办理了不动产登记，此时，由于蔡某某与刘某处于婚姻关系存续期间，因此，无论蔡某某是否实际支付了购房款，案涉房产均属于夫妻共同所有的财产。如前所述，由于蔡某某不能证明案涉房产系其自己所得的财产，比如置业公司明确仅赠与

---

① 黄薇主编：《中华人民共和国民法典释义（下）》，法律出版社 2020 年版，第 2007 页。

② 参见薛宁兰、谢鸿飞主编：《民法典评注·婚姻家庭编》，中国法制出版社 2020 年版，第 249 页。

③ 杜万华、程新文、吴晓芳：《〈关于适用婚姻法若干问题的解释（三）〉的理解与适用》，载《人民司法·应用》2011 年第 17 期。

④ 最高人民法院民法典贯彻实施工作领导小组主编：《中华人民共和国民法典婚姻家庭编继承编理解与适用》，人民法院出版社 2020 年版，第 175 页。

蔡某某的财产，故该财产不属于夫妻约定财产的范围。即使有约定，该约定也当然无效。如果将蔡某某与刘某签署的《产权约定具结书》视为对夫妻共同财产分割的约定，因该约定仅约束双方当事人，对外并无拘束力。

而且，即使是夫妻约定财产，约定的内容也必须合法，即不能为逃避债务，损害债权人的利益而将夫妻共同所有的财产登记于夫妻一方名下。本案中，刘某自2011年4月至2012年9月是某公司的大股东，2011年4月18日刘某实缴注册资本2440万元。但在2012年第一次股东会决议中，刘某减资2440万元，公司注册资本由3000万元变更为560万元。而案涉借贷关系发生于1995年11月至1997年5月，至中国农业银行某市支行2016年3月20日将债权转让给某集团时，某公司尚欠本金400万元及利息11402377.55元。本案虽不审理某公司减资程序是否合法的问题，但由于刘某作为大股东减资，明显降低了某公司清偿债务的能力却是一个基本事实。同时刘某又是某甲置业公司的股东，在某甲置业公司与某乙置业公司合作开发案涉房产后，又将合作开发所得的房产登记于其妻子蔡某某一人名下，而自己则一无所有，其客观行为本身说明了其具有转移资产、逃避债务的主观意图。从这个意义上而言，即使属于夫妻约定财产，该约定也因违法而无效。

三、夫妻财产约定的形式

根据《民法典》第一千零六十五条第一款第二句的规定，约定应当采用书面形式。据此，夫妻采取约定财产制的，必须采取书面形式。《民法典》第四百六十九条第二款和第三款规定："书面形式是合同书、信件、电报、电传、传真等可以有形地表现所载内容的形式。以电子数据交换、电子邮件等方式能够有形地表现所载内容，并可以随时调取查用的数据电文，视为书面形式。"采取书面形式可以明确夫妻双方的权利义务关系，既有固定证据的作用，也有对双方当事人的警醒作用，有利于双方慎重对待。当然，如果夫妻以口头的形式作出约定，事后对约定没有争议的，该约定也有效。① 在2001年《婚姻法》修改和《民法典》制定过程中，也有意见认为，仅规定书面形式，不具有公示效果，一旦产生纠纷，易产生夫妻双方倒签协议等作假的情形，应规定夫妻财产制契约应当向婚姻登记机关进行登记，未经登记不生效或者不能对抗善意第三人。因夫妻财产登记的内容、效力等问题比较复杂，而我国对家庭财产制的监管还不够规范和完善，立法机关最终没有采纳这种意见。②

---

① 黄薇主编：《中华人民共和国民法典释义（下）》，法律出版社2020年版，第2007页。

② 最高人民法院民法典贯彻实施工作领导小组主编：《中华人民共和国民法典婚姻家庭编继承编理解与适用》，人民法院出版社2020年版，第173～174页。

实践中，有法院认为夫妻关系存续期间将商品房登记于一方个人名下且明确注明单独所有也是“书面形式”的一种体现。这一解释不符合夫妻财产约定的双方法律行为性质。①

本案中，蔡某某据以主张个人所有的证据有二：一是《产权约定具结书》；二是其所取得的房屋不动产登记证书。故本案的重点也在于对《产权约定具结书》是否属于夫妻约定财产协议作出认定。正如法院裁定书所指出的，具结书只是明确案涉6套房产全部登记在蔡某某名下，系办理房产登记时，双方依据登记流程填写的材料，不产生夫妻约定财产的效力。换言之，蔡某某和刘某欲将案涉房产登记在蔡某某一方名下，必须填写《产权约定具结书》，否则即无法办理。这显然属于行政登记的范围，蔡某某并未提供证据证明其与刘某另行达成了夫妻财产约定协议，因此，即使不考虑案涉房产是否属于夫妻约定财产的范围，蔡某某仅以其与刘某签署了《产权约定具结书》就认为夫妻已经进行了财产约定，理由并不充分。

四、夫妻财产约定的效力

《民法典》第一千零六十五条第二款和第三款规定：“夫妻对婚姻关系存续期间所得的财产以及婚前财产的约定，对双方具有法律约束力。夫妻对婚姻关系存续期间所得的财产约定归各自所有，夫或者妻一方对外所负的债务，相对人知道该约定的，以夫或者妻一方的个人财产清偿。”据此，夫妻财产约定可以分为对内效力和对外效力。

对内效力是指对夫妻双方的效力。夫妻财产约定属于双方民事法律行为，原则上应适用《民法典》总则编关于法律行为成立及生效的一般性规定。根据合同相对性原理，夫妻财产约定仅对合同双方发生效力，双方应当按照约定享有权利、履行义务。如果因债权人不知道双方约定，导致约定归一方的财产被另一方的债权人强制执行，则享有所有权的一方可以按照约定向另一方追偿。

对外效力是指夫妻财产约定对夫妻以外第三人的效力。主要是指对债权人的效力。由于我国并未采用夫妻财产约定登记制度，不具有公示公信的效力，因此，夫妻财产约定原则上不产生对外的效力。但根据《民法典》第一千零六十五条第三款的规定，“相对人知道该约定的”，则对该相对人发生效力，应按照约定以负债的夫或妻一方的财产清偿其个人所负债务。若相对人不知道该约定，仍应以夫妻共同财产清偿债务。关键的问题是应当如何确定相对人“知道”的时间节点，按照该款的规范目的，相对人知道的时间，应是在债务

① 薛宁兰、谢鸿飞主编：《民法典评注·婚姻家庭编》，中国法制出版社2020年版，第250页。

产生之前或者产生当时，在债务产生之后相对人才知道的，不属于该款规定的相对人知道的情形。① 如果夫或妻主张相对人知道，应当承担举证责任。同样，夫妻财产约定对外的效力不局限于债务清偿，亦可能指向财产处分。例如，夫妻双方约定婚前财产共同所有，夫妻一方处分婚前财产时，相对人知道该约定时，不能发生善意取得。②

此外，理论和实务争议较大的问题是，夫妻财产约定是否发生物权变动的效力。否定观点认为，夫妻财产约定的拘束力仅表现为债权约束力，权利变动仍然需要遵循相关法律的规定。肯定观点认为，夫妻财产约定可直接表现为物权拘束力。肯定观点又产生了基于法律行为产生的物权变动和非基于法律行为产生的物权变动的分歧。③ 笔者认为，从体系解释的角度而言，应支持否定观点。首先，我国不承认意思主义的物权变动模式，仅有转移物权的债权合同而未实际履行的，不发生物权变动。其次，《民法典》第一千零六十五条第三款规定的“以夫或者妻一方的个人财产清偿”，系以相对人知道有夫妻财产约定为前提，若无证据证明相对人知道该约定，该约定对相对人并不发生效力。换言之，如果物权变动取决于相对人是否知道，显然不能自圆其说。肯定观点中认为属于非基于法律行为的物权变动更没有事实依据。因为夫妻财产约定本身就属于双方法律行为，无论如何也无法解释出夫妻财产约定属于非法律行为。因此，夫妻财产约定不属于《民法典》第二百零九条和第二百二十四条规定的“法律另有规定”的物权变动模式的情形，其对相对人的拘束力可以视为合同在特定情形下的“波及效力”，仍然属于债权合同效力的范围。《民法典》中因相对人“知道”而应受他人之间合同效力约束或应自行承担责任的很多规定也可以予以佐证。

根据《民法典》第一千零六十五条第三款的规定，夫妻财产约定欲对第三人产生法律约束力，须以第三人知道为前提。本案中，案涉债务产生于1995年至1997年，2016年3月20日某集团受让该债权，《产权约定具结书》签署于2017年，因刘某此时尚未成为执行担保人，故对本案没有影响。至2018年8月23日刘某写下《承诺书》，执行法院在对其强制执行时，蔡某某才出具《产权约定具结书》主张权利。如前所述，《民法典》第一千零六十五条第三款所谓的知道，是指债务形成以前或债务形成之时就已经知道，如果在债务形成之后第三人才知道，对第三人仍没有约束力。而在本案中，蔡某某出

① 参见最高人民法院民法典贯彻实施工作领导小组主编：《中华人民共和国民法典婚姻家庭编继承编理解与适用》，人民法院出版社2020年版，第176页。

② 薛宁兰、谢鸿飞主编：《民法典评注·婚姻家庭编》，中国法制出版社2020年版，第253页。

③ 参见薛宁兰、谢鸿飞主编：《民法典评注·婚姻家庭编》，中国法制出版社2020年版，第251～253页。

具《产权约定具结书》在刘某的保证债务形成之后，故即使构成夫妻财产约定对某集团也没有约束力。因此，蔡某某所称某集团不是善意第三人的理由不能成立。

另外，如前所述，夫妻约定财产不具有物权变动的效力。本案中，即使将《产权约定具结书》认定为夫妻约定财产，也不发生物权变动的效果，即由共同所有转化为单独所有。故尽管案涉房产登记于蔡某某一人名下，仍应认定为夫妻共同所有。

综上所述，夫妻约定财产制旨在适应现代社会权利意识和独立意识的巨大变化，满足人们的个性化需求，最大化资源的合理利用，同时也规制借夫妻财产约定逃避债务的行为。因此，《民法典》不仅对夫妻约定财产的形式和内容作出了规定，也对第三人利益保护作出了规定。本案中，蔡某某所举《产权约定具结书》从形式到内容均不符合夫妻约定财产的要件，且该约定本身亦损债权人的利益，因此，裁定驳回其再审申请符合法律规定。

（**一审法院合议庭成员** 张学芳 李金水 杨永贵
二审法院合议庭成员 魏利平 袁武明 段合林
再审法院合议庭成员 闫顺利 翟晨飞 李建瑞
编写人 河南省高级人民法院 张 君
责任编辑 杨 奕
审稿人 刘 敏）

罗某某诉王某某不当得利纠纷案

——“无法律上原因”在不当得利纠纷中的证明责任分配

关键词：民事　不当得利　无法律上原因　证明责任分配

【裁判要旨】

“无法律上原因”作为不当得利的构成要件之一，因其表达方式抽象，并且所涉及的事实既有确定性的范围也有不确定性的范围，致使其诉讼风险在当事人之间的分配产生了分歧。司法裁判中，法官应当以不当得利法律关系为起点，决定其证明责任的分配。

【相关法条】

《中华人民共和国民法总则》

第一百二十二条① 因他人没有法律根据，取得不当利益，受损失的人有权请求其返还不当利益。

《中华人民共和国民事诉讼法》

第六十七条第一款 当事人对自己提出的主张，有责任提供证据。

《最高人民法院关于适用〈中华人民共和国民事诉讼法〉的解释》

第九十一条第一项 人民法院应当依照下列原则确定举证证明责任的承担，但法律另有规定的除外：

（一）主张法律关系存在的当事人，应当对产生该法律关系的基本事实承担举证证明责任；

【案件索引】

一审：吉林省延吉市人民法院（2022）吉2401民初4101号（2022年6

---

① 对应《民法典》第一百二十二条：“因他人没有法律根据，取得不当利益，受损失的人有权请求其返还不当利益。”

月15日）

二审：吉林省延边朝鲜族自治州中级人民法院（2022）吉24民终1675号（2022年9月6日）

【基本案情】

原告罗某某诉称：2018年3月8日，罗某某的支付宝账户在短时间内发生4笔共计3万元的不明支出。经核实，上述钱款的收款方为王某某。因罗某某与王某某素不相识，双方亦未发生过任何业务往来，王某某所得利益无法律依据，应予返还。请求法院判令王某某退还罗某某3万元及相应的利息。

被告王某某辩称：罗某某参与网络赌博，案涉转账为赌资，且王某某并未收到打款。罗某某参与网络赌博的行为已经由警方处理，相应非法所得已上缴警方，现案件正由检察院审查。

法院经审理查明：罗某某的支付宝账户在2018年3月间曾多次转账给他人，其中包括王某某。罗某某自称2019年之后，未曾给他人转账，但罗某某的支付宝账户在2019年9月5日再次出现短时间内连续向他人转账的情形。对此，罗某某解释因其有七八张银行卡，每月对大额账目往来对账，小额不关注。罗某某称，因银行账号资金变动的短信提示过多，重叠后未及时查看。

另查明：王某某在2017年8月至2019年期间曾在柬埔寨某网络公司工作。江苏省丰县公安局在侦查柬埔寨某网络公司开设赌场案时，王某某因涉嫌赌博罪被拘留，后被取保候审，至一审审理结束期间，该案仍未审结。

【裁判结果】

吉林省延吉市人民法院于2022年6月15日作出（2022）吉2401民初4101号民事判决：驳回罗某某的诉讼请求。

宣判后，罗某某提起上诉。吉林省延边朝鲜族自治州中级人民法院于2022年9月6日作出（2022）吉24民终1675号民事判决：驳回上诉，维持原判。

【裁判理由】

法院生效裁判认为：关于举证责任分配问题。罗某某主张其与王某某不相识，在罗某某不知情的情况下其支付宝账户向王某某转账3万元，由此二人之间存在不当得利法律关系，认为王某某应返还因不当得利而占有的钱款。王某某对双方不相识以及收到3万元钱款不持异议，但以上述钱款的性质为赌资进行抗辩。因赌债不得以诉的形式请求强制履行，亦不可支付后请求返还。综合上述主张与抗辩理由，本案应首先审查罗某某3万元转账的原因，从而进一步确认转账是否符合不当得利法定返还条件，是否应予返还。《最高人民法院关于适用〈中华人民共和国民事诉讼法〉的解释》第九十一条第一项规定，“主张法律关系存在的当事人，应当对产生该法律关系的基本事实承担举证证明责任”，法律另有规定的除外。罗某某的支付宝账户自2018年3月多次向陌生人转账，其中包括王某某，2019年9月5日亦出现给陌生人一日转账4次的情形，结合王某某涉嫌赌博罪被取保候审的事实，罗某某主张的不当得利返还之债，不排除系其已支付的赌资的可能性。罗某某主张其与王某某之间存在不当得利法律关系，其应对上述多次转账行为作出合理的举证说明，其仅以不知道转账并且未注意查阅短信来解释多笔转账的原因，不足以完成举证证明责任。

关于本案诉请是否符合不当得利返还的法定条件并应予返还问题。不当得利是指没有法律上或合同上的根据，使一方受损而另一方获益。评判是否成立不当得利须具备四个条件：（1）一方受利益；（2）他方受损失；（3）一方受利益与他方受损失之间有因果关系；（4）没有合法占有依据。而审查上述条件是否成立，即评判是否符合不当得利法定条件的大前提，应是该请求权是否受法律保护。据已查明事实，本案诉请标的具有系赌资的高度可能性，由上述观点所述，罗某某应对多次转账行为作出合理的举证说明，其陈述的“完全不知情”与查证的事实完全相悖。因罗某某未完成举证证明责任，其诉请不符合不当得利返还的法定条件。

【案例注解】

无论是理论界还是实务界一直对不当得利诉讼证明责任分配适用存在分歧，许多分歧围绕着“无法律上原因”这一要件而展开。“无法律上原因”具有其特殊性。司法实践中，或者把“无法律上原因”作为判断性的标准，或者把“无法律上原因”作为不存在的事实，或者根据不当得利类型化确定其证明责任分配，它们都使不当得利诉讼证明责任分配充满着混乱与不确定性，漠视了证明责任分配的本质。

一、司法实践对于“无法律上原因”证明责任分配的不同观点

审判实践中，有的法官依据“待证事实说”理论，将不当得利构成要件之“无法律上原因”视为消极事实，认为其证明责任应由被请求人承担。这种证明责任分配的观点不是从不当得利法律规范或者法律关系出发，而是从不

当得利法律关系所涉及的事实出发。他们往往在论及非给付型侵害之不当得利时采用这种观点。而在遇到给付型不当得利案件时，“无法律上原因”要件又不是消极事实了，而是由给付人自己控制的财产转移，所以证明责任应该由请求人承担。根据不当得利不同形态解释其证明责任分配使不当得利请求权基础缺乏一致性，也造成了法律解释的任意性。

有的法官从不当得利的类型化出发，在分析了给付型不当得利与非给付型不当得利各自的构成要件、功能等区别后得出结论，“无法律上原因”要件的证明责任分配也应该不同。如此判断，忽视了证明责任的本质和功能。事实上，证明责任分配在法律关系中是既定的。立法者在立法阶段就确定了诉讼风险由谁承担较为公平。所以根据案件类型决定不当得利证明责任分配，不利于法律规范的统一。

二、“无法律上原因”证明责任分配源于不当得利法律关系本身

就不当得利而言，法律设置它的目的是调整没有法律上的原因而引起财产变化所导致的不公，所以，它是对那些因契约、物权、侵权等产生民事法律关系而引发财产变动范围之外的补充。不当得利法律关系本身决定了不当得利证明责任分配。因此，不当得利证明责任分配是法定的。作为法定之债，债的发生原因之构成要件具有不可分割的特性。在法律没有证明责任分配倒置的情况下，不当得利证明责任分配不允许自由裁量权加以调整。在法律粗疏的情况下，法官应当解释其实质性标准，决定证明责任分配的内容。

在现行证明责任分配原则的规定下，当事人必须对主张所依据的事实承担举证责任，其中，没有证据或者证据不足当事人则要承担不利后果。在不当得利诉讼中，原告必然要主张被告受益无法律上原因并提出该主张所依据的事实。如果原告举证成功，那么，被告必然主张没有从原告那里受益或者自己受益有法律上原因并提供主张所依据的事实。否则，可能承担不利后果。因此，在不当得利诉讼中，原告应当把“无法律上原因”作为其主张，而且必须对其主张所依据的事实——“无法律上原因”构成要件所涉及的要件事实提供证据。

三、“无法律上原因”证明责任分配既是实体法问题也是程序法问题

实践中，很多司法判决直接根据2024年1月1日实施的《民事诉讼法》第六十七条及2022年4月10日实施的《最高人民法院关于适用〈中华人民共和国民事诉讼法〉的解释》第九十条之规定，要求双方当事人提交证据证明相应的事实，而不是根据不当得利法律关系要求当事人提供证据证明哪些事实。从表面上看，法官适用了证明责任分配的规定，但实际上，查明事实在

先，适用法律在后。这样以查明事实为中心，法律仅仅是说明事实效果并采用国家强制执行的理由，这种法律适用方式难以发挥法律真正的效用。

在实体法方面，有必要界定请求权基础的规范内容和与之相对应的相对规范，并根据它界定请求权人应当提出哪些事实，甚至可以讨论立法在一定程度上加重或者减轻请求权人应当提出的证明责任。这样当事人对所主张的事实负有的证明责任就具备了明确的标准。在程序法方面，一方面可以通过扩大法官收集证据的范围，使其也分担围绕法律关系的构成要件及其事实所产生的证明责任；另一方面可以确立当事人真实义务，降低诉讼风险。这两个方面属于与证明责任分配紧密相关的范畴。因为，证明责任分配的本质就是诉讼风险的分配。

四、本案中“无法律上原因”证明责任分配的规则演绎

《民法典》第一百二十二条对不当得利作出了规定。不当得利是指没有法律上或合同上的根据，使一方受损而另一方获益。在评判是否成立不当得利时，学术界存在三要件说和四要件说两种观点。具体到本案，法官在审理过程中采取了四要件说观点，即构成不当得利应当具备以下四个条件：（1）一方受利益。此处的“利益”解释在学术界存在两种观点，多数观点认为该利益仅包含财产性利益，少数观点认为该利益既包含财产性利益也包含精神利益。司法实践中采纳多数观点。（2）他方受损失。此处“受损失”应作广义解释，既可以是财产上的直接或者间接损失，也可以是某种权利的丧失和减少。（3）一方受利益与他方受损失之间有因果关系。不当得利中的因果关系实际上是一种牵连关系，指导致一方获益和另一方受损的原因与事实存在关联性。这种因果关系并不要求是直接的因果关系。①（4）没有合法占有依据。此条件即上文所述“无法律上原因”。

回归到本案，罗某某与王某某针对“无法律上原因”证明责任分配产生争议。罗某某在上诉请求中提出，王某某收取款项是否具有法律依据、如何收取该笔款项、该笔款项的具体用途等事实对其自身而言属于消极事实，对于王某某而言则属于主张法律关系存在的积极事实，因此应由王某某就“无法律上原因”承担证明责任；同时，通过一审双方的举证质证，罗某某已经完成了对自己所主张事实的证明责任。法官在案件审理过程中从不当得利法律关系出发，认定罗某某应是在自己的意思支配下基于一定事实和认识作出给付行为，从而增加了王某某的财产。罗某某诉称自己与王某某并不认识也没有业务来往，王某某接收转账无法律上原因，罗某某向王某某转账时并无给付目的，

---

① 王泽鉴：《不当得利》，北京大学出版社2009年版，第39页。

对此，王某某以该笔款项为赌资而进行抗辩。在案件出现真伪不明的情况下，法官回归实体法的解释，通过法律解释找到谁应当承担相应的举证责任。我国民事案件证明责任分配遵循“谁主张，谁举证”原则，且对于不当得利的证明责任并不属于法律明确规定的证明责任倒置情形，现行法律规范中对于不当得利的证明责任分配也无特殊规定。因此当罗某某主张王某某系不当得利时，应当对其多次与王某某及其他人之间的转账行为合理性承担证明责任。如果将证明责任分配给王某某，则突破了法律规范中关于证明责任的分配规定。

五、结语

证明责任分配源于法律关系本身，而法律关系由事实形成；反之，法律关系又决定了必须提供哪些事实证明法律关系。因此，在不当得利诉讼过程中，把不当得利法律关系作为证明责任分配的出发点，解释具体的证明责任分配体现了审判活动的规范化。

（**一审法院独任审判员** 石勋波
二审法院合议庭成员 秦承兰 朴美兰 叶明晶
编写人 吉林省延吉市人民法院 王 静 王 越 马岚琳
责任编辑 李 晶
审稿人 刘 敏）

商　事

曾某某诉某保险公司责任保险合同纠纷案

——交强险及商业三者险保险合同中“第三者”的认定

关键词：商事　责任保险合同　车上人员　驾驶员　第三者理赔范围

【裁判要旨】

驾驶员是实际车主雇用的员工，属于投保人允许的合法驾驶人，其身份是被保险人。虽然驾驶员下车检查车况，空间发生了变化，从车上转为车下，但在其驾驶工作无人接替的情况下，其并未将车辆控制权移交他人，其对车辆仍具有实际控制力，其检查车况也是在正常履行驾驶人员的职责，属于驾驶行为的合理延伸，故车上或车下的空间位置变化并不会引起驾驶员的身份向“第三者”转化，其作为驾驶人员因轮胎爆炸造成死亡，不属于交强险及商业三者险的理赔范围。

【相关法条】

《机动车交通事故责任强制保险条例》

第三条　本条例所称机动车交通事故责任强制保险，是指由保险公司对被保险机动车发生道路交通事故造成本车人员、被保险人以外的受害人的人身伤亡、财产损失，在责任限额内予以赔偿的强制性责任保险。

第二十一条第一款　被保险机动车发生道路交通事故造成本车人员、被保险人以外的受害人人身伤亡、财产损失的，由保险公司依法在机动车交通事故责任强制保险责任限额范围内予以赔偿。

《最高人民法院关于审理道路交通事故损害赔偿案件适用法律若干问题的解释》

第十四条 投保人允许的驾驶人驾驶机动车致使投保人遭受损害，当事人请求承保交强险的保险公司在责任限额范围内予以赔偿的，人民法院应予支持，但投保人为本车上人员的除外。

【案件索引】

一审：福建省厦门市思明区人民法院（2023）闽0203民初15176号（2023年10月19日）

二审：福建省厦门市中级人民法院（2023）闽02民终8309号（2023年12月27日）

【基本案情】

原告（上诉人）曾某某诉称：2020年10月30日5时12分，曾某某雇用的员工潘某某驾驶闽E××××号牵引车牵引冀G××××挂号重型半板自卸半挂车，途经某路段停于慢车道内后，下车查看车况时，车辆第二轴左边内侧轮胎发生爆炸，造成潘某某被炸后当场死亡的道路交通事故。2020年11月23日，某县公安局交通警察大队出具《道路交通事故证明》，鉴于事故基本事实无法查清，成因无法判定，根据《道路交通事故处理程序规定》第六十七条规定，当事人的损害赔偿可向某县人民法院提起民事诉讼。2022年2月9日，福建省漳州市芗城区人民法院受理了潘某某的直系亲属许某某等四人作为原告，以曾某某、某汽运公司作为被告提起的提供劳务者受害责任纠纷一案，该案许某某等四人要求曾某某、某汽运公司共同赔偿四原告死亡赔偿金、精神损害抚慰金、丧葬费、被抚养人生活费、亲属办理丧葬事宜费用的损失合计1520797.5元。经审理，福建省漳州市芗城区人民法院作出（2022）闽0602民初××××号民事判决，判决扣除曾某某已支付11万元的款项，曾某某应于判决发生法律效力之日起三十日内赔偿许某某等四人经济损失合计1038346.5元。双方均不服一审判决，向福建省漳州市中级人民法院提起上诉，经福建省漳州市中级人民法院主持调解，曾某某与许某某等四人达成调解协议，曾某某赔偿许某某等四人各项经济损失合计111万元，扣除曾某某已支付的11万元，曾某某还应赔偿许某某等四人100万元。曾某某认为，依据《道路交通事故证明》记载调查的事实，潘某某于下车查看车况时，车辆第二轴左边内侧轮胎发生爆炸，造成潘某某被炸后当场死亡，发生事故时潘某某的空间处于车辆之外属于第三者，现曾某某已赔偿许某某等四人因潘某某死亡造成的各项损失，某保险公司作为车辆交强险及第三者责任保险的承保公司，应于保险范围内承担赔偿责任，支付曾某某向许某某等四人赔偿的各项损失。因此，请求法院判令：某保险公司在机动车交通事故责任强制险及第三者责任险范围内支付曾某某保险理赔金1110000元。

某保险公司（被上诉人）辩称：根据交强险条款，被保险人是指投保人及其允许的合法驾驶人；根据商业第三者责任险条款，本保险合同中的第三者是指因被保险机动车发生意外事故遭受人身伤亡或者财产损失的人，但不包括被保险机动车本车车上人员、被保险人。在本案交通事故中，潘某某是实际车主允许的合法驾驶人员，无论其在车上或车下，均不属于案涉交强险及商业三者险保险合同中的第三者，而属于被保险机动车一方，即属于被保险人的范畴，故本案不构成保险责任，交强险及商业三者险均不应赔偿。

法院经审理查明：2018年3月22日，曾某某与第三人某汽运公司签订《营运车辆委托服务合同》，约定曾某某将其所有的闽E××××号牵引车挂靠在某汽运公司名下，在经营中发生的交通事故损害赔偿责任由曾某某自负，某汽运公司不负任何赔偿责任。某保险公司承保了闽E××××号牵引车的交强险和商业险，保险期间均自2020年3月22日0时起至2021年3月21日24时止，其中机动车损失保险的限额为257600元，第三者责任保险限额为100万元。

2020年10月30日，曾某某雇用的员工潘某某驾驶超过准牵引核定载质量的案涉车辆，途经某路段停于慢车道内后，下车查看车况时，车辆第二轴左边内侧轮胎发生爆炸，造成潘某某被炸后当场死亡的道路交通事故。鉴定意见载明：轮胎发生爆炸原因无法进行鉴定、潘某某系轮胎爆炸造成颅脑损毁死亡；本事故基本事实无法查清、成因无法判断。11月23日，某县公安局交警大队出具《道路交通事故证明》，鉴于案涉事故基本事实无法查清，成因无法判定，故交警大队无法出具《道路交通事故责任认定书》。

2022年2月9日，福建省漳州市芗城区人民法院受理了由潘某某的直系亲属许某某等四人作为原告提起的，以曾某某、某汽运公司作为共同被告的提供劳务者受害责任纠纷一案，后该法院于2022年5月18日判决扣除曾某某已支付11万元的款项后，曾某某还应赔偿许某某等四人经济损失合计1038346.5元。双方均不服一审判决，向漳州市中级人民法院提起上诉，经调解，双方于2022年12月5日达成调解协议：曾某某赔偿许某某等四人各项经济损失合计111万元，扣除曾某某已支付的11万元，曾某某还应赔偿100万元。

【裁判结果】

福建省厦门市思明区人民法院于 2023 年 10 月 19 日作出（2023）闽 0203 民初 15176 号民事判决：驳回曾某某的全部诉讼请求。

宣判后，曾某某不服，提出上诉。福建省厦门市中级人民法院于 2023 年 12 月 27 日作出（2023）闽 02 民终 8309 号民事判决：驳回上诉，维持原判。

【裁判理由】

法院生效裁判认为：双方争议焦点在于案涉车辆的驾驶员潘某某是否转化为案涉交强险及商业三者险保险合同中的“第三者”，某保险公司是否应承担保险赔偿责任。

依据《机动车交通事故责任强制保险条例》《中国保险行业协会机动车商业保险示范条款（2020 版）》规定，商业第三者责任险的赔偿对象为被保险人或其允许的驾驶人在使用被保险机动车过程中发生意外事故而遭受人身伤亡或财产直接损毁的第三者，该第三者不包括被保险机动车本车车上人员、被保险人。从第三者责任险的设置目的来看，是为确保受害人作为第三者因意外事故受到损害时能够从保险人处获得救济，是为不特定的第三人利益而设立的合同。

本案中，驾驶员潘某某下车检查车况，并未将驾驶工作移交他人，其检查车况系正常履行驾驶人员的职责，潘某某的身份并未从“车上人员”转化为“第三者”。所谓“车上人员”与“车外人员”的区别是比较固定的，车上人员脱离本车的，不存在“转化”为第三人的问题，潘某某仍属于“车上人员”。潘某某的身份也即被保险人，其因轮胎爆炸造成颅脑损毁死亡，不属于交强险及商业三者险的理赔范围。案涉事故发生后，交警部门认定事故基本事实无法查明、成因无法判定，仅出具交通事故证明书，未认定驾驶人潘某某的交通事故责任。故潘某某受到损害而产生的事故责任不构成保险责任，曾某某以其承担的提供劳务者受害责任主张本案应予理赔没有事实依据。因此，曾某某请求某保险公司支付交强险及商业三者险项下保险金的诉讼请求无事实与法律依据，不予支持。

【案例注解】

本案涉及机动车交通事故责任强制保险和商业第三者责任保险中“第三

者”的认定问题，特别之处在于当“本车人员”由于空间变化成为“车外人员”时，被保险机动车发生道路交通事故造成该人员伤亡，是否能将其认定为交强险和商业三者险中的“第三人”，由保险公司承担保险责任。

一、责任保险产生的背景及种类

十九世纪下半叶，随着工业化浪潮的蓬勃发展，工伤事故大量涌现，工业生产在创造大量社会财富的同时，也给社会大众带来了更大规模的不可预见的危险，其带来的损失负担逐渐超出了雇主的承受范围，严重阻碍了社会经济的发展。于是雇主通过向保险人缴纳保险费，出现工伤事故后直接由保险人向受害劳工赔付的方法，将单个企业的责任分摊到社会层面。此举不仅可以节省雇主的事故处理成本，而且可以减少雇主的事故费用支出。在此基础上，责任保险应运而生。

责任保险，是指以被保险人对第三者依法应负的赔偿责任为保险标的的保险。① 责任保险的承保方式有两种，一种是作为其他保险的组成部分或附加部分承保，不作为主要险别单独承保，如汽车保险中的第三者责任险、船舶保险中的碰撞责任险等。另一种是作为主要险别单独承保。其形式有公众责任保险、产品责任保险、雇主责任保险、职业赔偿保险即职业责任保险等。② 本案即涉及汽车保险中的第三者责任险。

如上所述，机动车交通事故责任强制保险，是典型的第三者责任险。《机动车交通事故责任强制保险条例》第三条规定：“本条例所称机动车交通事故责任强制保险，是指由保险公司对被保险机动车发生道路交通事故造成本车人员、被保险人以外的受害人的人身伤亡、财产损失，在责任限额内予以赔偿的强制性责任保险。”第二十一条第一款规定：“被保险机动车发生道路交通事故造成本车人员、被保险人以外的受害人人身伤亡、财产损失的，由保险公司依法在机动车交通事故责任强制保险责任限额范围内予以赔偿。”

二、第三者责任保险中的“第三者”的界定

中国保险监督管理委员会③《机动车辆保险条款解释（2000）》④ 第二条第二项规定：“在保险合同中，保险人是第一方，也叫第一者；被保险人或使

---

① 参见《保险法》第六十五条第四款。

② 参见百度百科：责任保险，https：//baike. baidu. com/item/% E8% B4% A3% E4% BB% BB% E4% BF% 9D% E9% 99% A9/3571229，2024 年 10 月 16 日访问。

③ 根据《第十三届全国人民代表大会第一次会议关于国务院机构改革方案的决定》，撤销中国保险监督管理委员会，组建中国银行保险监督管理委员会。

④ 已失效。

用保险车辆的致害人是第二方，也叫第二者；除保险人与被保险人之外的，因保险车辆的意外事故致使保险车辆下的人员或财产遭受损害的，在车下的受害人是第三方，也叫第三者。同一被保险人的车辆之间发生意外事故，相对方均不构成第三者。”《最高人民法院关于当前商事审判工作中的若干具体问题》载明：“正确认定第三者责任保险中的‘第三者’。应当按照合同法第一百二十五条第一款①规定的合同解释方法来确定保险格式条款中‘第三者’的范围。如仍存在两种以上解释的，应当按照保险法第三十条规定作出有利于被保险人的解释。”因此，对于第三者责任险中“第三者”范围的界定，既不能随意缩小，以免限制该制度填补损失、保障权益功能的发挥，亦不能突破现有法律框架。

三、机动车驾驶员是否可以转化为第三者责任保险中的“第三者”

（一）保险合同的设立目的

责任保险旨在通过订立责任保险合同，将被保险人可能承担的潜在的民事赔偿责任转化为责任保险的保险标的，补偿被保险人作为加害人承担民事赔偿责任而遭受的损失，进而为受害人提供保障。驾驶员作为机动车行驶过程中的操作者，决定了其对危险的掌控地位，过度扩张“第三者”的范围，可能会造成整个制度不堪重负，将不合理的危险损失分摊到保险公司身上，反倒不利于多数受害人的赔偿，至于驾驶员遭受的损失亦可以通过其他险种或法律予以保护，从而保障整个保险体系的平衡与功能发挥。

（二）侵权责任的构成要素

责任保险体系是以侵权责任的认定为基础的，第三者限于对被保险人享有侵权损害赔偿请求权的人。根据《民法典》的规定，不管是过错责任还是无过错责任，侵权责任调整的是侵权人与受害人之间的法律关系，驾驶员是否可以转化为本车第三者的问题，就面临“自己对自己侵权”“自己赔偿自己”的尴尬境地。根据侵权法的基本原理，任何危险作业的直接操作者不能构成此类侵权案件的受害人。当他们因此受到损害时，应基于其他理由（如劳动安全）请求赔偿。

综上所述，应以驾驶人对危险的控制力作为标准进行判断。驾驶人负有安全驾驶的义务，对驾驶机动车的潜在风险应当明确并具有掌控力，只有当其丧失对危险的掌控力时才存在转化的可能。

---

① 对应《民法典》第四百六十六条第一款：“当事人对合同条款的理解有争议的，应当依据本法第一百四十二条第一款的规定，确定争议条款的含义。”

（三）驾驶员是否可以转化为第三者的典型情况分析

1. 驾驶员正常下车后因本车伤亡。驾驶员如果系临时下车检查车辆、排查故障等，其应尽义务和承受的风险不因临时性的停靠车辆而有所改变，且其主观上并无结束驾驶过程的意思，仍是在履行驾驶人职责，应认定为驾驶行为的合理延伸，不能因其暂时地与机动车运行在空间上的脱离即机械地认为其已经不是本车人员。

2. 驾驶员非因正常情况脱离车辆后伤亡且未有其他第三方因素介入。比较常见的情况是驾驶员被甩出车外后因碰撞或被本车碾压导致伤亡，从危险发生到损害后果出现是一个连续的过程，因为并未有其他因素的介入，驾驶员的伤亡结果可以看作是初始危险的延伸状态，而根据近因原则，驾驶员的伤亡可以归结于初始危险，此时驾驶员并未失去对车辆的掌控和对危险的掌控，不能成为自己的侵权人。

3. 驾驶员正常下车后因第三方车辆撞击本车进而碰撞、碾压驾驶员致伤亡。第三种情况是一种非常特殊的类型，司法实务中亦存在类似案例。在这种情况下，第三方车辆和本车的共同作用是导致驾驶员伤亡的原因，由于介入了其他车辆的因素，导致伤亡结果发生的危险已经超出了驾驶员的掌控范围，故笔者倾向于在此种情况下驾驶员可以转化为本车的第三者。

本案中，驾驶员潘某某下车检查车况，并未将驾驶工作移交他人，其检查车况系正常履行驾驶人员的职责，潘某某的身份并未从“车上人员”转化为“第三者”。此时，潘某某的身份也即被保险人，其因轮胎爆炸造成颅脑损毁死亡，不属于交强险及商业三者险的理赔范围。案涉事故发生后，交警部门认定事故基本事实无法查明、成因无法判定，仅出具交通事故证明书，未认定驾驶人潘某某的交通事故责任。故潘某某受到损害而产生的事故责任不构成保险责任，曾某某以其承担的提供劳务者受害责任主张本案应予理赔没有事实依据。因此，曾某某请求某财险公司支付交强险及商业三者险项下保险金的诉讼请求无事实与法律依据，法院不予支持。

（**一审法院独任审判员**　邱福香
二审法院合议庭成员　孙　仲　胡林蓉　周宗良
编写人　福建省厦门市思明区人民法院　邱福香
责任编辑　韩　煦
审稿人　刘　敏）

某商贸公司诉某银行侵权责任纠纷案

——金融机构履行告知说明义务和如实宣传义务的认定标准

关键词：商事　侵权责任　如实宣传义务　告知说明义务　缔约过失责任

【裁判要旨】

1. 金融产品销售机构应向投资者履行告知说明义务，并就其已及时、全面、完整、充分地向投资者披露风险承担举证责任，否则由销售机构承担违反告知说明义务的赔偿责任。

2. 金融产品销售机构应向投资者履行适当宣传义务，尤其是销售机构应审慎审查产品发行机构提供的推介材料中是否存在夸大、不当、虚假宣传的内容，销售机构未审查即将推介材料用以向投资者进行产品宣传，销售机构应就推介产品时不当宣传导致投资者的损失承担赔偿责任。

3. 金融产品销售机构违反告知说明义务、适当宣传义务应承担缔约过失责任，赔偿范围与私募基金是否已清算不具有必然联系。当私募基金实质上无法收回投资成本时，应认定损失已实际产生，并由销售机构根据因果关系径行赔偿，重复获偿问题可另行解决。

【相关法条】

《中华人民共和国民法典》

第一千一百六十五条第一款　行为人因过错侵害他人民事权益造成损害的，应当承担侵权责任。

【案件索引】

一审：北京市西城区人民法院（2022）京0102民初8480号（2022年6月29日）

二审：北京金融法院（2022）京74民终1137号（2022年10月31日）

【基本案情】

原告（被上诉人）某商贸公司诉称：2011 年 7 月，某银行在向某商贸公司销售某基金时，未对某商贸公司进行风险评估，在不了解某商贸公司风险偏好和承受能力的情况下将案涉产品包装成某银行自营金融产品，并采取夸大管理人投资背景、承诺可获得 5～7 倍收益率等方式，促使某商贸公司基于错误认识购买了某基金。至起诉时，某基金已超过最长存续期限，投资款项未能如期收回，应认定为某商贸公司的损失已经确定。请求法院判令：（1）某银行赔偿某商贸公司本金损失 20833663.36 元及利息损失；（2）某银行承担某商贸公司为本案花费的律师费 10 万元；（3）某银行承担本案诉讼费。

被告（被上诉人）某银行辩称：不同意某商贸公司的诉讼请求。（1）某银行仅系某基金的推介机构及资金代理收付机构，而非代理销售机构，其提供的是项目推介和资金代理收付服务，双方之间不存在金融产品的销售或代理销售的法律关系，故某银行无须承担销售机构负有的适当性义务，不承担私募基金项下任何还款或赔偿责任，不就私募基金向投资者应划付的资金承担任何担保责任。（2）某银行已依法履行自身全部义务。首先，某银行未实施任何违法行为。某基金销售时间是 2011 年 7 月，当时法律法规并没有合格投资者、金融机构适当性义务的相关规定，某银行未违反推介时的诚信及注意义务，案涉基金无须进行硬性风险测评；某银行从未承诺固定收益率，亦不存在夸大、虚假宣传的行为，相关收益率的表述及资料均来源于基金管理人；某银行作为推介机构及资金代理支付机构，已依法对投资者履行了风险告知说明义务，某商贸公司已签署《投资人申明书》《风险提示》等，其中均明确载明投资者了解私募股权投资基金风险并自担风险。（3）某基金至今尚在经营并未清算，投资人是否存在损失及损失的具体数额尚无法确定。（4）某银行不存在侵权的主观过错，某商贸公司的投资如果受到损失是正常的商业风险，或者可能是案涉基金普通合伙人的行为不当所致，与某银行的推介行为无任何因果关系。

法院经审理查明：2011 年 7 月 28 日，某银行与基金管理人签订《业务合作合同》约定，某银行将向基金管理人提供推介私募股权投资有限合伙企业项目的业务推介网络与渠道。

2011 年，包括某商贸公司在内的 49 名投资人与基金管理人签订《合伙协议》投资某基金，某商贸公司投资金额为 20833663.36 元。某基金一直投资于矿产资源项目，至今仍以持股方式投资于 9 家矿业公司。某商贸公司提交基金周期报告、工商登记信息等证明上述项目经营情况均已陷入困境。某基金至今未清算。

关于推介宣传。2011 年 7 月 25 日，某银行举行了某基金的产品介绍和推介会，会上向投资者推介的《募集说明书》中载明：某基金规模为10亿元；目标回报为预计回报4～5倍；期限为5+2年（2年投资+3年管理和退出+2年增补）；首批资金募集截止日为2011年8月；管理费为每年2%；管理公司奖励分成为盈利部分的20%，分成的门槛收益率为10%；投资额度为原则上不超过基金总认缴金额的15%。某银行主张，其为完成某基金的推介工作，以基金管理人提供的募集说明书及基础资料为依托，组织开展了以某银行私人银行客户为对象的非公开路演活动，活动主讲人及介绍资料均来源于基金管理人，且基金管理人亦向投资者提示风险，明确某基金可能存在风险及损失，故某银行从未有公开路演、5～7倍收益率等虚假宣传行为。

关于风险提示。(1)《投资人声明书》中载明，本人向基金管理人认缴出资并签署《有限合伙协议》前，已经充分阅读了某银行在本声明书上所附的《风险提示》，并充分研究了与认缴出资、风险提示相关的所有法律性文件，了解相应的投资风险，自主作出投资决策，自愿承担认缴出资的投资风险。《风险提示》中提示了市场、政策、流动性、管理风险等。《投资人声明书》落款处有某商贸公司加盖公司公章和法定代表人人名章、法定代表人签字，但落款处无日期。(2）某银行提交《风险提示确认函》主张在投资人认购某基金前，基金管理人向其提示了风险。该《风险提示确认函》落款处有某商贸公司加盖公司公章和法定代表人人名章、法定代表人签字，落款处无日期。由上，某商贸公司主张，某银行在向某商贸公司推介某基金时并未对其进行风险提示，该《投资人声明书》是某银行员工在事后前往某商贸公司让某商贸公司员工补签的，不能据此认定某银行尽到风险提示义务。

【裁判结果】

北京市西城区人民法院于2022年6月29日作出（2022）京0102民初8480号民事判决：一、被告某银行于本判决生效之日起十日内赔偿原告某商贸公司经济损失人民币2083366.33元；二、驳回原告某商贸公司的其他诉讼请求。

宣判后，某银行不服，提出上诉。北京金融法院于2022年10月31日作出（2022）京74民终1137号民事判决：驳回上诉，维持原判。

【裁判理由】

法院生效裁判认为：(1）某银行代理销售私募基金产品某基金，构成代理销售行为。(2）某银行未审慎履行如实宣传义务、告知说明义务，存在不当宣传的行为。关于未履行如实宣传义务。《募集说明书》载明“目标回报：预计4～5倍”，虽未明确保本保收益，但该表述的上下文均未提示该回报率仅系管理人的目标，未告知投资后可能无法实现，甚至无法收回本金等，某银行未审慎审查某基金的推介材料中是否存在夸大、不当、虚假宣传的内容即推介，应认定未履行如实宣传义务。关于未履行告知说明义务。案涉《投资人声明书》及《风险提示》中虽有某商贸公司签章，但未签署时间，无证据证明某银行告知说明行为发生于某商贸公司投资购买前。某银行未能妥善保管其提示风险的相关记录，亦未能举证其及时向客户告知说明了金融产品的风险等具体情况，应承担举证不能的不利后果。（3）某银行应承担的赔偿范围。现阶段虽案涉私募基金未清算，但销售期间销售者承担的侵权责任，不以基金清算为前提。同时，侵权责任赔偿范围应以损失弥补为限，故若某银行在本案进行赔偿后，某商贸公司因某基金分配、清算而出现重复获偿，双方可另诉解决。故，综合2011年的行业背景、法律法规、监管规定、某商贸公司的投资能力，双方的过错程度等，酌定某银行按照某商贸公司投资金额10%的标准（即2083366.33元）对投资者进行适当赔偿。

【案例注解】

本案是金融机构销售金融产品时的如实告知义务的典型案例，各方当事人立场鲜明，涉及的焦点问题具有代表性和典型性。如实宣传义务与告知说明义务系卖方机构天然应尽的义务，如卖方未审慎审查产品发行机构提供的推介材料中是否存在夸大、不当、虚假宣传的内容，未向金融消费者及时、全面、充分地披露投资风险导致金融消费者投资损失的，应承担相应的赔偿责任。本案明确了金融产品卖方机构应当承担如实宣传义务与告知说明义务，并就如何厘清如实宣传义务、告知说明义务的履行标准进行了梳理，就损失分担应考量的因素和规则进行了明确，为保护金融消费者提供了重要的分析样本。

一、金融销售机构告知说明义务的时效性要求

金融市场上的信息不对称，加之投资者自身的知识和能力局限，使得投资者在购买投资性金融产品时往往难以直观地理解其中的风险，其主要依赖于金融产品销售机构的说明，该告知说明义务往往基于投资者对金融机构的信赖。① 因此，要求金融机构充分告知投资风险，让投资者能够真正了解产品和服务的投资风险和收益，确保投资者在充分了解投资标的及其风险的基础上作

① 冯辉：《实质法治理念下金融机构适当性义务的法律构造》，载《法学》2022年第7期。

出自主决定，系对金融消费者知情权保护的应有之义。告知说明义务的履行是金融投资者能够真正了解各类高风险等级金融产品或者高风险等级投资活动的投资风险和收益的关键，案件审理中应当根据产品、投资活动的风险和金融投资者的实际情况，综合理性人能够理解的客观标准和金融投资者能够理解的主观标准来确定卖方机构是否已经履行了告知说明义务。

告知说明义务的履行有严格的时效性。① 金融销售机构的告知说明义务应在金融产品销售、推介阶段，即双方缔约时进行实质性履行，且强调及时性、全面性、完整性。② 风险告知说明的履行难以通过事后补充提供来弥补，事后补签等做法就错失了事前保护投资者选择是否承担此投资风险的风险防范意义。而且，销售产品过程中的不当行为难以在购买产品后治愈，甚至导致金融投资者无法退出、难以收回投资的局面。因此，风险告知说明的时效性，应在金融产品购买之前，而非在金融产品开始投资运作之后再进行。

金融销售机构对于是否履行了告知说明义务承担举证责任。由于金融交易的复杂性和专业性，金融投资者在自身获取证据能力方面客观上存在不足，难以举证证明卖方机构在推介时存在不当行为；卖方机构承担举证责任具有现实可行性，金融机构对于销售产品的资料更具有妥善记录、保管、留存的能力。同时，风险告知是卖方机构应尽义务，卖方机构主张其已进行风险告知说明，应当由其承担举证责任，符合举证责任分配的要求。销售机构不能提供其已向金融投资者告知产品的收益和主要风险因素等相关证据的，应当承担举证不能的法律后果。③

此外，在举证责任分配的基础上，强调销售机构应当在销售阶段实质性履行告知说明义务，在诉讼中，销售机构的免责抗辩基础是“积极作为”没有影响投资者的决策，而非对告知说明义务的“不作为”。案件审理中，销售机构常强调金融产品发行人已尽风险的告知说明义务，其无须再进行告知说明，应由销售机构举证证明发行人及时、全面地履行情况；投资者主张销售机构的风险告知不到位，未全面、完整地告知风险，销售机构常抗辩风险提示文件由金融产品发行人提供应由发行人承担责任，此时，销售机构应积极主动进行风险告知，在向投资者销售推介产品时，应当审慎审查发行人提供的全部文件，发行人风险告知不到位的情况下，销售机构应当及时补充或完整告知风险。

本案中，某银行作为卖方机构应当对其全面、适当、及时地进行了风险告

---

① 彭真明、殷鑫：《论金融消费者知情权的法律保护》，载《法商研究》2011 年第 5 期。

② 葛翔：《金融产品销售中告知说明义务与适当性义务——从缔约阶段切入》，载《地方立法研究》2022 年第 2 期。

③ 冯辉：《实质法治理念下金融机构适当性义务的法律构造》，载《法学》2022 年第 7 期。

知说明承担举证责任。而某银行并未提交证据证明上述《投资人声明书》的签署时间，其提交的《风险提示确认函》亦无签署时间，即某银行未能举证证明其及时地向客户告知说明了金融产品的风险等具体情况。因此，认定某银行未及时、全面、完整地进行风险告知说明，应当承担相应责任。

二、金融销售机构如实宣传义务的勤勉尽责要求

普通金融消费者认知能力有限，往往因卖方机构的推介而选择金融产品，因此卖方机构在向客户推介产品时，应当向金融消费者全面、准确、及时、透明地披露金融产品或服务的真实全面信息，既要求披露时间的持续性，即投资“前、中、后”三个阶段，又要求披露内容的完整性，不得作引人误解的虚假宣传。[①] 尤其应当注意的是，商业银行等金融销售机构为客户提供理财等金融服务，具有高度技术性、专门性和智力判断性，由此使得客户与商业银行等金融机构之间具有高度的信赖关系，此种信赖关系要求金融机构具有高度的谨慎勤勉和规范的自律机制，故金融机构应尽到与客户信赖相符的为客户利益而行为的多层次、多类型的义务。

商业银行等金融销售机构代理销售金融产品时，应当审慎审查金融产品本身及相关推介材料并及时告知金融投资者投资风险，保护金融投资者的合法权益，规范卖方机构的经营行为，推动形成公开、公平、公正的市场环境和市场秩序。金融销售机构对于推介材料内容适当性承担举证责任。案件审理中，销售机构往往主张金融产品的推介材料系由金融产品发行人提供，应由金融产品发行人承担责任。对此，销售机构作为金融产品的代理销售机构、推介会等推介方式的组织方，销售机构有义务也有能力对发行人出具的金融产品宣传材料进行谨慎审查，当宣传材料存在不合法、不合规、不合理的情况时，销售机构不应依据该不恰当的宣传材料开展宣传活动。同时，销售机构作为专业的金融机构，较之金融投资者更有能力审查推介材料的合理性。

本案中，案涉宣传材料中表述为“目标回报：预计 4 ~ 5 倍”，亦未告知基金运行中可能无法达到该回报率甚至可能完全无法收回本金等，且无对私募股权基金高风险的明确且详细的提示。投资人通过上述表述可能产生认知为预期 4 ~ 5 倍收益率，即使达不到 4 ~ 5 倍收益率，产生较好收益也有极大可能性。因此，作为销售者的某银行在推介过程中存在不当宣传行为。

法院审查销售机构是否履行如实宣传义务时，侧重以下三个方面：一是推介材料由哪一方提供；二是销售机构是否审慎审查了推介材料内容的合理性及风险提示的及时性、完整性；三是投资者对于推介行为非销售机构所为是否知

① 彭真明、殷鑫：《论金融消费者知情权的法律保护》，载《法商研究》2011 年第 5 期。

情。本案中，虽然某银行主张案涉推介活动主讲人及介绍资料均来源于基金管理人，不应由其承担责任。但是，现有证据并未明确证明案涉《募集说明书》系基金管理人提供，亦不能证明某银行对宣传材料进行了审查或要求基金管理人提供证明回报率的依据。某银行对理财产品回报率能否达到“4～5倍”应当是有高于投资人的认知的，完全可以在推介中向投资人进行具体的风险提示；此外，某银行并未提交证据证明某商贸公司作为银行客户，了解宣传材料系由基金管理人提供，且由基金管理人承担责任。因此，某银行对于上述不当宣传行为存在过错，某银行应承担不当宣传导致的损害赔偿。

三、金融产品销售阶段的责任承担不以清算为必须前提

对于违反告知说明应属缔约过失责任抑或侵权责任虽存在争议，但二者实际都应建立在损失存在的基础上。在侵权案件中，行为人因其过错而承担相应的赔偿责任，责任分担应当按照过错比例进行，并以损失弥补为原则。

适当性义务、告知说明义务、如实宣传义务的履行，是为保障金融消费者对金融销售机构、发行人、管理人等的信赖利益。当金融销售机构违反适当性义务、告知说明义务、如实宣传义务，对金融消费者利益造成损害，若将赔偿责任强制要求置于清算之后，此时过错后果将由投资者先行承担，不利于金融消费者权益的保护。同时，在私募股权基金“清算难”的时代背景下，清算前置亦不利于督促基金管理人等积极推动基金等金融产品的清算，更有损金融消费者对投资时效的期待，有悖于金融市场良好、有效秩序的建立。因此，金融销售机构违反上述义务造成金融消费者财产损失的，应承担相应的赔偿责任，该赔偿责任的承担不以私募股权基金等金融产品的清算为前提。

应注意的是，无论缔约过失责任抑或侵权责任，赔偿范围均应以损失弥补为限，因此若销售机构赔偿后，金融投资者因私募基金等金融产品分配、清算而出现重复获偿的情况，双方可另行解决。

（**一审法院独任审判员** 刘茜倩
二审法院合议庭成员 李默菡 周 易 李 楠
编写人 北京市西城区人民法院 刘茜倩 郭冬冬
责任编辑 韩 煦
审稿人 刘 敏）

李某诉某保险公司人身保险合同纠纷案

——人身保险合同中对于重大疾病治疗方式限制条款的效力认定

关键词：商事　人身保险合同　限制治疗方式　合理性　效力认定

【裁判要旨】

人身保险合同中，以限定治疗方式来限制被保险人获得理赔的权利、免除保险人保险责任的格式条款，不具有合理性，应属无效。

【相关法条】

《中华人民共和国保险法》

第十九条　采用保险人提供的格式条款订立的保险合同中的下列条款无效：

（一）免除保险人依法应承担的义务或者加重投保人、被保险人责任的；

（二）排除投保人、被保险人或者受益人依法享有的权利的。

第二十三条第一款　保险人收到被保险人或者受益人的赔偿或者给付保险金的请求后，应当及时作出核定；情形复杂的，应当在三十日内作出核定，但合同另有约定的除外。保险人应当将核定结果通知被保险人或者受益人；对属于保险责任的，在与被保险人或者受益人达成赔偿或者给付保险金的协议后十日内，履行赔偿或者给付保险金义务。保险合同对赔偿或者给付保险金的期限有约定的，保险人应当按照约定履行赔偿或者给付保险金义务。

【案件索引】

一审：上海市松江区人民法院（2022）沪 0117 民初 12818 号（2023 年 1 月 9 日）

二审：上海金融法院（2023）沪 74 民终 365 号（2023 年 5 月 22 日）

【基本案情】

原告（被上诉人）李某诉称：2019 年 12 月起至 2022 年 7 月，其一直通过“某网约车”平台在某保险公司处投保“安康相伴疾病保险”（点滴保）重大疾病保险，缴费方式按照其在“某网约车”平台上的日运营单数每日扣款一次，每日最低缴费人民币 1 元（以下币种同），保险金额按照每缴费 1 元增加 1000 元累积计算。2022 年 5 月 15 日，李某突发胸主动脉夹层 B 型疾病，在某医院住院进行胸主动脉手术治疗。事故发生后，李某向某保险公司申请保险金理赔，某保险公司于 2022 年 7 月 7 日作出《拒赔/拒付通知书》，告知李某所患的疾病不在合同约定的保险责任范围内，拒绝赔偿保险金。李某为维护自身合法权益，遂提起诉讼。请求法院判令：某保险公司给付李某保险理赔款 41 万元。

被告（上诉人）某保险公司辩称：李某通过电子投保在某保险公司处投保点滴保重大疾病系列保险，对投保金额 41 万元予以确认。双方保险合同第 9. 3. 25 条约定了投保重大疾病范围，并明确约定未开胸等情形不在保险范围内。确认李某所患疾病属于主动脉疾病，但李某接受的手术属于微创治疗介入手术，并非开胸开腹手术，故不属于保险责任范围，请求法院驳回李某的诉讼请求。

法院经审理查明：2019 年 12 月 12 日至 2022 年 7 月 30 日期间，李某在某保险公司处投保“点滴保・重大疾病保障”。重大疾病保险 A 款条款第 2. 1 条约定，被保险人自获得被保资格之日起发生以下情况之一，并在保险期间内被专科医生（见释义）确诊为本保险合同约定的重大疾病（见释义）中的一种或多种，保险人依照本保险合同项下该被保险人的重大疾病保险金额给付重大疾病保险金，对该被保险人的保险责任终止：（1）被保险人遭受意外伤害（见释义），并在保险期间内因该意外伤害造成本保险合同约定的一种或多种重大疾病首次发病（见释义）；（2）被保险人经过本保险合同约定的等待期（见释义）后，在保险期间内首次发病。保险条款第 9. 3 条约定，重大疾病是指符合下列定义的疾病或被保险人首次接受符合下列定义的手术……第 9. 3. 25 条，主动脉手术，指为治疗主动脉疾病或主动脉创伤，已经实施了开胸（含胸腔镜下）或开腹（含腹腔镜下）进行的切除、置换、修补病损主动脉血管、主动脉创伤后修复的手术。主动脉指升主动脉、主动脉弓和降主动脉（含胸主动脉和腹主动脉），不包括升主动脉、主动脉弓和降主动脉的分支血管。所有未实施开胸或开腹的动脉内介入治疗不在保障范围内。

2022 年 5 月，李某经某医院诊断患有胸主动脉夹层 B 型疾病。后李某接受治疗。出院小结记载："入院后完善各项检查，明确诊断如上，手术指征具备，经充分术前调养后，于2022年5月30日在全身麻醉下行胸主动脉支架置入术+左侧锁骨下动脉覆膜支架置入术+左侧锁骨下动脉球囊血管成形术+降主动脉造影术，术中诊断为胸主动脉夹层，高血压病3级（极高危），肾功能不全……"

后李某向某保险公司申请理赔。2022年7月7日，某保险公司向李某发出拒赔/拒付通知，表示李某于2022年5月5日确诊疾病不属于合同约定的保险责任范围，故不同意赔付保险金。

【裁判结果】

上海市松江区人民法院于2023年1月9日作出（2022）沪0117民初12818号民事判决：被告某保险公司于本判决生效之日起十日内偿付原告李某保险理赔款41万元。

宣判后，某保险公司不服，提出上诉。上海金融法院于2023年5月22日作出（2023）沪74民终365号民事判决：驳回上诉，维持原判。

【裁判理由】

法院生效裁判认为：本案的争议焦点在于李某为治疗胸主动脉夹层B型疾病而实施的"胸主动脉支架置入术+左侧锁骨下动脉覆膜支架置入术+左侧锁骨下动脉球囊血管成形术+降主动脉造影术"是否属于案涉保险合同约定的重大疾病的保险范围。

首先，"所有未实施开胸或开腹的动脉内介入治疗不在保障范围内"的约定属于免责条款。从案涉保险合同条款第9.3条对重大疾病的定义"重大疾病是指符合下列定义的疾病或被保险人首次接受符合下列定义的手术"来看，该定义系通过疾病描述或手术种类对"重大疾病"的保险范围进行了限定。就9.3.25条"主动脉手术"，保险条款约定：主动脉手术，指为治疗主动脉疾病或主动脉创伤，已经实施了开胸（含胸腔镜下）或开腹（含腹腔镜下）进行的切除、置换、修补病损主动脉血管、主动脉创伤后修复的手术；主动脉指升主动脉、主动脉弓和降主动脉（含胸主动脉和腹主动脉），不包括升主动脉、主动脉弓和降主动脉的分支血管；所有未实施开胸或开腹的动脉内介入治疗不在保障范围内。故就主动脉手术而言，该条款系以手术种类确定保险范围，并以手术方式来限缩手术种类，将"介入治疗"排除在了保险责任范围之外。即当罹患主动脉疾病后，如选择通过介入手术的方式治疗而非开胸、开腹或腔镜手术的方式治疗，则不属于保险人责任范围。随着医疗技术的不断更新，现代医学手术种类多样，本案中，李某所接受的“介入治疗”亦属于手术的一种。基于医学的专业性，各种医学术语晦涩难懂，普通人在投保时确实难以辨别和理解。本案保险责任范围的限定方式，将重大疾病与其具体的治疗方式相联系，免除了特定治疗方式下保险人的保险责任，超出了以疾病症状的解释和描述来定义重大疾病的通常理解，应当属于格式化的免责条款。

其次，某保险公司未就免责条款履行明确说明义务。根据《保险法》第十七条第二款的规定，在订立保险合同之前，拥有专业技术优势的保险人应当对涉及对方当事人重大利益的免责条款履行提示和明确说明义务，向投保人提示、说明保险合同格式条款的真实含义，未作提示或者明确说明的，该条款不产生效力。本案中，李某系通过网络方式订立保险合同，某保险公司并未提交李某网络投保操作轨迹的记录，未举证证明李某在投保时对保险人履行了明确说明义务进行过确认，故难以认定某保险公司向李某履行了提示和明确说明义务。案涉保险条款虽就“所有未实施开胸或开腹的动脉内介入治疗不在保障范围内”进行了加粗字体作出提示，但根据某保险公司提交的同险种当前的网络投保录屏中显示，在案涉险种网络投保时，点击阅读保险条款并非投保的必要步骤，投保人是否点击阅读保险条款并不影响保险关系的成立。且仅以加粗字体提示，实难达到使投保人了解保险合同中的相关术语含义的程度，从而导致被保险人、受益人在保险事故发生后得不到预期的保险保障。故该免责条款对李某不产生效力。

最后，保险条款以限定治疗方式约定保险责任范围，排除了被保险人选择治疗方式的基本权利。被保险人拥有选择并享受现代医疗技术进步带来的治疗方式普遍优化提升的权利。对于不幸罹患重大疾病的被保险人来说，在达成同样治疗目的的情形下，选择风险较低、对自身损害较小、符合自身身体条件的治疗方式是人之常情，也符合趋利避害的一般生活法则。李某所患主动脉疾病目前的手术治疗方式包含传统开放手术、腔镜手术和介入手术，不同的治疗方式有各自的适应证和禁忌证，而非简单以疾病严重程度来确定治疗方式。本案中，对李某而言，通过主动脉支架置入术的介入治疗方式相较其他治疗方式更有利于降低手术风险、减轻病人痛苦，也更符合其个人身体情况和意愿，并未增加保险人的保险风险，故其有权选择更有利于自己的介入治疗方式进行治疗。随着医学技术的进步，疾病治疗方式不断革新，许多原先需要开胸、开腹的手术，已被腔镜、介入手术所取代，保险人以被保险人投保时的治疗方式来限定被保险人患重大疾病时的治疗方式不符合医学发展规律，也排除了被保险人享有的对疾病治疗方式的选择权。故根据《保险法》第十九条的规定，某保险公司以限定治疗方式来限制李某获得理赔的权利，免除自己的保险责任，该条款应认定无效。

综上，李某所患疾病属于案涉保险合同约定的重大疾病的保险范围，某保险公司应按约承担保险责任。

【案例注解】

本案的争议焦点为人身保险合同中限制医疗方式条款的法律效力认定问题。以下，结合本案案情，从重疾险中限制治疗方式的合理性判断、限制治疗方式条款的效力认定以及有效格式条款的审查标准三个角度进行深入分析。

一、重疾险中限制治疗方式条款的合理性判断

（一）保险合同多以格式合同形式出现

保险是一种用以对冲风险可能带来伤害和损害的机制，是为人们解除遭遇风险后对经济损失的补偿机制。保险功能，是保险的基本功能，是保险行业的独特优势，也是保险业安身立命的基石。保险的功能，应当回归保险的保障性，应将保险合同归入偶然合同或不确定合同。[①] 保险合同多以格式合同的形式呈现，即保险人为了重复使用而预先拟定，且在签约时不与相对方进行协商。投保人只能被动地整体性接受，或者不与之签订该合同。保险合同的条款在保险公司长年累月的业务发展、实践中不断改进完善，逐步规范化乃至定型化。同时，从条款的衍变过程也可映射出保险业的发展动态及投保人对保险的需求方向。

（二）限制性条款的合理性分析

保险公司在签订保险合同时，通常会根据被保险人的风险状况、保费金额等因素进行评估，并制定相应的赔付政策和限定条件。这样可以保证保险公司的经营风险和财务稳定，同时也可以避免潜在的欺诈和滥用保险的情况。格式合同在保险行业中被广泛适用，可有效减少双方对内容的磋商时间，提升合同签订的效率，有利于保险行业的快速发展。在重大疾病保险中，一些保险公司会以制定限制性条款作为承保的范围。例如，保险人通过对重大疾病的定义进行解释说明，将其承保的风险范围具体到保险条款中约定的限制性条件，以有效控制过度医疗、防范保险诈骗。从保险行业发展的角度而言，限制治疗方式条款的出现及适用，本身具有合理性。但是具体条款是否有效还需要以合理必要为原则，结合案件具体分析。

① 叶林、郭丹：《保险本质和功能的法学分析》，载《法学杂志》2012 年第 8 期。

（三）限制治疗方式条款的不合理性认定

本案的“主动脉疾病”属于中国保险行业协会发布的《重大疾病保险的疾病定义使用规范》中明确要求应当提供保障的“重大疾病”之一。案涉保险条款第9.3条约定了重大疾病定义，其中第9.3.25条对主动脉定义的约定实际是对手术治疗方式的限制，并非对疾病症状及特征的客观描述。治疗方式是指消除疾病的医疗措施，与疾病定义本身系不同概念范畴。虽然保险条款限定手术方式为开胸或开腹进行，但随着血管腔内技术和支架材料不断发展，医疗机构针对主动脉夹层更多地使用具有创伤小、出血少、恢复快、死亡率低等优点的覆膜支架隔绝术。与开胸、开腹等传统开放手术相比，该术式还降低了围手术期并发症发生率。被保险人在医院确诊患有主动脉疾病情形下，不论采用开胸方式的手术治疗，还是微创介入方式，是医生和患者之间对于治疗方案的一致选择，其目的均为消除已经确诊的疾患。案涉保险合同的相关条款将手术方式限定为开胸或者开腹，限制了被保险人在紧急情况下接受合理医疗服务的权利。该限制治疗方式条款有违医学标准，将重疾险合同异化为“重大疾病手术险”，使理赔条件发生本质变化，保险产品“名不副实”，有损金融消费者的合法权益。综上，该限制治疗方式的格式条款本身即不具备合理性。

二、不合理限制治疗方式条款的效力问题探究

保险行业发展至今，格式条款已然成为合同内容的典型形式，可由双方协商一致来拟定条款的情况很少发生。在现代商业活动中，保险公司作为营利法人，均以获取高额回报利益为价值追求。因此保险合同中可能存在着不合理的格式条款，对被保险人利益产生严重侵害，有违公平。案涉保险合同中限制治疗方式的条款具有不合理性，对于该条款的效力问题，下文将予以判别。

（一）法律对格式条款是否有效的规定

1.《民法典》中对格式条款无效情形的规定

相较于一般合同条款，格式条款的生效限制更为严格。根据《民法典》第四百九十七条规定，格式条款无效的情形包括：《民法典》相关条文规定的无效情形；提供格式条款一方不合理地免除或者减轻其责任、加重对方责任、限制对方主要权利的；提供格式条款一方排除对方主要权利的。格式条款制作人违反公平原则，不合理地安排当事人之间的权利和义务，导致格式条款显失公平。格式条款提供方排除对方主要权利。“主要权利”需要根据合同的性质予以确定，如果依据合同的性质能够确定合同的主要内容，则应以此确定当事人所享有的主要权利。如果符合上述情形，则该格式条款满足无效的认定条件。

2.《保险法》中对格式条款无效情形的规定

《保险法》第十九条中列出了格式条款无效的情形：免除保险人依法应承担的义务或者加重投保人、被保险人责任的；排除投保人、被保险人或者受益人依法享有的权利的。作为保险合同中的重要组成部分，免责条款起着限制保险责任范围的作用。这意味着保险公司必须在合同中明确告知被保险人，且免责事由和范围必须具有明确性。同时，免责条款必须与被保险人的风险特征和保险合同的内容相符，合理地分摊保险风险。再次，保险合同中的免责条款应当按照被保险人合理的解释标准进行解释。这意味着在争议发生时，法院将根据被保险人的合理解释来判断免责条款的有效性。

3.《民法典》与《保险法》中关于格式条款的适用与选择

对于格式条款无效的认定问题上，《民法典》在《合同法》[①]《最高人民法院关于适用〈中华人民共和国合同法〉若干问题的解释（二）》[②] 的基础上进行了统一和完善。实际上《保险法》第十九条与《民法典》第四百九十七条内容重合度比较高，本案的一、二审法院均以《保险法》第十九条作为裁判的依据，即根据“特别法优于一般法”的原则。案涉限制医疗方式条款内容符合该法律条文规定的情形，故对于该格式条款的性质应依据《保险法》作出认定。

（二）限制治疗方式条款系无效条款

1. 以格式条款无效的构成要件看限制治疗方式条款的效力

（1）限制治疗方式条款免除了保险人应承担的义务。《保险法》第十九条系对格式条款效力的审查判断。从法律条文表述看，其旨在强调保险人所免除的义务及被保险人被排除的权利的法定性。限制治疗方式的条款实际是对保险人履行主要义务的条件限制，从文义上看，限制治疗方式条款的存在实际限缩了保险人的承保范围，似乎并非完全免除了保险人的主要义务，如果被保险人按约接受治疗，完全有可能获得理赔款。然而，治疗方式是指消除疾病的医疗措施，与疾病定义本身系不同概念范畴。保险公司承保的重疾险，应建立在社会普遍认知对于疾病的认知和了解的基础之上，与目前医学上认定的疾病范畴及概念保持一致。本案中，被保险人在医院确诊患有主动脉疾病的情形下，不论采用开胸方式的手术治疗，还是微创介入方式，是医生和患者之间对于治疗方案的一致选择，其目的均为消除已经确诊的疾患。确定为保险合同约定的重大疾病的，保险人应当承担理赔责任，如果强调某种治疗方式能理赔，其他治疗方式不能理赔，这并非科学的保险条款制定方法，也有违医学伦理，与投保

① 已失效。

② 已失效。

人初衷相悖。实际上，该限制治疗方式条款免除了保险人在被保险人患有特定重大疾病而未接受指定方式治疗时的给付义务。

（2）限制治疗方式条款加重了被保险人责任。对于格式条款的争议，主要源自对合同提供者凭借自身优势造成利己而不利人的境况的担忧。[①] 从保险人角度而言，理赔范围、理赔率同样对产品价格产生影响，故保险人出具的保险产品有其对应的保险责任范围。对限制治疗方式条款的效力进行法律评价时，同样会从条款的合理性角度进行判断。《保险法》第十九条中“加重投保人、被保险人责任”的情形的重点必然落在“加重”二字之上。所谓加重，意味着合同双方责任义务的不平衡、不对等，加重投保人、被保险人责任意味着该条款给投保人、被保险人设定的责任或义务超出正常合理要求，对投保人、被保险人构成显失公平的负担。[②] 限制治疗方式条款作为保险公司提供的格式条款，并无投保人磋商的余地，投保人、被保险人只能被动接受。而该条款要求被保险人必须采用特定治疗方式，否则将被排除在理赔范围之外。实际上为被保险人设定了隐性义务，如被保险人未履行该义务，则保险公司可以免责。该条款将保险人控制风险的责任转嫁于投保人、被保险人，实际加重了投保人、被保险人的责任。

（3）限制治疗方式条款排除了被保险人的权利。权利和义务是相辅相成的，没有无权利的义务，也没有无义务的权利。保险合同作为双务合同，其中投保人负有向保险人支付保险费的义务，并享有在发生约定保险事故或事件时请求保险人给付保险金的权利，而保险人则享有向投保人收取保险费的权利，并负有在发生约定保险事故或事件时向被保险人给付保险金的义务。被保险人欲实现合同权利须有保险人履行合同义务为保障。免除保险人依法应承担的义务即排除了被保险人依法享有的权利。

2. 限制治疗方式条款并非被保险人真实意思表示

投保人购买重疾险的目的，也是基于期待发生重疾时，可以解决高额医疗金、误工费等金额的赔付问题。从医学发展规律来看，医疗技术的进步会给人们带来健康红利。针对特定疾病的治疗方式不断迭代更新。身为患者的被保险人选择更有利于自身的治疗方式，符合人们趋利避害的天性，也是被保险人对自身生命和健康的正当维护，这种选择权理应受到保护。限制治疗方式的条款超出了一般人在订立合同时的合理预期范围，背离了一般人的通常认知和通行

① 沙孝能：《重大疾病保险中限制治疗方式条款的认定与解释——以涉及终末期肾病保险合同纠纷的司法判例为例》，载《上海保险》2019 年第10 期。

② 刘学生：《保险条款的效力评价——新〈保险法〉第十九条的理解与适用》，载《保险研究》2009 年第6 期。

的治疗方法，并非投保人购买重疾险的真实意思表示。

3. 限制治疗方式条款造成当事人利益失衡

保险合同拥有与生俱来的不对等性特质，很容易导致被保险人与保险人之间的利益失衡，社会公众对保单条款的理解程度与专业理解上的差异、保单条款的解释权通常为保险人所掌控等客观原因，都容易导致保险人损害被保险人利益。本案中，投保人在进行手术治疗后申请保险理赔，按照普通民众的理解，保险人应付保险金。而保险公司却以治疗方式的限制条款剥夺保险人的利益，造成双方利益失衡。

三、重大疾病保险中格式条款的有效性判断

对于重疾险中常见的格式条款，判断其是否有效，可以从下面三个角度进行审查。

（一）格式条款的合法性审查

在对保险合同中的格式条款进行内容评价时首先要考量其合法性，即是否符合法律的强制性规定。此处的法律不限于《保险法》，还包括其他法律行政法规。尽管《保险法》的任意性规范允许保险当事人自由约定保险条款，但实际保险合同几乎均以格式合同的形式订立。基于此，相关条款也不得违反法律法规的强制性规定。否则该条款将因无法通过合法性评价而无效。

（二）格式条款的合理性审查

合理性是指保险条款不应当违反法律法规和公序良俗，应符合风险分散原则，同时也应当合理界定保险人和被保险人的权利和义务，符合实质合理性。最大诚信原则也是对格式条款合理性审查的应有之义。作为保险的基本原则之一，最大诚信原则为保障保险机制的正常运转、促进保险行业发展起到重要作用。很长一段时间，最大诚信原则仅作为约束投保人如实履行告知义务的规则。① 随着保险业的发展，人们意识到保险作为高度专业技术性的商事活动，投保人与保险人在保险知识、信息匹配等方面存在着严重的差异、不对称，因此保险人负有对条款提示和说明义务，以满足最大诚信原则的要求。首先，应审查保险人是否对投保人就相关格式条款尽到提示和告知义务，如果未尽相关义务，则该格式条款可能不成立或无效。其次，需对格式条款的真实含义进行严格审查，令保险人与被保险人实现互通有无，防止拥有信息和技术优势的保险人利用“信息不对称”，在提供的格式条款中隐藏“表面一个意思，背后却另一层意思”的免责条款。最后，投保人应积极考量保险人使用格式条款的目的，避免保险人通过格式条款的使用来免除自身本应负有的理赔责任，导致

---

① 李玉泉：《保险法学》，中国金融出版社 2020 年版，第 70 页。

保险合同真正功能无法实现，最终影响社会公共利益。

（三）格式条款的公平性审查

实质公平原则亦是《民法典》格式条款说明义务的原则体现，《民法典》第四百九十六条在对格式条款说明义务进行规范时已于条文中明确规定“提供格式条款的一方应当遵循公平原则确定当事人之间的权利和义务”。对保险人说明义务而言，实质公平原则为其内在要求。保险合同作为专业性的格式文本，保险人作为专业的保险经营者，对保险知识、保险经验掌握丰富；而投保人对此了解甚少，对一些专业性的术语甚至无法理解其中含义，若保险人不履行保险条款说明义务，则将有损投保人的合法知情权益，有悖于实质公平原则。审查公平性要素，一方面需要判断该格式条款是否是双方意思的真实表示，确认保险相对人是否系受诱导而接受该条款，相对人是否知悉该条款的存在和它的真实含义。另一方面，也需要审查该条款能否体现当事人的利益均衡，在双方之间有无合理分配义务、承担责任。

（一审法院独任审判员 陈巨澜

二审法院合议庭成员 葛 翔 姚竞燕 余甬帆

编写人 上海市松江区人民法院 田一夫

责任编辑 韩 煦

审稿人 刘 敏）

某装饰公司诉马某、某技术公司追加、变更被执行人异议之诉案

——有限责任公司股东履行货币出资义务的司法认定

关键词：商事　认缴制　货币出资　债务抵销　追加被执行人

【裁判要旨】

1. 认定股东向公司的转账行为是否构成履行出资义务，应当从形式要件与实质要件两方面予以审查：形式要件要求股东应当将足额货币存入公司的银行账户；实质要件要求股东应当有出资的明确意思表示，具体要结合转账备注、出资证明、股东会决议、财务账册、第三方审计报告等综合认定。若股东未备注转账款项性质且无其他证据予以佐证，难以认定股东已实际履行货币出资义务。

2. 股东向公司转账的金额多于其认缴的出资额，超出部分系股东对公司享有的债权，该债权系普通债权，与出资义务性质不同，当公司已不具备充足清偿能力时，不宜直接抵销股东的出资义务。

【相关法条】

《中华人民共和国公司法》（2018 年修正）

第二十八条①　股东应当按期足额缴纳公司章程中规定的各自所认缴的出资额。股东以货币出资的，应当将货币出资足额存入有限责任公司在银行开设的账户；以非货币财产出资的，应当依法办理其财产权的转移手续。

股东不按照前款规定缴纳出资的，除应当向公司足额缴纳外，还应当向已

---

① 该法已于 2023 年修订，修订后本条被修改为第四十九条："股东应当按期足额缴纳公司章程规定的各自所认缴的出资额。股东以货币出资的，应当将货币出资足额存入有限责任公司在银行开设的账户；以非货币财产出资的，应当依法办理其财产权的转移手续。股东未按期足额缴纳出资的，除应当向公司足额缴纳外，还应当对给公司造成的损失承担赔偿责任。"

按期足额缴纳出资的股东承担违约责任。

《最高人民法院关于适用〈中华人民共和国公司法〉若干问题的规定(三)》

第十三条 股东未履行或者未全面履行出资义务，公司或者其他股东请求其向公司依法全面履行出资义务的，人民法院应予支持。

公司债权人请求未履行或者未全面履行出资义务的股东在未出资本息范围内对公司债务不能清偿的部分承担补充赔偿责任的，人民法院应予支持；未履行或者未全面履行出资义务的股东已经承担上述责任，其他债权人提出相同请求的，人民法院不予支持。

股东在公司设立时未履行或者未全面履行出资义务，依照本条第一款或者第二款提起诉讼的原告，请求公司的发起人与被告股东承担连带责任的，人民法院应予支持；公司的发起人承担责任后，可以向被告股东追偿。

股东在公司增资时未履行或者未全面履行出资义务，依照本条第一款或者第二款提起诉讼的原告，请求未尽公司法第一百四十七条第一款规定的义务而使出资未缴足的董事、高级管理人员承担相应责任的，人民法院应予支持；董事、高级管理人员承担责任后，可以向被告股东追偿。

《最高人民法院关于民事执行中变更、追加当事人若干问题的规定》

第十七条 作为被执行人的营利法人，财产不足以清偿生效法律文书确定的债务，申请执行人申请变更、追加未缴纳或未足额缴纳出资的股东、出资人或依公司法规定对该出资承担连带责任的发起人为被执行人，在尚未缴纳出资的范围内依法承担责任的，人民法院应予支持。

【案件索引】

一审：北京市顺义区人民法院（2023）京 0113 民初 8721 号（2023 年 9 月 2 日）

二审：北京市第三中级人民法院（2023）京 03 民终 17069 号（2023 年 12 月 28 日）

【基本案情】

原告某装饰公司诉称：某装饰公司与某技术公司建设工程施工合同纠纷一案已经生效判决确定，因某技术公司无可执行财产，法院裁定终结本次执行程序。马某系某技术公司的股东，其认缴出资额为 1160 万元，出资期限为 2019 年 12 月 30 日。根据马某与某技术公司的银行转账流水显示，双方存在频繁的资金往来，其中马某向某技术公司的转账中备注“投资款”的仅为 870 万元，关于剩余的 290 万元出资，马某在转入时没有明确备注，且某技术公司的财务账册中并无将案涉 290 万元记载为实缴公司注册资本的相关内容，故无法确认马某关于履行 290 万元的出资义务有明确的意思表示，难以认定为系股东出资款，其应在未出资范围内承担责任。

被告马某辩称：马某已按照某技术公司章程的规定履行了全部出资义务，实缴了 1160 万元注册资本，相关出资登记手续已在工商管理部门备案。马某汇入注册资本时，个别汇款未注明“投资款”不影响其出资的事实。

第三人某技术公司述称：某技术公司认可马某已经按照公司章程的约定实际完成出资款的缴纳。此外，马某在公司经营困难期间曾经出借资金用于公司经营，经核对账目，某技术公司还欠马某 130 多万元尚未偿还。

法院经审理查明：工商登记信息显示，某技术公司的注册资本为 2000 万元，公司章程载明股东马某以货币方式认缴出资 1160 万元，占注册资本的 58%，将于 2019 年 12 月 30 日前到位。马某作为股东向某技术公司转入出资款的交易记录，均显示在某技术公司在某银行开立的账号为××××的基本账户内，其中标注为“投资款”的金额为 870 万元，剩余的 290 万元在转入时备注为“电子汇入”或“转账”字样。根据某技术公司提供的公司账簿，上述款项在公司会计账册中记载为“转账”或“电子汇入”，某技术公司关于马某履行出资的行为未形成股东会决议或董事会决议。此外，某技术公司 2021 年度报告显示，马某实缴出资额为 920 万元；2022 年度报告显示，马某实缴出资额为 1160 万元。关于上述两个年度报告记载情况不一致的原因，某技术公司表示，公司自 2019 年开始不再经营，委托第三方公司代为记账，后发现有误进行了修正，上述出资未有验资报告。关于马某与某技术公司之间的借款关系，马某主张其作为中间人替公司借款，股东之间达成了协议，以马某的名义对外借款，供某技术公司经营使用，但其未能提交相关借款合同或其他书面协议。

【裁判结果】

北京市顺义区人民法院于 2023 年 9 月 2 日作出（2023）京 0113 民初 8721 号民事判决：驳回某装饰公司的全部诉讼请求。

宣判后，某装饰公司不服，提起上诉。北京市第三中级人民法院于 2023 年 12 月 28 日作出（2023）京 03 民终 17069 号民事判决：一、撤销北京市顺义区人民法院（2023）京 0113 民初 8721 号民事判决；二、马某在未实缴的人民币 290 万元出资范围内对北京市顺义区人民法院（2022）京 0113 民初 7432

号民事判决确定的某技术公司应承担的债务向某装饰公司承担补充赔偿责任。

【裁判理由】

法院生效裁判认为：本案的争议焦点为马某就诉争290万元是否履行了出资义务，某装饰公司要求其在未足额出资范围内就某技术公司相应债务承担赔偿责任的请求是否成立。首先，马某在向某技术公司转账时，并未明确诉争290万元为投资款或注册资本性质，部分转账备注为“电子汇入”或“转账”等，在某技术公司的会计账簿中亦未记载为出资款；且某技术公司与马某均主张双方还存在借款等其他法律关系，故上述转账行为本身尚不足以证明马某就案涉290万元有向某技术公司出资的明确意思表示，难以认定为股东的出资款项。其次，本案中未有证据显示某技术公司就马某的实缴出资形成了股东会决议，难以认定某技术公司的其他股东对马某的出资确认或知情。再次，关于马某辩称某技术公司2022年度报告已经载明其足额出资一节，马某称其在2018年年底已经履行了全部出资义务，但某技术公司直至2021年度报告中才予以记载，且记载的马某实缴出资金额仅为920万元，而后在2022年度报告中才修正为1160万元，某技术公司虽述称系第三方财务公司记载有误，但未能提交充分证据佐证，亦反映出上述年度报告并不能完全反映股东出资的实际情况，且某技术公司认可未有相应验资报告，故仅凭上述年度报告尚不足以证明马某已经履行全部出资的事实。最后，股东向公司转账的数额多于认缴的注册资本，系股东对公司享有债权，该债权系普通债权，与出资义务性质不同，若允许股东以其对公司享有的债权抵销出资义务，无异于确认某技术公司可以有选择地履行债权，等同于股东债权具有优先于其他债权受偿的权利，无疑会损害其他债权人的利益。因马某的现有证据尚不足以证明其就诉争290万元履行了全部出资义务，故某装饰公司要求马某在未实缴的290万元出资范围内对（2022）京0113民初7432号民事判决确定的某技术公司应当承担的债务向某装饰公司承担补充赔偿责任的请求具有法律依据，应予支持。

【案例注解】

“资本充足”是公司正常生产经营的前提之一，也是公司作为独立法人承担经济、法律责任的基础。本案涉及的争议焦点是：认缴制下股东向有限责任公司的转账行为是否构成履行出资义务。具体包括司法实践中存在争议的两个法律问题：一是股东履行货币出资义务的审查标准；二是股东向公司投入金额超过其所认缴的注册资本时，股东能否以对公司享有的债权抵销出资义务。我国公司法关于有限责任公司注册资本制度经历了从“一次性实缴”“分期实缴”到“认缴制”再到“限期认缴制”的演变，并取消了强制验资制度；在出资方式上，2023 年修订的《公司法》第四十八条在原有货币、实物、知识产权、土地使用权等可货币估价的非货币财产基础上，又新增了股权和债权的出资形式。这为股东提供了更多样化出资途径的同时，也给司法实践中股东出资的认定带来了挑战。

一、逻辑起点：公司法视角下股东的出资义务和证明标准

股东出资作为公司经营的核心资金支撑，不仅关系到公司的资本结构，还直接影响股东的权益分配和资格认定。股东出资制度是公司资本制度的重要组成部分，股东通过出资程序将自有财产转移至公司，形成公司资本，① 同时股东通过履行出资义务换取股东身份并享有有限责任保护。在认缴制下，股东出资义务是指股东按照公司章程和法律的规定，为实现公司经营事业的目的以诚信方式按期足额缴纳出资金额的合同义务。② 股东出资义务源于法律规定和公司章程，具有法定性和意定性双重属性。

对于货币出资，《公司法》第四十九条第二款规定，“股东以货币出资的，应当将货币出资足额存入有限责任公司在银行开设的账户”，股东在公司章程中约定的出资数额、出资时间构成对公司和公司债权人所作认缴出资的承诺，并已通过公司章程对外进行公示，公司债权人基于该章程公示的内容产生信赖和预期利益。当股东在章程规定的出资期限届满后仍未足额缴纳出资，或者出资期限届满后通过修改公司章程恶意延长出资期限的，均构成瑕疵出资。

关于股东履行出资义务的证明标准问题，《最高人民法院关于适用〈中华人民共和国公司法〉若干问题的规定（三）》（以下简称《公司法司法解释三》）第二十条规定：“当事人之间对是否已履行出资义务发生争议，原告提供对股东履行出资义务产生合理怀疑证据的，被告股东应当就其已履行出资义务承担举证责任。”据此，在证明标准上，原告只需初步证明达到产生“合理怀疑”的程度即可。实践中，用来证明股东履行出资义务的文件材料主要有公司出具的出资证明书、验资机构出具的验资报告、股东名册、财务账簿、评估报告和作价转移手续、股东会决议、公司登记机关档案、历年财务会计报告及审计报告等。因股东的瑕疵出资行为具有较强的隐蔽性，认定是否违反股东出资义务的关键证据，如公司的业务往来账册、资产负债表等会计账目均保存于公司内部，甚至仅由控股股东掌控，其他股东或公司债权人往往难以知悉或

---

① 赵万一：《资本三原则的功能更新与价值定位》，载《法学评论》2017 年第 1 期。

② 陈妮：《认缴制下股东出资责任制度研究》，西南政法大学 2022 年博士学位论文。

获取。因此，公司其他股东、债权人等只需提供对股东出资行为产生合理怀疑的初步证据后，即应由该股东就其已如实履行出资义务或已经履行补足出资义务进行证明。需要注意的是，股东违反出资义务的初步证明标准因主张者身份不同而存在一定差异，对于公司外部债权人而言，由于其难以获知公司内部管理和运营信息，因此初步证明标准相对较低；对于公司、其他股东而言，因其参与公司管理和运营的程度较高，则证明标准也相应较高。

二、实践检验：股东货币出资实缴到位的司法认定

虽然《公司法》及其司法解释为法院认定股东是否实缴出资提供了法律依据，但实践中各地法院在个案中判定公司股东是否已实缴出资仍存在争议，该争议主要体现在对股东出资的认定标准存在差异，其原因除有个案案情的差异之外，还在于形式审查与实质审查的博弈、股东利益与公司债权人利益的博弈。实践中，关于股东货币出资义务的审查要点主要存在以下几类情况：

1. 股东直接向公司账户汇款，并备注或附言为“投资款”。在强制验资制度被取消后，转账凭证等材料成为司法实践中法院判断股东是否实缴出资的核心证据之一，如股东直接向公司账户汇款，并备注或附言为“投资款”，此情况在证明股东完成出资时效力最高。但此时，大多数法院仍会要求股东提供第三方机构出具的验资报告或专项审计报告，或者公司财务账册等其他证据进行补强，在无相反证据情况下才会认定实缴完毕，但若有可反驳的证据，法院仍要审查资金的真实流向以确定股东是否履行出资义务。①

2. 股东直接向公司账户汇款，未备注信息，或备注为“借款”“往来结算款”等其他用途。在该类情形中，若股东主张相关款项实为出资款，则需提供记账凭证、股东会决议、审计报告等其他证据并能形成较为完整的证据链达到高度盖然性标准，才可完成相应举证责任。若无其他证据可证明该款项用途为投资款，法院一般不予认定为投资款。②

3. 股东为公司经营而对外支付的款项。在公司经营过程中，股东可能为公司经营事项对外直接垫付款项，如垫付工程款、租金、投资款等其他支出，此时即使股东主张上述支出构成对公司的实缴出资，司法实践中亦难以支持，一方面此种形式不符合《公司法》对于货币出资的形式要求，另一方面也可能干扰公司其他债权人对于该股东是否实缴出资的判断。

依据《公司法》及其司法解释的相关规定，综合上述司法实践情况，可以总结出法院对于股东履行货币出资义务的审查标准，既包括形式要件，也包

① 参见（2021）沪02民终4754号民事判决书、（2020）鄂01民终5642号民事判决书。

② 参见（2021）川01民终20367号民事判决书、（2022）沪02民申473号民事判决书。

括实质要件。形式要件即股东应当将足额货币存入公司的银行账户；实质要件是股东应当有出资的明确意思表示，实践中法院会综合考量各类因素判断股东和公司对转入款项时的真实意思表示：（1）款项转入时，银行流水、公司进账凭证中是否有明确的款项性质备注。（2）款项转入后，公司财务账册或审计报告中对股东转入款项记载的性质，如公司资产负债表中针对该笔款项收入记载为实收资本，还是借款或其他应付款；公司是否向股东出具出资证明；公司是否就该款项做过验资或有第三方审计报告。（3）股东或者公司是否曾对该款项性质作出与出资相悖的性质认定，如双方是否就该款项形成过借款协议或表明其他性质的文件、公司破产时股东是否申报债权等。简言之，不能仅凭股东转账的事实或工商行政部门的备案来认定股东履行了出资义务。

具体到本案中，马某与某技术公司之间存在资金往来，仅从转账数额来看，马某向某技术公司的净转账大于其认缴数额，故需要结合马某是否有出资的意思表示进一步予以审查。马某向公司的转账持续时间长、次数多、金额不定，对于双方争议的290万元，首先，马某在转账时并未明确为投资款或注册资本性质，且某技术公司的会计账册中亦未记载为出资款。其次，马某与某技术公司均主张双方还存在借款等其他法律关系，故上述转账尚不足以证明马某有向某技术公司出资的意思表示，难以认定为系股东出资款。最后，本案中未显示某技术公司就马某的出资形成了股东会决议，故难以认定某技术公司的其他股东对马某的出资予以确认或知情。综合上述情况，法院认定马某的现有证据尚不足以证明其就诉争290万元履行了出资义务。

三、延伸探讨：股东以债权抵销出资义务的司法认定

股东出资义务，承载着保障公司资本充足与保护债权人权益的制度目标。在认缴制下，股东出资义务的性质被重塑为债务，这也催生了一个实践问题：当股东向公司投入的资金超过其所认缴的注册资本时，股东是否有权以其对公司的债权抵销其应承担的出资义务。基于对出资义务性质的认识不同，对于这个问题，理论界和实务界都存在较大争议。

第一种观点认为，股东对公司享有的债权与其出资义务均属金钱之债，如果股东的出资义务与其对公司的债权符合《民法典》第五百六十八条抵销条件及履行抵销通知后，抵销生效。①

第二种观点认为，股东的出资义务与其对公司的债权可以抵销，但须严格按照公司法定程序由股东会作出决议。② 例如最高人民法院在再审申请人张某

① 参见（2021）浙04民终2099号民事判决书。

② 参见（2021）粤01民终6540号民事判决书。

某因与被申请人合浦县美华置业有限公司、二审上诉人伍某某、一审第三人俞某某股东出资纠纷案中，确定了“债权抵出资”的有效性条件，即股东会决议通过，具体如下：“资本维持不变是股东的法定义务，股东对公司除缴纳注册资本以外的投资可能涉及股东与公司之间的其他债权债务关系，并不能当然以投资替代注册资本的缴纳，且即使股东对公司享有债权也不意味着可以任意将注册资本取回，如公司同意以债权抵顶股东出资，应按照公司法定程序由股东会作出决议，股东不能因对公司享有债权而擅自决定以债权抵出资。”①

第三种观点认为，股东不可以其对公司享有的债权抵销其对公司的出资义务。该观点认为，从《公司法》关于资本缴付规定的立法本意看，股东对公司所认缴的出资系为公司经营的基础并确保公司资本的充实性，亦是公司经营能力和确保公司外部债权人利益实现的保障。因此，相较于股东对公司的权利而言，股东对公司承担的出资义务是法定义务，亦是第一位的，而除法律规定外，股东以及公司债权人对公司享有的债权，均应为普通债权。如果股东以其对公司享有的债权抵销出资义务，等同于股东债权具有优先于其他债权受偿的权利，同时亦损害了公司其他债权人的利益。②

笔者认为，股东按照约定期限向公司缴纳认缴的出资，既是公司资本维持原则的内在要求，亦是股东对公司的法定义务，而公司对股东的债务通常属于约定债务，两者并不当然能够抵销。关于股东能否以对公司的债权抵销出资义务的问题，应当区分公司经营状况分别讨论。③ 若公司资信状况良好、正常经营，股东债权抵销出资义务不存在降低公司偿债能力的危险，应当允许在履行公司股东会决议等法定程序的前提下以对公司享有的债权抵销对公司的出资义务。若公司未能清偿到期债务且明显缺乏清偿能力、已具备破产原因但未依法提出破产申请等情形下，即使未履行出资义务的股东确对公司享有债权，应优先维护外部债权人的正当权益，即使未履行出资义务的股东确对公司享有债权，亦应当劣后于其他外部债权人受偿。其理论逻辑在于，若允许未履行出资义务的股东就其对公司的债权与其对公司的出资义务相互抵销，无疑赋予了未履行出资义务的股东对公司的债权享有优先于其他债权受偿的地位，这既会导致对公司外部债权人不公平的结果，也与公司法对于未履行出资义务的股东课以的法律责任相悖。

具体到本案中，即便马某向某技术公司转账的数额多于认缴的出资额，系其对公司享有的债权，该债权系普通债权，结合前述分析，其不能当然用以抵

---

① 参见（2018）最高法民申1654号民事裁定书。

② 参见（2021）京01民终4078号民事判决书。

③ 潘勇锋：《关于股东出资方式的实践思考》，载《法律适用》2024年第2期。

销出资义务。

四、余论：关于股东瑕疵履行出资义务的法律责任

根据《公司法司法解释三》第十三条以及《最高人民法院关于民事执行中变更、追加当事人若干问题的规定》第十七条规定，当股东未出资或未足额出资时，公司或者其他股东有权请求其向公司依法全面履行出资义务，公司债权人亦有权请求其在未出资本息范围内对公司债务不能清偿的部分承担补充赔偿责任。当公司进入执行程序后，若公司财产不足以清偿生效法律文书确定的债务，还可申请变更、追加未缴纳或未足额缴纳出资的股东为被执行人，在尚未缴纳出资的范围内依法承担责任。本案中，因马某的现有证据尚不足以证明其就诉争 290 万元履行了全部出资义务，某装饰公司要求马某在未实缴的 290 万元出资范围内对（2022）京 0113 民初 7432 号民事判决确定的某技术公司应当承担的债务向某装饰公司承担补充赔偿责任的请求具有法律依据，故二审予以改判支持某装饰公司的诉讼请求。

（**一审法院独任审判员** 涂长江
二审法院合议庭成员 田 璐 李春香 潘 蓉
编写人 北京市第三中级人民法院 田 璐 夏倩雯
责任编辑 韩 煦
审稿人 刘 敏）

张某诉某公司、陈某甲等公司增资纠纷案

——公司增资协议法定解除情形的审查路径和股东资格的实质认定

关键词：商事　公司增资　法定解除　股东资格　实质认定

【裁判要旨】

解除公司增资合同须受到合同解除权和资本维持原则的双重限制，实践中应兼采《民法典》和《公司法》的相关规定确定司法审查路径，不能仅以未办理工商变更登记为由否定股东资格。股东资格的获得与否应根据公司章程、实际出资数额、出资证明书、合同约定、股东名册、工商登记等情形综合认定。在投资人获得股东资格和公司实现商业规划的主要合同目的均已实现的情况下，投资人不享有增资合同法定解除权。

【相关法条】

《中华人民共和国民法典》

第五百六十三条　有下列情形之一的，当事人可以解除合同：

（一）因不可抗力致使不能实现合同目的；

（二）在履行期限届满前，当事人一方明确表示或者以自己的行为表明不履行主要债务；

（三）当事人一方迟延履行主要债务，经催告后在合理期限内仍未履行；

（四）当事人一方迟延履行债务或者有其他违约行为致使不能实现合同目的；

（五）法律规定的其他情形。

以持续履行的债务为内容的不定期合同，当事人可以随时解除合同，但是应当在合理期限之前通知对方。

《中华人民共和国公司法》（2018 年修正）

第三十二条① 有限责任公司应当置备股东名册，记载下列事项：

（一）股东的姓名或者名称及住所；

（二）股东的出资额；

（三）出资证明书编号。

记载于股东名册的股东，可以依股东名册主张行使股东权利。

公司应当将股东的姓名或者名称向公司登记机关登记；登记事项发生变更的，应当办理变更登记。未经登记或者变更登记的，不得对抗第三人。

【案件索引】

一审：上海市杨浦区人民法院（2022）沪 0110 民初 3436 号（2023 年 1 月 31 日）

二审：上海市第二中级人民法院（2023）沪 02 民终 6370 号（2023 年 5 月 30 日）

【基本案情】

原告张某诉称：被告某公司系一家主营体育用品代理销售的有限责任公司，被告陈某甲系某公司法定代表人，工商登记为 100% 控股股东，被告陈某乙为某公司的实际控制人，与被告陈某甲构成一致行动关系。2020 年年初，经人介绍，原告张某与被告陈某乙结识，得知被告陈某乙实际控制的某公司拟与某国际公司及其下属企业或关联方签署《经销协议》，收购某国际公司旗下耐克、阿迪达斯十余家店铺，并获得品牌公司授权，成为中国境内合法经销商。2020 年 4 月 30 日，为参与上述合作，原告与三被告签订《某公司增资协议》（以下简称《增资协议》），约定向某公司投资 13600000 元，同时要求某公司在收到投资款后，按照某国际公司及其下属企业或关联方要求将款项用于上述业务的投资，否则，某公司将增资款退回，现股东对此承担连带责任。同日，原告将 13600000 元支付至某公司账户。之后不久，原告便发现三被告并未按照约定使用上述投资款，且迟迟不予办理工商变更登记手续。原告认为：

---

① 该法已于 2023 年修订，修订后本条被修改为第三十四条和第五十六条。第三十四条规定：“公司登记事项发生变更的，应当依法办理变更登记。公司登记事项未经登记或者未经变更登记，不得对抗善意相对人。”第五十六条规定：“有限责任公司应当置备股东名册，记载下列事项：（一）股东的姓名或者名称及住所；（二）股东认缴和实缴的出资额、出资方式和出资日期；（三）出资证明书编号；（四）取得和丧失股东资格的日期。记载于股东名册的股东，可以依股东名册主张行使股东权利。”

原、被告之间的《增资协议》的合同目的无法实现，依照《民法典》规定的法定解除条件“当事人一方迟延履行债务或者有其他违约行为致使不能实现合同目的”，主张于 2021 年 6 月 1 日解除《增资协议》；原告履行了 13600000 元增资义务，某公司未按约将其中的 5150000 元缴纳新增注册资本、8450000 元冲入资本公积；陈某甲未按约完成对公司的注资；某公司未接盘和经营涉及的 13 家门店，且相关门店已经转至陈某乙另行新设的公司名下；被告一直怠于确认原告的股东身份，未让原告行使股东基本权利、参与公司经营管理和日常活动，且未依约办理工商变更登记；《增资协议》签订后，某公司曾经办理住所地的工商变更登记，但未按《增资协议》约定作相应变更申请。故请求法院判令：（1）确认原告与三被告签订的《增资协议》于 2021 年 6 月解除；（2）被告某公司向原告返还投资款本金 13600000 元；（3）被告某公司向原告支付资金占用利息，以 13600000 元为基数，自 2020 年 5 月 1 日起至实际付款日止，按年利率 15% 计算；（4）被告陈某甲、陈某乙就被告某公司的上述债务承担连带清偿责任；（5）三被告承担本案的诉讼费、保全费等全部诉讼费用。

被告某公司、陈某甲、陈某乙共同辩称：被告没有违反《增资协议》约定的内容，原告无权解除该协议。原告方指派案外人何某某担任被告某公司总经理，代表原告、案外人朱某某实际参与某公司的经营管理至今，包括某国际公司及其下属企业或关联方的巨额货款支付、工资支付等，原告积极行使股东权利。某公司已经按照《增资协议》约定履行相应义务，三被告并未违反《增资协议》。某公司多次主动与原告沟通协商《增资协议》中关于董事会设置、高级管理人员、财务管理人员等重大事项。原告至今未将其签字的《增资协议》返还给某公司，这表明，原告因缺乏自信、临阵退缩，以各种理由拖延《增资协议》第二条的履行。尽管某公司目前未办理公司增资的工商变更登记、原告对外尚未登记为某公司股东，但在公司内部，某公司办理增资工商登记与否，对原告依《增资协议》享有的权利并无直接影响。原告支付的投资款在未办理正式的验资入资、变更登记手续的情况下，被用于某公司经营，双方对此均是默认的，原告不得以此为由要求解除协议。

法院经审理查明：2020 年 4 月 30 日，原告张某作为甲方、被告陈某乙作为乙方、被告陈某甲作为丙方、被告某公司作为丁方共同签订《增资协议》，主要内容为：某公司目前的注册资本为 10000000 元，唯一股东为丙方，丙方与乙方构成一致行动关系，乙方为公司的实际控制人；交易完成后，公司注册资本增加至 15150000 元，由甲方以 13600000 元认购，增资后甲方持有公司 34% 的股权，其中 5150000 元认购公司新增注册资本，其余部分计入资本公积；协议生效后，甲方应在 5 日内将增资款转入公司指定账户；公司收到上述款项后，应当在 3 日内，按公司与某国际公司及其下属企业或关联方签署的经销商协议的约定，将经销商协议中约定须即期支付的款项支付至某国际公司及其下属企业或关联方指定账户，若公司与某国际公司及其下属企业或关联方未能按经销商协议的约定达成合作，则公司应将增资款退回甲方，现有股东对增资款向甲方承担连带责任。同日，原告向被告某公司账户转账支付 13600000 元，转账摘要为：张某投资款。同日，被告某公司向案外人滔某上海公司转账支付 9000000 元，备注用途：货款。

2021 年 6 月，被告某公司作为甲方、原告张某作为乙方、案外人戴某某作为丙方协商拟定一份《协议》，主要内容：在不影响甲方正常经营的前提下，甲方有序分期向乙方返还增资款 13600000 元并支付利息；截至 2024 年 3 月 31 日，甲方应向乙方返还增资款并支付利息合计 20260250 元，并附有分 6 期支付本息的计算表；若甲方逾期未付款，应当支付相应的滞纳金；本协议签订生效后，原《增资协议》不再履行，任何一方不得就原《增资协议》再向其他方主张任何违约、赔偿等相关责任，甲、乙双方就原《增资协议》涉及增资事宜的权利和义务全部终结，本协议款项交接完毕后，甲、乙双方彼此互不拖欠，各方日后不得以任何理由主张与上述增资有关的任何权利义务；丙方为甲方向乙方返还增资款及支付利息提供承担无限连带责任的保证担保。作为《协议》组成部分的《原增资情况说明》载明：某公司曾将《增资协议》邮寄至张某指定收件地址，张某至今未将其应签署的《增资协议》返还给某公司；某公司在与张某磋商原增资协议前，召开股东会，并作出同意张某向某公司增资 13600000 元、将公司注册资本增加至 15150000 元、修改公司章程并办理其他必要工商备案等的股东会决议；张某按照《增资协议》将增资款 13600000 元汇入某公司账户，经张某同意后，某公司按照《增资协议》约定，将张某的增资款 13600000 元汇入某国际公司指定账户内；某公司多次主动与张某沟通协商《增资协议》中关于董事会设置、高级管理人员、财务管理人员等涉及公司章程变更等重大事项，经张某指派案外人何某某为某公司总经理，参与某公司的经营管理工作至今，涉及上述其他事项，各方均在讨论协商确定中。《协议》落款处，甲方、乙方签字盖章，但丙方未签字；《协议》中的《原增资情况说明》页内容，被“×”划去，标注“本页情况说明，内容不属实，本人不认可。张某 2021. 6”。该《协议》未生效。

【裁判结果】

上海市杨浦区人民法院于 2023 年 1 月 31 日作出（2022）沪 0110 民初 3436 号民事判决：驳回原告张某的全部诉讼请求。

宣判后，原告不服，提起上诉。上海市第二中级人民法院于 2023 年 5 月 30 日作出（2023）沪 02 民终 6370 号民事裁定：按上诉人张某自动撤回上诉处理。一审判决现已生效。

【裁判理由】

法院生效裁判认为：本案系公司增资纠纷。原、被告就某公司增资达成合意，签订《增资协议》，系双方当事人的真实意思表示，不违反法律、行政法规的强制性规定，合法有效，对双方当事人均具有法律约束力。

现原告诉请解除《增资协议》，应从是否满足约定解除或法定解除条件两个方面予以考查。鉴于《增资协议》未明确约定解约的具体条件，原告亦明确陈述，以符合《民法典》第五百六十三条第一款第四项规定的法定解除条件为由，要求解除《增资协议》。根据法律规定、《增资协议》约定、双方当事人的当庭陈述等可以认定，《增资协议》的主要合同目的包括：一是原告以13600000元认购某公司34%的股权，成为该公司股东，并办理相关工商变更登记；二是按某公司与某国际公司及其下属企业或关联方签署的经销商协议的约定，将经销商协议中约定须即期支付的款项支付至某国际公司及其下属企业或关联方指定账户，获得耐克等13家店铺和耐克、阿迪达斯、彪马等系列品牌商品经营权。故本案的争议焦点为：《增资协议》履行过程中是否存在因被告的违约行为导致不能实现上述合同目的、满足法定解除条件的情形。

一、获得股东资格的合同目的：股东资格应根据实际情况综合认定，不能仅以未办理工商变更登记为由否定股东资格

1. 不能仅以工商登记内容判定是否具有股东资格。根据《公司法》（2018年修正）第三十二条第三款规定，公司变更股东应当办理工商变更登记，但未办理变更登记并不直接否定股东资格，而仅是不得对抗第三人，即该股东变更登记并非设权性登记，仅具有登记对抗效力。本案中，虽然某公司未按约及时办理股东变更的工商登记，但《增资协议》并未将不及时办理工商变更登记约定为解约条件。原告未能提出证据证明，其在按约履行出资义务后，积极要求被告配合办理相关工商变更登记，亦未证明被告故意怠于办理上述事项，且相关证据表明，未办理工商变更登记对原告参与某公司的经营管理、行使股东权利无实质性障碍，亦无证据表明因此对原告造成实际损失。与之相对，本案审理中，被告明确要求原告配合办理相关工商变更登记。故原告是否获得股东资格、行使股东权利不能仅以工商登记内容判定。

2. 应当根据公司章程、实际出资数额、出资证明书、合同约定、股东名册、工商登记等情形综合认定股东资格。本案中，原、被告均确认，原告按期足额缴纳《增资协议》中约定的出资额；某公司按照公司章程规定，以书面方式行

使增加注册资本等职权，公司原唯一股东陈某甲出具了同意原告增资的《股东决定》，将原告纳入《股东名册》并明确了相应股权份额，在公司内部，张某已经拥有了股东资格，可以依《股东名册》主张行使股东权利；综合相关微信聊天记录、电子邮件往来、证人证言、原告与朱某某的关系和居住情况、原告部分注资款项来源于朱某某转账、解约《协议》中的部分内容、何某某担任某公司总经理参与公司运营及其社保缴纳等情况，可以认定，朱某某代表原告与被告、戴某某等协商向某公司增资、获取13家目标店铺，原告、朱某某于《增资协议》签订后参与某公司收购13家目标店铺、引进外部投资方、确定高管薪酬等事宜，何某某经原告、朱某某等介绍和安排进入某公司任高管并参与公司运营、在由朱某某控股的上海某公司缴纳社保等，原告已经实际行使股东权利和参与公司的经营管理等事实，具有高度盖然性。因此，在未办理工商变更登记的情况下，法院对原告已经实际获得某公司股东资格、行使股东权利予以确认。

二、获得目标店铺的合同目的：增资款用于收购目标店铺符合合同目的

根据相关证据可知，某公司在收到原告支付的13600000元后，依约按期转账支付9000000元，并由相关各方签订了获得13家目标店铺的《终止协议》《关于店铺经营权及资产的交接协议》《关于“耐克等13家店铺”经营之框架协议》《商品批发合作协议》等合同，且代表原告参与某公司运营的朱某某收到了相关合同、未提异议，获得目标店铺的合同目的业已实现。

【案例注解】

解除权行使与公司减资交叉是触发增资扩股协议“解除僵局”的重要原因。若要对公司增资协议行使法定解除权，需细致考查其是否符合《民法典》第五百六十三条规定的合同法定解除条件，并结合《公司法》规定的获得股东资格之认定方式，综合判定增资协议是否具备法定解除情形及其相应法律后果。本案中，基于原告的法定解除权诉请基础，重点审查合同目的的具体内涵及其是否因被告违约行为导致无法实现。确认案涉增资协议的主要合同目的为：获得股东资格和获得目标店铺。经审理认为：股东资格不能仅以未办理工商变更登记为由否定，股东变更登记并非设权性登记，仅具有登记对抗效力，应当根据公司章程、实际出资数额、出资证明书、合同约定、股东名册、工商登记等情形综合认定股东资格；增资协议中约定的获得目标店铺的商业规划若已实现，其后商业行为变更对合同目的的实现并无影响。故尊重公司资本维持原则和商事主体的正当商业行为自由，判决驳回原告的全部诉请。

一、根据公司增资协议的双重属性审查是否具备法定解除权行使条件

（一）公司增资协议具有双重属性

外部投资人认缴公司新增注册资本是公司增资方式之一，需投资人与公司原股东就增资达成一致协议。增资协议具有双重属性：一是合同性，其为投资人、股东等之间基于个人意思对自身利益安排所达成的协议，本质上是一项合同；二是组织性，即增资协议以合同形式出现，其意图在于改变公司组织架构和利益分配，增资后的股东依据增资协议参与并实施公司治理。若解除此具有双重属性的公司增资协议，往往会触发法律上的“解除僵局”，概因解除权为形成权，单方即可行使，如若解除增资协议必然涉及投资人的出资款返还问题，本质上是投资人将业已成为公司资产的财产撤出，即未经过公司内部股东合意决策和对外通知、公告、登记等法定程序而减少公司注册资本，违反资本维持、资本确定、资本不变的“资本三原则”。

（二）解除公司增资协议受到《民法典》和《公司法》的双重规制

当前，关于增资协议项下行使法定解除权的司法审查进路有两种。一是基于行为特征的《民法典》进路，即将增资协议解除权案件认定为合同纠纷，只要增资协议具备法定或约定的解除事由，解除权人即有权向合同相对方作出解除增资协议的意思表示，进而发生《民法典》第五百六十六条所规定的合同解除之法律效果：尚未履行的出资义务终止履行，已经履行的出资义务恢复原状（包括公司变更股东名册、公司章程、注册资本登记和股权登记，恢复至其在增资合同签订之前的注册资本、股东情况和持股比例，返还外部投资人所支付的增资款等）。此种方式忽视了增资协议在《公司法》项下的法益保护需求，影响公司内部组织关系，对《公司法》“资本三原则”产生冲击，甚而可能损害其他股东、外部债权人的信赖利益。二是基于资本维持的《公司法》进路，即严格遵循《公司法》上的“资本三原则”，不允许增资合同的解除发生《合同法》上之效果。当增资协议解除后，尚未履行的出资义务应当继续履行，已经履行的出资义务应当通过股权转让或法定减资程序等实现返还之目的，同时投资人有权提出违约损害赔偿。这种思路认为公司外部债权人利益优先于解除权人在《合同法》项下的解除利益，但过于片面强调抽象的不可确定的债权人利益保护，实际上剥夺了解除权人基于《合同法》的解除利益，阻断了投资人合同解除权的行使路径，而通过股权转让或公司减资等途径解除增资协议也面临着更高的交易成本和烦琐程序，可操作性值得商榷。

（三）综合审查公司增资协议之法定解除情形是否具备

公司增资协议的双重属性意味着，其虽以合同形式出现，但并非仅仅着眼于股东个体权利的约束，更有改变公司权力架构、利益分配的运行意图，因此

不可避免地发生合同效力与公司法组织规则的交互。合同自由被视为合同法的灵魂，在规范构造上彰显出民事主体自主决定、自负其责的精神，在规则上亦以任意性规范为主。而公司法的组织性本质决定其必然蕴含拘束性。按照公司契约说，公司是契约的产物，由一个个公司内部及外部的契约集合而成，基于公司契约的团体性，其在意思自治和自主决定方面受到诸多约束，合同不自由成为其主要品性。公司契约是一种涉他性的关联契约，在公司内部体现为个别股东的契约行为会牵涉其他股东的权利，在公司外部体现为公司契约会牵涉公司外部债权人或者公共利益，这就必然要求公司契约的变更、解除要受到更多的限制。

本案中，经审理确认原告的诉请理由为《民法典》第五百六十三条第一款第四项规定的法定解除理由："当事人一方迟延履行债务或者有其他违约行为致使不能实现合同目的。"从综合适用《民法典》规定的合同法规则和《公司法》规定的公司治理规则角度出发：宏观上，考查该法定解除条件是否成立，即是否存在不能实现合同目的之情形；微观上，分析合同目的的具体内容实现情况，即是否获得股东资格和目标店铺。

二、不能仅以未办理工商变更登记为由否定股东资格，进而要求解除公司增资协议

（一）解除公司增资协议须符合法律规定

根据《民法典》规定，合同的解除事由分为第五百六十二条规定的合意解除、约定解除和第五百六十三条规定的法定解除。若公司增资协议的双方当事人对于解除增资协议达成合意或者增资协议约定的解除事由成就，即可依当事人的意思自治解除增资协议。公司增资协议解除的法定事由之成就标准，以《民法典》第五百六十三条作为请求权基础，包括不可抗力、预期违约、迟延履行、根本违约等。本案中，原告以被告违约导致不能实现合同目的（根本违约）为由诉请解除公司增资协议，根据法律规定、增资协议约定、双方当事人的当庭陈述等可以确认，主要合同目的为：原告获得股东资格和公司获得目标店铺。须结合案情具体分析。

（二）公司增资协议签订后，投资人股东资格的获得应综合认定

现行《公司法》对股权变动模式及其时点并未明确规定，理论与实务中对此存在意思主义与形式主义之争。意思主义的股权变动模式认为股权转让自转让合同生效时发生，形式主义的股权变动模式则包括债权形式主义和物权形式主义：债权形式主义主张股权变动须债权合意与物权形式同时具备，才可发生股权变动的法律效果；物权形式主义承认物权行为的独立性与无因性，认为股权变动须满足物权合意与特定形式要件，形式要件一般即记载于股东名册、公司章程或进行工商登记。司法实践中，对尚未变更股东名册、作出股东会增资决议和修改公司章程之情形，认为尚未取得股东资格、合同目的未实现已达成

共识。而登记公示是否是公司新增资本生成的要件之一，涉及对于注册资本制的价值考量。判断股东资格取得的标准应以增资合意并结合合意的内部表现形式即"股东名册"记载为宜，不能仅以未办理工商变更登记为由否定股东资格。

（1）工商登记并非获得股东资格的要件。尽管《公司法》规定了强制性的登记公示要求，但工商登记并非为了使公司新增资本产生法律上的对世效力或对抗效力，仅为确保与公司交易的相对人获得对于公司资本的稳定预期进而辅助商业决策，向与公司交易的相对人昭示股东出资的实际状况而非原始承诺。《公司法》第三十四条规定："公司登记事项发生变更的，应当依法办理变更登记。公司登记事项未经登记或者未经变更登记，不得对抗善意相对人。"换言之，股东变更虽尚未办理变更登记，但变更后的股东可能已实际取得股东资格。本案中，虽然被告某公司未按约及时办理股东变更的工商登记，但《增资协议》并未将不及时办理工商变更登记约定为解约条件。原告未能提出证据证明，其在按约履行出资义务后，积极要求被告配合办理相关工商变更登记，亦未证明被告故意怠于办理上述事项，且相关证据表明，未办理工商变更登记对原告参与某公司的经营管理、行使股东权利无实质性障碍，亦无证据表明因此对原告造成实际损失。与之相对，本案审理中，被告明确要求原告配合办理相关工商变更登记。故原告是否获得股东资格、行使股东权利不能仅以工商登记内容判定。

（2）应当根据股东名册记载等情形综合认定股东资格。公司增资协议反映投资人、目标公司及原股东的合意，股东的资格依附于公司的注册资本，依照其认缴的出资对公司享受权利和承担义务，同时需履行一系列的程序方能完成，如公司章程记载、股东名册记载、出资证明书、股东会决议、办理工商登记等，具备一定的要式属性。《最高人民法院关于适用〈中华人民共和国公司法〉若干问题的规定（三）》第二十三条规定："当事人依法履行出资义务或者依法继受取得股权后，公司未根据公司法第三十一条、① 第三十二条②的规定签发出资证明书、记载于股东名册并办理公司登记机关登记，当事人请求公司履行上述义务的，人民法院应予支持。"因此，股东资格应当根据公司章程、实

---

① 该法已于2023年修订，修订后本条被修改为第五十五条："有限责任公司成立后，应当向股东签发出资证明书，记载下列事项：（一）公司名称；（二）公司成立日期；（三）公司注册资本；（四）股东的姓名或者名称、认缴和实缴的出资额、出资方式和出资日期；（五）出资证明书的编号和核发日期。出资证明书由法定代表人签名，并由公司盖章。"

② 该法已于2023年修订，修订后本条被修改为第三十四条和第五十六条。第三十四条规定："公司登记事项发生变更的，应当依法办理变更登记。公司登记事项未经登记或者未经变更登记，不得对抗善意相对人。"第五十六条规定："有限责任公司应当置备股东名册，记载下列事项：（一）股东的姓名或者名称及住所；（二）股东认缴和实缴的出资额、出资方式和出资日期；（三）出资证明书编号；（四）取得和丧失股东资格的日期。记载于股东名册的股东，可以依股东名册主张行使股东权利。"

际出资数额、出资证明书、合同约定、股东名册、工商登记等情形综合认定。股东资格在基础法律文件（股权转让合同、增资合同、内部决议等）依法具备的前提下，股东名册记录更接近于设权登记。《公司法》第八十六条第二款对股东权利的取得进一步明确："股权转让的，受让人自记载于股东名册时起可以向公司主张行使股东权利。"

本案中，原告按期足额缴纳出资；被告某公司按照公司章程规定，以书面方式行使增加注册资本等职权，出具同意原告增资的《股东决定》，将原告纳入《股东名册》并明确了相应股权份额；原告于增资协议签订后参与某公司收购13家目标店铺、引进外部投资方、确定高管薪酬等事宜，已经实际行使股东权利和参与公司的经营管理。因此，在未办理工商变更登记的情况下，可综合认定原告已经实际获得某公司股东资格、行使股东权利。

（三）增资款用于收购目标店铺，合同目的已实现

伴随着公司的增资扩股行为，往往存在某些基于未来美好发展前景的具体的商业规划，或基于未来收益的对赌，其往往成为增资协议的重要合同内容和目的，审理诉请解除公司增资协议的案件时，应对该"实质性"的合同目的作深入考查。本案中，被告某公司在收到原告支付的增资款后，签订了获得13家目标店铺的合同并支付相应款项，原告方收到相关合同后亦未提异议，获得目标店铺的合同目的业已实现。因此，原告诉请认为被告违约导致不能实现合同目的的意见，难以成立，依法判决驳回原告的全部诉讼请求于法有据。

（**一审法院合议庭成员**　周　圣　傅　磊　崔凤岭
二审法院合议庭成员　孙　斌　陈　琪　虞恒龄
编写人　上海市杨浦区人民法院　周　圣　秦小月
责任编辑　韩　煦
审稿人　刘　敏）

知识产权

张某等诉薛某、北京某电子技术公司等著作权权属、侵权纠纷案

——网络环境下著作权共同侵权行为的司法界定

关键词：知识产权　网络服务提供者　共同侵权　意思联络　分工合作

【裁判要旨】

1. 针对网络环境下著作权侵权问题，在网络服务提供者与网络内容提供者具有合作关系的事实前提下，判断网络服务提供者的行为性质及其与网络内容提供者是否构成共同侵权，不应拘泥于身份，而在于对二者之间是否同时存在意思联络与分工合作行为进行法律评价。

2. 在判断是否存在主观意思联络时，认定标准不应过于严苛，存在合作意图即可，实践中应更加侧重从客观事实判断合作行为是否达到明确分工、共同侵权的程度。客观合作行为的性质，应当以全面性、综合性视角评价，着眼于提供作品的完整路径并结合各方主体在其中发挥的作用综合认定，不可割裂联系性，仅将上传行为的实施主体认定为侵权主体。

3. 当网络服务提供者不再属于消极中立的第三方，而具备了实质性侵权的特性时，则不宜再适用“避风港”规则豁免其侵权责任。

【相关法条】

《最高人民法院关于审理侵害信息网络传播权民事纠纷案件适用法律若干问题的规定》

第三条　网络用户、网络服务提供者未经许可，通过信息网络提供权利人享有信息网络传播权的作品、表演、录音录像制品，除法律、行政法规另有规

定外，人民法院应当认定其构成侵害信息网络传播权行为。

通过上传到网络服务器、设置共享文件或者利用文件分享软件等方式，将作品、表演、录音录像制品置于信息网络中，使公众能够在个人选定的时间和地点以下载、浏览或者其他方式获得的，人民法院应当认定其实施了前款规定的提供行为。

第四条 有证据证明网络服务提供者与他人以分工合作等方式共同提供作品、表演、录音录像制品，构成共同侵权行为的，人民法院应当判令其承担连带责任。网络服务提供者能够证明其仅提供自动接入、自动传输、信息存储空间、搜索、链接、文件分享技术等网络服务，主张其不构成共同侵权行为的，人民法院应予支持。

《信息网络传播权保护条例》

第二十条 网络服务提供者根据服务对象的指令提供网络自动接入服务，或者对服务对象提供的作品、表演、录音录像制品提供自动传输服务，并具备下列条件的，不承担赔偿责任：

（一）未选择并且未改变所传输的作品、表演、录音录像制品；

（二）向指定的服务对象提供该作品、表演、录音录像制品，并防止指定的服务对象以外的其他人获得。

【案件索引】

一审：山西省忻州市中级人民法院（2022）晋09民初78号（2023年3月27日）

二审：山西省高级人民法院（2023）晋民终508号（2024年1月11日）

【基本案情】

原告（被上诉人）张某、吕某诉称：2016年4月14日，原告张某、吕某共同主演，张某编导的忻州风情微视频《拉手手亲口口》创作完成。该作品已于2020年12月4日经山西省版权保护中心审核并登记。原告发现在忻州市某区某量贩式歌厅（以下简称忻州某KTV）点唱《拉手手亲口口》歌曲时，其中背景视频是利用二原告的忻州风情微视频《拉手手亲口口》稍加剪辑加工而来，并剪掉原视频中能够体现二原告版权的部分。2021年1月14日，原告张某委托律师代为申请证据保全。2021年1月15日，山西省某公证处出具（2021）晋忻泰证民字第41号公证书。通过该公证书，可以获得以下信息：（1）打开被告北京某电子技术公司的《K吧》公众号，扫描忻州某KTV房间的点歌系统屏幕中的二维码，就可以用手机与KTV房间的点歌系统互动，可以通过手机便捷点歌。再通过输入字符查找歌名，出现"《拉手手亲口口》（馨天优组合）"时，点击进入卡拉OK演唱模式，最开始的界面中有"演唱：馨天优组合"字样，末尾又有"鸣谢：×××培训中心"字样。整个视频长度约3分钟，并分别在开始、中间、末尾分三次插入一对男女的照片。（2）公证的KTV视频中，右上角有非常明显的"雷石KTV"彩色标识。被告北京某电子技术公司是对卡拉OK歌曲进行内容采集、点歌机制造和云曲库加歌服务的专业公司，提供某点歌系统系列设备及服务，是全球最大的VOD供应商和互联网服务平台之一。

二原告认为，被告未经许可，擅自以营利为目的使用二原告的作品，侵犯了二原告对于忻州风情微视频《拉手手亲口口》的发表权、署名权、修改权、保护作品完整权、复制权、发行权、放映权、信息网络传播权、获得报酬权等诸多权利。此外鉴于忻州某KTV在其营业厅播放涉案视频进行营利，被告之一薛某辩称其曾委托某甲公司制作成KTV版本，被告之一北京某电子技术公司也表示其获得了某甲公司的授权，并与某乙文化公司签署有《合作协议书》，而涉案视频中有明显的某乙文化公司标志。请求法院判令：（1）判令被告立即停止针对二原告享有著作权的忻州风情微视频《拉手手亲口口》的侵害行为，并在侵权所涉及的相同范围内消除影响、赔礼道歉；（2）判令被告酌情赔偿二原告著作权受到侵害的损失50万元；（3）判令被告赔偿二原告对被告侵权行为进行调查、取证的合理费用1406元；（4）判令被告赔偿二原告因主张权利支付的律师费用15000元；（5）诉讼费由各被告负担。

被告（上诉人）北京某电子技术公司辩称：（1）原告主体不适格：①原告的著作权登记证书只能证明该作品在2020年12月4日前完成，但北京某电子技术公司与某乙文化公司签署的合作协议在2017年，再加上原告不能提供微视频的原稿、底稿。所以不能证明权属是原告。②《著作权法》第十七条第一款规定，视听作品的著作权由制作者享有，编剧、摄影、导演等作者享有署名权但应按照与制作者的合同获得报酬，根据某乙文化公司提交的授权书及其与北京某电子技术公司的合作协议，制作者应该是某乙文化公司，可见原告如果是画面的权利人也只能向某乙文化公司主张权利。（2）我们围绕山西高院在裁定书中的问题回应如下：①VOD设备上的标识仅代表系统的厂商，而北京某电子技术公司并没有在VOD设备上配置硬盘或曲库，因此本地播放的涉案作品不来源于北京某电子技术公司。②本案的侵权主体可能涉及制作方、复制方、放映方，结合各方证据制作者显然不是北京某电子技术公司，放映方是KTV，复制是指将作品从一份拷贝至一份或多份，本案北京某电子技术公司也没有实施该行为，因此北京某电子技术公司没有侵犯复制权。（3）关于信息网络传播权，由于歌曲的使用，公证书中并不涉及以有线或无线网络提供给公众在线观看或下载的过程，因此本案不应该涉及信息网络传播权侵权。（4）北京某电子技术公司有合作协议，系某乙文化公司将卡拉 OK 版《拉手手亲口口》交付至北京某电子技术公司，北京某电子技术公司每年向协会交纳复制权使用费，北京某电子技术公司认为已经尽到合理注意义务，不具有主观侵权的故意。

被告（被上诉人）薛某辩称：原告诉求不能成立，应当予以驳回。原告提供的涉案作品不是薛某制作，薛某也没有使用，也没有参与传播（包括网络传播、KTV 传播），其证据上显示的不是薛某的本人签名，不能证明是薛某的本人行为。

被告（上诉人）某甲公司辩称：（1）某甲公司未曾与薛某有过 MTV 制作合作，涉案 MTV 并非某甲公司制作。（2）某甲公司未接触过涉案作品，不是本案适格被告。其一，某甲公司虽与某乙文化公司、北京某电子技术公司均有签署相关合作协议，但相关合作协议中，并没有《拉手手亲口口》这首歌曲 MTV，故某甲公司从未将涉案作品发送给某乙文化公司或北京某电子技术公司。其二，侵权视频中无任何商标、标志、文字指向某甲公司。

被告（被上诉人）某乙文化公司辩称：案涉视频歌曲是由某甲公司授权，某乙文化公司并未利用歌曲视频营利、获利，不应当承担法律责任。

被告（被上诉人）忻州某 KTV 辩称：（1）原告证据不足以证明其对主张权利的作品享有著作权。（2）场所播放的作品与原告作品不是同一个作品，而是制作者使用原告作品创作的演绎作品，应当适用《著作权法》（2020 年修正）第十三条的规定。（3）对演绎作品的使用并不直接侵害原作品的著作权，仅承担停止使用的责任，不承担赔偿责任。

法院经审理查明：2016 年 4 月，原告张某、吕某共同创作、主演完成忻州风情微视频《拉手手亲口口》，并于同年上传至视频网站。2020 年 12 月 4 日，山西省版权局出具《作品登记证书》（登记号：晋作登字 - 2020 - Ⅰ - 00000590），其中载明：作品/制品名称为忻州风情微视频《拉手手亲口口》，作品类别为类似摄制电影方法创作作品，作者与著作权人均为张某、吕某。2013 年，某甲公司与某乙文化公司签署《使用权授权书》，将某甲公司制作成的卡拉 OK 伴唱带使用权及歌星图片使用权授权给某乙文化公司，并于 2017 年 9 月将案涉歌曲发送至某乙文化公司邮箱。其后，某乙文化公司根据与北京某电子技术公司签署《合作协议书》约定，将包括案涉歌曲在内的视听作品的使用权、复制权、播放权、信息网络传播权、改编权无偿提供给北京某电子技术公司，同时协议中约定，北京某电子技术公司应及时将作品上传到云端服务，并及时入库。经查，案涉歌曲及 MTV 确实上传至北京某电子技术公司云端曲库。此外，2015 年北京某电子技术公司与某甲公司签署《合作协议书》，某甲公司为北京某电子技术公司持续性提供歌曲伴唱带及音像制品的使用权。2021 年 1 月 14 日，经原告申请，山西省某公证处的公证员对忻州某 KTV 经营场所的外观、包间门牌及案涉歌曲播放过程进行记录。经比对，前述取证视频中的 MTV 与原告主张权属的微视频对应画面无实质性区别。

【裁判结果】

山西省忻州市中级人民法院于 2023 年 3 月 27 日作出（2022）晋 09 民初 78 号民事判决：一、被告北京某电子技术公司、某甲公司、某乙文化公司于本判决生效之日立即停止使用忻州风情微视频《拉手手亲口口》，并从曲库中删除涉案《拉手手亲口口》MTV；二、被告北京某电子技术公司、某甲公司、某乙文化公司于本判决生效之日起十日内连带赔偿原告张某、吕某侵权损失及合理开支人民币 200000 元；三、驳回原告的其他诉讼请求。

宣判后，北京某电子技术公司、某甲公司提出上诉。山西省高级人民法院于 2024 年 1 月 11 日作出（2023）晋民终 508 号民事判决：驳回上诉，维持原判。

【裁判理由】

法院生效裁判认为：被告某甲公司未经原告许可，将微视频《拉手手亲口口》作为背景视频，在未改变素材视频《拉手手亲口口》基本内容的情况下，通过添加伴唱音乐、字幕、图片，舍弃部分画面重新剪辑制作被诉侵权 MTV，且未标明原告作者身份。被告某甲公司与某乙文化公司分别向北京某电子技术公司提供被诉侵权 MTV，并允许北京某电子技术公司通过互联网及相关方式，将被诉侵权 MTV 上传至云端曲库，使得消费者能够在选定的地点下载、点播歌曲。上述三被告以分工合作实现利益分享的方式，共同通过设备终端提供被诉侵权 MTV，该种传播行为未获得合法授权许可，共同侵害原告信息网络传播权。被告忻州某 KTV 未经许可，在其经营场所中通过歌曲点唱设备向不特定公众提供涉案作品，其行为侵害原告就该作品享有的放映权。

【案例注解】

随着数字时代到来，互联网使得作品传播更为便利，但同时侵权行为也更加泛滥、隐蔽。从纸媒时代到互联网时代的转变，催生了新的商业合作模式，从事作品提供服务的网络内容提供者与从事技术服务的网络服务提供者之间的界限越来越模糊，为通过传播作品获利，双方往往会寻求更深度的合作。基于此背景，下文以本案为切入点，深入探析此类新型合作模式引起纠纷后进行司法审查的要件。

一、新型合作模式下网络服务提供者的内涵与侵权类型

（一）网络服务提供者的内涵

目前，对网络服务提供者这一概念并无统一且明确的定义。有学者认为，网络服务提供者的定义是“为网络信息交流和交易的各类当事人提供中介服务的第三方主体”。① 也有学者认为网络服务提供者应定义为：其一，网络内容提供者，向公众发布运用网络组织、选择的信息；其二，网络中介服务者，以提供设施、技术等中介服务帮助信息传播。②

根据通说，网络服务提供者指向网络用户提供接入、缓存、信息存储、链接、搜索等网络技术服务或提供由自己主动编辑、修改、组织内容的网络内容服务的自然人、法人或非法人组织。

（二）新型合作模式下网络服务提供者的侵权类型

网络服务提供者的侵权责任类型主要为帮助侵权与共同侵权，《信息网络传播权保护条例》《最高人民法院关于审理侵害信息网络传播权民事纠纷案件适用法律若干问题的规定》等法律规范中对网络服务提供者实施共同侵权及帮助侵权的行为性质、形态进行了规定。

在分工合作情形下，网络服务提供者共同侵权与帮助侵权具有一定区别，其一，分工合作共同侵权的侵权归责源于意思联络，而帮助侵权的侵权归责在于网络服务提供者的主观过错，网络服务提供者此时与直接侵权人并无共同提供作品的意思联络。其二，分工合作共同侵权需进行共同评价，因行为与意思的共同性而被视为一体，双方行为均为直接侵权，承担连带责任；而帮助侵权则存在两个及以上相互独立的行为，行为人之间主观上无意思联络，客观上网络服务提供者提供帮助行为，是与直接行为的结合，网络服务提供者只需对自己的行为造成损害的部分承担责任。

二、新型合作模式下对分工合作共同侵权的司法认定

传统司法实践中，对网络服务提供者侵权行为的考量常从帮助侵权角度着手分析，而随着合作模式多样化，内容提供方面的新合作模式出现，对司法机

① 吴汉东：《论网络服务提供者的著作权侵权责任》，载《中国法学》2011 年第 2 期。

② 蒋志培：《网络与电子商务法》，法律出版社 2001 年版，第 181 页。

关而言，针对网络服务提供者行为的规制不能仅停留在帮助侵权角度。对分工合作共同侵权认定的探索，刺破网络内容提供者和网络服务提供者利用“避风港”规则规避侵权责任的面纱，以补充和强化对网络作品著作权侵权的规制。但在司法实践中，对分工合作共同侵权的裁判不一，说明在司法适用中，网络服务提供者在何种情形下构成分工合作共同侵权仍未形成一致意见。本案系 VOD 设备商云端曲库侵害著作权案件，案件审理中以 KTV 中存在侵权视听作品为切口，深入了解被诉侵权 MTV 背后侵权人的合作模式和侵权方式，充分分析在传统网络服务提供者与网络内容提供者角色外观下，双方分工合作共同侵权存在的意思联络与分工合作行为，并明确了“避风港”规则的适用问题。

（一）分工合作共同侵权的含义

“分工合作共同提供作品”的概念来源于《最高人民法院关于审理侵害信息网络传播权民事纠纷案件适用法律若干问题的规定》第四条，是指网络服务提供者与他人有着明确分工，以合作等方式共同提供作品的行为。此时网络服务提供者与实际上传者同为直接侵权，承担共同侵权的连带责任。但单纯提供技术的网络服务行为被排除在分工合作共同提供作品的行为之外，此条款针对的主体是网络服务提供者。最初对网络服务提供者与网络内容提供者的区分是为了厘清网络侵权纠纷中不同主体之间的法律关系与责任分配，但司法实践中，这种划分并非完全固定，实际上网络服务提供者可能实施超越其提供技术的行为而构成直接侵权，如直接上传行为或分工合作提供作品的行为。因此，对网络作品侵权的判断不应拘泥于身份，而在于全面且合理地对网络服务提供者的具体行为进行法律评价。对于共同侵权的解读应采用更灵活的解释方式，各行为人具有提供作品的意思联络且基于意思联络实施了相应分工行为的，即构成信息网络传播权的直接侵权。但分工合作共同侵权中的意思联络不应要求过于严苛，有合作意图即可。分工合作行为的司法判断也不应拘泥于合作意向书、合同等文字表述，更应当从客观出发，判断事实上是否存在分工合作行为，此更为合理亦更具操作性。

（二）分工合作共同侵权的主观方面

意思联络是构成共同侵权的主观要件，指的是网络服务提供者与网络内容提供者在提供作品方面有合作的意图。当事人的主观意愿难以明确感知，但客观行为是主观意思的映射，一般而言，意思联络体现在双方签订的合作协议中。本案中，被告某甲公司与某乙文化公司分别与北京某电子技术公司订立《合作协议书》，为北京某电子技术公司提供作品资源，同时利用北京某电子技术公司的大量 KTV 客户及终端客户推广相关作品，双方之间就作品提供一项存在意思联络，这使得网络服务提供者不再是旁观者，而成为提供作品内容的参与者。

（三）分工合作共同侵权的客观方面

共同提供行为是构成共同侵权的客观要件，主观意思表示较为飘忽，常依赖法官自由裁量认定，而客观行为则是判断合作行为实质的基石。共同提供行为，是指网络服务提供者与网络内容提供者在作品提供方面有着深度且紧密的合作，通过行为的不同分工，达到共同将作品置于信息网络中的结果。考察客观行为的重点在于明确分工行为，其意味着一方有直接上传行为，另一方未直接实施上传行为，但双方对“提供作品”有着深度链接，为了达到共同目的实施分工行为，分工行为产生了将作品置于公共信息网络中的结果，此时由于行为关联性，数人的行为皆应被评价为提供作品的行为。就本案合作行为而言，某甲公司、某乙文化公司与北京某电子技术公司在向公众提供被诉侵权MTV的过程中，必然存在实际实施上传行为的一方，虽然另一方未有直接上传行为，但最终侵权行为的实施以及消费者接收作品的过程是由双方共同策划、分工合作实现的，未直接实施上传行为的一方不能因此免责，双方以分工合作的方式构成共同侵权。同时，在分工合作共同侵权的情形中，网络服务提供者并非提供通常意义上的网络服务，而属于直接提供作品的主体，不再享有网络服务提供者可能获得的“避风港”规则免责。

三、数人侵权情况下对赔偿责任的区别认定

本案在赔偿数额确定问题上平衡各方主体利益关系，在保护权利人利益的同时，注重保护使用人的合法权益，对于KTV经营者与音乐制作、推广机构赔偿数额判决存在显著差别。由于KTV经营者并无能力辨别歌曲库中视听作品真正的权利归属，如已向音集协交纳许可使用费，则认定其已尽到相当的注意义务。而音乐制作、推广机构未经权利人许可，制作、上传侵权视听作品进行营利，其在制作、上传过程中有能力辨别视听作品权利归属，VOD设备商经营云端曲库有义务保障曲库中音乐、视听作品经过权利人合法授权许可，后者对作品是否侵犯他人著作权应负有较高的审查义务。因此KTV经营者在积极履行向音集协支付许可使用费的义务后，赔偿数额即明显低于音乐制作、推广机构。

（**一审法院合议庭成员**　李彦忠　连林梅　张胜利
二审法院合议庭成员　张　烁　吴　娟　雷杨华
编写人　山西省忻州市中级人民法院　孙睿彬　张　亮
责任编辑　姚俊萍
审稿人　丁文严）

某信息公司等诉某科技公司等不正当竞争纠纷案

——实施反复非必要挽留弹窗行为的不正当竞争认定

关键词：知识产权　不正当竞争　反复非必要挽留弹窗　一般条款

【裁判要旨】

实施反复非必要挽留弹窗行为具有不正当性，扰乱市场竞争秩序，损害其他经营者及消费者合法权益，构成不正当竞争。在法律适用上，应从其行为手段和表现形式出发，充分考量是否符合《反不正当竞争法》第十二条（以下简称互联网专条）的各要件。如不符合互联网专条的适用条件，可以适用《反不正当竞争法》一般条款予以规制。

【相关法条】

《中华人民共和国反不正当竞争法》

第二条　经营者在生产经营活动中，应当遵循自愿、平等、公平、诚信的原则，遵守法律和商业道德。

本法所称的不正当竞争行为，是指经营者在生产经营活动中，违反本法规定，扰乱市场竞争秩序，损害其他经营者或者消费者的合法权益的行为。

本法所称的经营者，是指从事商品生产、经营或者提供服务（以下所称商品包括服务）的自然人、法人和非法人组织。

第十二条　经营者利用网络从事生产经营活动，应当遵守本法的各项规定。

经营者不得利用技术手段，通过影响用户选择或者其他方式，实施下列妨碍、破坏其他经营者合法提供的网络产品或者服务正常运行的行为：

（一）未经其他经营者同意，在其合法提供的网络产品或者服务中，插入链接、强制进行目标跳转；

（二）误导、欺骗、强迫用户修改、关闭、卸载其他经营者合法提供的网络产品或者服务；

（三）恶意对其他经营者合法提供的网络产品或者服务实施不兼容；

（四）其他妨碍、破坏其他经营者合法提供的网络产品或者服务正常运行的行为。

【案件索引】

一审：上海市浦东新区人民法院（2022）沪0115民初95600号（2023年10月8日）

【基本案情】

原告某信息公司、某网络公司诉称：其系支付宝平台的经营者，通过长期诚信经营吸引了庞大的用户，具有广泛的影响力。支付宝平台为其平台入驻商家提供一系列涵盖支付、营销、数据分析、金融等多方面的服务。为了商家在支付宝App内更有成效地开展经营和营销推广，其为商家提供、开放了推广和收益功能，如在商家小程序中设置广告位供招租等。三被告系某App及网站的经营者。原告主张被告实施以下不正当竞争行为：（1）针对支付宝平台投放推送话费优惠券，该券与支付宝平台官方优惠券页面包装装潢高度近似，易使用户产生混淆；（2）被告投放的优惠券页面及直接链向的话费充值营销页面具有不实或误导性宣传内容，构成虚假宣传；（3）在用户浏览完毕页面后，被告设置强制跳转链接及挽留弹窗等引诱、迫使用户停留在涉案话费充值活动页面，属《反不正当竞争法》第二条、第十二条第二款第一项及第四项所禁止的行为；（4）频繁更换域名，批量在支付宝平台内进行投放，对抗原告的监管和治理机制，已违反《反不正当竞争法》第二条。

原告诉至法院，请求判令：（1）三被告立即停止实施不正当竞争行为；（2）三被告在官方网站、新浪网的显著位置以及报纸《法治日报》《中国知识产权报》发表书面声明，消除影响；（3）三被告赔偿二原告经济损失以及为制止被告的侵权行为所支付的合理支出费用共计1元。

被告某科技公司、某甲公司、某乙公司辩称：（1）原、被告属不同的运营主体，不存在直接的竞争关系。（2）原告主张混淆的优惠券页面标注了主体来源，不会造成消费者混淆。页面规则清晰标注使用方法，亦不构成虚假宣传。（3）被告不存在弹窗跳转行为，亦未侵害消费者知情权。（4）原告支付宝平台系开放平台，允许第三方接入服务就必然存在进入第三方页面的情形，故被告行为并不导致原告支付宝平台流量受损。

法院经审理查明：二原告共同运营支付宝平台，对支付宝平台经营过程中形成的商业利益和竞争优势享有合法权益。三被告是某 App 及网站的经营者。三被告在支付宝平台中的付款页面、“蜂巢”“怪兽充电”等小程序广告位中投放话费优惠券，该优惠券使用蓝底白框加黑色大字体，与支付宝官方的优惠券样式高度近似。优惠券以大字体显著颜色字样标明“话费充值券包”“100元”以及当日有效等内容并辅以“立即领取”按钮，下方的“规则”中未明确提示该券包的具体用法，只载明了详细规则以活动页面为准等内容。用户完成购买后，还会弹出类似优惠券页面，同时附有倒计时支付机制等。用户点击退出该优惠券后，仍会再次弹出前述相同或类似的优惠券页面，经多次回退后方能退出。由于受到大量投诉，原告对三被告的充值活动采取屏蔽措施。随后，三被告频繁变更话费充值券包页面网址以逃避监管。

【裁判结果】

上海市浦东新区人民法院于 2023 年 10 月 8 日作出（2022）沪 0115 民初 95600 号民事判决：一、被告某科技公司、某甲公司、某乙公司于本判决生效之日起三十日内开始在网站（网址为 shenqi. weiruika. cn）及新浪网（网址为 www. sina. com. cn）的显著位置连续三十日发表声明，消除因实施本案侵权行为给原告某信息公司、某网络公司造成的不良影响，声明的内容、发布位置须经法院审核。如不履行，法院将在相关媒体发布本判决的主要内容，费用由被告某科技公司、某甲公司、某乙公司负担。二、被告某科技公司、某甲公司、某乙公司于本判决生效之日起十日内连带赔偿原告某信息公司、某网络公司经济损失及为制止侵权行为所支付的合理开支人民币 1 元。三、驳回原告某信息公司、某网络公司其余诉讼请求。

宣判后，原、被告均未提起上诉，本案判决现已生效。

【裁判理由】

法院生效裁判认为：本案争议焦点在于二原告主张的几项涉案行为是否构成不正当竞争；若构成不正当竞争，三被告应当承担的民事责任的确定。

关于争议焦点一。（1）仿冒行为。原告主张的蓝底白框、有黑色字体、券类型及券价值和蓝色按钮并具有特定布局的页面装潢具有区别商品来源的显著特征，并具一定的知名度。被告未经原告许可，擅自使用与原告上述装潢类似的优惠券并投放于支付宝 App，易使消费者产生误认。故被告使用原告优惠券页面装潢的行为构成仿冒。（2）虚假宣传。涉案优惠券的宣传与该优惠券具体使用方法及真实优惠程度不符，属虚假或引人误解的商业宣传，就消费者一般注意力而言，容易欺骗、误导消费者，故构成虚假宣传。（3）设置强制跳转、挽留弹窗行为。被告充值活动页面将“退出”按钮链回话费充值活动页面，致使用户在点击“退出”时无法直接退出，且在点击“退出”按钮的过程中，需浏览并多次关闭多个非必要的相同话费活动弹窗。该行为不属于《反不正当竞争法》互联网专条中所具体规制的行为，但上述行为实质性干扰或影响用户关闭弹窗，违反《互联网弹窗信息推送服务管理规定》所规定的行为规范，违背商业道德，攫取非法的流量利益，扰乱市场正常的竞争秩序，损害作为同业竞争者的二原告权益，亦直接损及消费者合法权益，故该行为依据《反不正当竞争法》第二条亦构成不正当竞争。（4）变更侵权页面网址，逃避监管。三被告频繁变更话费充值券包网页网址的行为系投放前述话费充值券包竞争行为的手段之一，不属于独立的竞争行为，不应独立评价，故不宜从《反不正当竞争法》角度予以规制。

关于争议焦点二。三被告共同实施了不正当竞争行为，应承担停止侵害、赔偿损失、消除影响等民事责任。因被告行为确已损害二原告良好商誉，故应当承担消除影响的民事责任。因二原告损失或三被告获利均远超原告诉请要求赔偿的金额，故对原告要求赔偿损失的诉请予以支持。

【案例注解】

本案争议涉及在知名支付平台进行商业活动的经营者实施的多项不正当竞争行为，本文主要对其中设置反复非必要挽留弹窗行为的不正当竞争认定进行阐述。挽留弹窗是指在互联网上，当用户离开或退出页面时经营者设置的弹窗，意在挽留用户继续浏览该页面或跳转至经营者设置的其他页面。互联网业以流量为王，设置挽留弹窗是一种行业普遍行为，目的在于保留流量、沉淀流量乃至攫取流量。设置挽留弹窗行为目的趋同，但具体的弹窗内容、形式多样。互联网上甚至有教授如何设置挽留弹窗留住用户的方法，比如“下单就有优惠”“坚持一下就有收获”“提供更优惠的替代物”“未领取的奖励提示”等，这些都以正向诱导用户为主。但是，也有经营者采取“挑衅用户”“路径教育”“假的退出入口”等方法，这些方法就难谓正面，属旁门左道。现实生活中，每个互联网用户几乎都会不得不面对挽留弹窗，不堪其扰的大有人在，而同业竞争者同样因其受损。笔者认为，因其手段、形式及所附侵权故意各有不同，故对互联网挽留弹窗行为需个案研判，确定其竞争行为正当性。

司法实践中，对实施挽留弹窗行为认定是否构成不正当竞争的案例较为罕见。笔者认为，对实施挽留弹窗行为，既可以从消费者权益角度予以保护，亦可以从反不正当竞争法角度进行规制。《反不正当竞争法》第十二条旨在规制互联网上实施的不正当竞争行为，但其规定从具体行为的手段、方式出发，对行为的不正当性、损害的法益等着笔不多。《反不正当竞争法》第二条是该法的一般条款，也是原则性条款，其对竞争行为的不正当性、损害的法益、行为所应遵循的原则等作了总的规定。互联网专条中虽未依据第二条所规定的内容对互联网上实施的不正当竞争行为再作重复定义，但构成互联网专条中所规制的不正当竞争行为首先违反第二条的规定是其必要条件。因此，认定具体的挽留弹窗行为是否构成不正当竞争可以从以下适法逻辑出发，首先认定该行为是否违反《反不正当竞争法》第二条规定。在违反第二条规定前提下，再考察其行为手段、形式等是否属于互联网专条中所规定的具体互联网不正当竞争行为。若符合，则应优先适用互联网专条予以规制。若不符合，则秉持谦抑原则下考察是否适用第二条予以规制。

涉案的挽留弹窗行为表现为，被告通过在原告平台投放优惠券后诱导用户链向其优惠话费充值页面，用户在浏览被告设置的该页面完毕后点击“退出”时无法直接退出，且在点击“退出”按钮的过程中，需浏览并多次关闭多个非必要的相同话费券包弹窗。以下分析围绕该行为造成原告平台法益受损、涉案设置挽留弹窗行为的不正当性以及互联网专条与《反不正当竞争法》一般条款的适用等展开。

一、平台经营者合法竞争利益受到损害

互联网平台是新质生产力组织方式的集中体现，其借助数字化平台，匹配双边或多边市场需求，连接第三方服务提供商与消费者，实现供需双方的交互。本案中，被告并非官方入驻原告平台并提供服务的经营者，其在原告平台实施的商业活动主要为投放广告，利用原告平台流量为其服务引流，本质亦是在原告平台实施商业行为的经营者。同时，本案原告亦开展与被告相同的手机话费充值业务。因此本案被告与原告的关系既是互联网平台与经营者的关系，亦是同业竞争者的关系。

（一）互联网平台作为同业竞争者享有竞争性利益

互联网平台经济中，平台为第三方服务提供商提供中介服务，亦可能将服务或产品的生产销售等纳入自己的体系中，如京东等平台就是典型的第三方服务和自营服务混合经营的业态。涉案支付宝平台以数字金融为核心，结合政务民生、本地生活等各领域服务方，为消费者提供一站式数字生活服务。基于此，支付宝平台亦自营各类充值服务，其中即包括手机充值服务。本案被告的业务为手机慢充服务，因此原告支付宝平台与被告的业务产生重合，直接存在

争夺交易机会的可能性。

（二）互联网平台对其平台良好生态享有竞争利益

在流量为王的时代，平台需建立较为良好、有序、稳定、诚信的社交和商业生态，通过运营积累庞大的用户资源，维护用户对平台的信赖，并据此提高市场份额和竞争优势。互联网平台的参与者，如消费者、开发者、经营者等之间的关系和互动等，构成了互联网平台生态。倘若有其他经营者破坏这种平台生态，则可能造成平台的用户和流量流失，转而投向其他平台经营者，从而使该平台经营者损失其竞争优势。保护该种互联网平台生态归根结底是为了维护平台经营者与客户之间的良好关系，其不是一种特定化的具体利益，而是一种一般性的竞争优势，属于一般性竞争利益的范畴。如腾讯微信群控不正当竞争案①中，法院以被告产品严重干扰破坏微信平台生态环境和正常运营，恶化微信用户的体验，损害腾讯公司的合法经营利益及商业声誉等为由，认定被告行为构成不正当竞争。腾讯诉科贝案②亦对互联网平台的生态及经营秩序进行了保护。

本案原告支付宝平台以其健康有序的平台生态秩序，经长期运营积累了大量强黏性用户。与之相应的，第三方服务的经营商通过支付一定服务费用入驻支付宝平台，获取支付宝的海量用户与流量。通过该种模式，支付宝成功吸引大量流量并进行持续的流量变现，形成正向循环的经营模式。因此，支付宝平台庞大的用户、经营者、经营秩序所构成的平台生态系其平台的重要资源。原告支付宝平台基于长期经营平台产生的合法竞争优势，享有受保护的法益。

（三）涉案行为对原告竞争利益造成损害

首先，原告支付宝平台作为被告的同业竞争者受到竞争性利益的损害。本案中，被告经营话费慢充业务，原告支付宝平台也为消费者提供类似的话费充值服务。被告实施的挽留弹窗行为客观上造成消费者停留在被告网站时间延长、获得更多流量及交易机会，从而减损了原告支付宝平台自营手机充值业务的交易机会。

其次，如前所述，支付宝平台稳定规范的平台秩序是其具备竞争力的重要因素，其正当经营模式带来的商业利益或竞争优势依法受到保护。本案中，被告系原告平台上实施商业活动的经营者，故应当遵守原告对平台内经营秩序的规定，共同维护原告平台生态。本案被告将大量优惠券投放于原告小程序中，并采用挽留弹窗方式不正当地利用了支付宝的平台服务和用户资源，攫取了非

---

① 参见（2019）粤03民初1912号民事判决书，转引自钟小凯：《新型互联网不正当竞争案件的裁判规则》，载《人民司法·案例》2022年第2期。

② 参见（2018）浙8601民初1020号民事判决书。

法的流量利益。就消费者体验而言，其点击原告平台分发的优惠券后遭遇挽留弹窗，易使消费者对支付宝平台产生负面印象，对支付宝平台经营秩序的信赖降低。事实上，已有部分消费者因被告行为对原告进行投诉，将被告行为归因于原告，可见其对原告平台生态的损害已经形成。

二、竞争行为不正当性的考量因素

市场经济条件下，竞争与损害相伴而生。竞争利益受损并不必然构成不正当竞争，竞争本身是经营者之间互相争夺交易机会的行为，竞争行为的损害或者说竞争行为给其他竞争者造成损害是常态。竞争行为是否具有不正当性，仍须以诚信原则和商业道德为核心进行考量。① 认定经营者是否违反商业道德，则应当结合案件具体情况，综合考虑行业规则或者商业惯例、经营者的主观状态、交易相对人的选择意愿、对消费者权益、市场竞争秩序、社会公共利益的影响等因素，依法判断经营者是否违反商业道德，此外还可以参考行业主管部门、行业协会或者自律组织制定的从业规范、技术规范、自律公约等。② 在本案中，对涉案设置挽留弹窗行为的不正当性分析如下：

1. 违反行业规则及商业惯例。据《反不正当竞争法》及其司法解释，特定商业领域普遍遵循和认可的行为规范，可被认定为“商业道德”。国家互联网信息办公室、工业和信息化部、国家市场监督管理总局联合发布的《互联网弹窗信息推送服务管理规定》第五条第六项规定，提供互联网弹窗信息推送服务应保障用户权益、充分考虑用户体验，不得以任何形式干扰或者影响用户关闭弹窗。该规定是互联网领域普遍遵循和认可的行为规范，可以被视为互联网行业实施弹窗行为所应遵循的商业道德。被告设置的挽留弹窗在用户关闭页面后弹出，且弹窗仍为原话费充值页面，并须反复多次才能关闭。该行为首先违反用户意愿，因为用户本意是退出原页面。其次反复点击无法退出原页面，将严重破坏用户体验。最后则体现为以不当形式干扰用户关闭弹窗。因此，涉案挽留弹窗既非必要、又多次反复实施，属违反互联网行业从业规则及商业惯例的行为。

2. 损害消费者合法权益与公共利益。被告设置的挽留弹窗诱导、迫使用户多次浏览或停留在其话费充值页面，结合其实施的其他混淆行为及虚假宣传行为，使用户在不知情、非自愿的情况下作出更多错误决定。在该交易过程中，不仅消费者的知情权和选择权遭到侵害，其合法的财产权益亦有损及。同

---

① 参见最高人民法院民法典贯彻实施工作领导小组编著：《中国民法典适用大全·知识产权与竞争卷（三）》，人民法院出版社 2023 年版，第 1995 页。

② 《最高人民法院关于适用〈中华人民共和国反不正当竞争法〉若干问题的解释》第三条。

时，《民法典》第一千零三十二条第二款隐私条款中加入关于私人生活安宁的表述，即："隐私是自然人的私人生活安宁和不愿为他人知晓的私密空间、私密活动、私密信息。"未经用户同意的挽留弹窗对消费者形成打扰，事实上亦影响消费者网络空间的私人生活安宁。公共利益指的是正常的竞争秩序，被告行为无疑也破坏了正常有序的话费充值市场。故被告的涉案行为业已损害消费者合法权益及公共利益。

3. 被告具有主观故意，且严重违背消费者的选择意愿。本案中，因消费者的大量投诉以及原告平台生态秩序受到破坏，原告作为互联网平台管理者对被告涉嫌不正当竞争的广告实施屏蔽。被告则通过频繁变更页面网址，逃避原告平台的监管，可见其对涉案竞争行为的实施具有主观故意。同时，非必要反复挽留弹窗行为严重损害消费者的选择权，违背消费者的选择意愿。

综上，被告实施涉案挽留弹窗行为具有主观故意，违反行业规则及商业惯例，损害消费者权益和公共利益，因此违反诚信原则和商业道德，具备不正当性。同时，该行为破坏原告平台良好的生态秩序，损害原告合法竞争利益，构成不正当竞争。

三、《反不正当竞争法》一般条款和互联网专条的适用

《反不正当竞争法》第二条是对不正当竞争行为的一般规定，互联网专条则是对网络不正当竞争行为的特别规定，两者属于一般条款与特别条款的关系。一般条款应作谦抑适用，仅在特别条款没有规定时，一般条款才得适用。

（一）互联网专条具体条款的优先适用

互联网专条采取概括、列举和兜底的方式，对利用技术手段妨碍、破坏其他经营者合法提供的网络产品或者服务正常运行的情形进行了规定。该条列举了三种具体网络不正当竞争行为，实务中通常将其概括为流量劫持行为、干扰行为以及恶意不兼容行为。现实中，技术发展中的商业竞争通常规避了三种列举的具体网络不正当竞争类型，更多的竞争行为以复合的方式出现，导致不正当竞争行为向互联网专条的兜底条款逃逸。

本案中，原告主张被告行为可构成流量劫持行为。流量劫持的一个行为表现在于，违背合法经营者意愿，在该经营者提供的网络产品或服务中插入新的链接，该种行为系在他人产品或服务中强行实现自己的意志，直接减少他人产品或服务获得的流量和收益。同时，在认定强制进行目标跳转行为时，应考量是否给予消费者对产品或服务的选择权。① 支付宝平台为繁荣平台生态，为商

① 参见林广海、李剑、佟姝：《〈关于适用反不正当竞争法若干问题的解释〉的理解与适用》，载《人民司法·应用》2022 年第 31 期。

家提供一系列推广和收益功能，其开放的功能之一就是允许商家招募广告，并由此获益。首先，本案被告系通过合法购买的方式获得原告平台或小程序广告位的使用权，即其虽在原告平台中具有插入链接的行为，但该行为未违背合法经营者意愿。其次，涉案广告链接需经消费者点击方进入被告网站，亦不属于强制跳转的情形。最后，被告网站中发生的层层链接强制跳转的挽留弹窗，并不符合在他人网络产品或服务中自行插入链接实现强制跳转的行为，该种强制跳转本身亦不会直接减少原告平台的流量。故本案被告所实施的挽留弹窗行为不属于互联网专条所规定的流量劫持情形。

（二）互联网专条兜底条款的顺位适用

涉案设置挽留弹窗行为不属于互联网专条规定的三种列举式典型不正当竞争行为，故应对其是否落入兜底条款适用进行分析。从兜底条款的行为要件来看，应当符合利用网络、使用技术手段，产生妨害、破坏其他经营者合法提供的网络产品或者服务正常运行的后果等要件。关于利用技术手段，应当限定于利用互联网领域某专门技术所实施，且离开网络环境即难以实现相同技术效果的行为。关于损害后果，应重点审查权利人受《反不正当竞争法》保护的法益是否因被诉行为受到实际损害。[①] 需指出的是，该种“妨害、破坏”的对象应是其他经营者的“产品或服务”。

本案中，被告所实施的挽留弹窗行为符合利用技术手段的行为要件，但该不正当竞争行为实际发生于链接跳转后的被告网站，并未妨害或破坏支付宝平台自身的运行。因此涉案设置挽留弹窗行为亦无法适用互联网专条的兜底条款。

（三）《反不正当竞争法》一般条款在互联网环境中的补充适用

《反不正当竞争法》第二条第一款规定：“经营者在生产经营活动中，应当遵循自愿、平等、公平、诚信的原则，遵守法律和商业道德。”根据司法解释，损害他人权益的不正当竞争行为，若无法适用其他专门法或《反不正当竞争法》列举性规定，可依据《反不正当竞争法》一般性条款予以认定。[②]

在本案中，被告该行为虽然发生于网络环境中，但从其行为性质和表现形式看，不属于互联网专条规定的诸项具体情形，亦不构成经营者利用技术手段实施的妨碍、破坏其他经营者合法提供的网络产品或者服务正常运行的行为，不宜认定为违反了互联网专条的规定。如前文所述，被告该行为损害原告享有

① 参见徐俊：《互联网不正当竞争的法律适用范式研究——以支付宝唤醒策略网络不正当竞争纠纷案为切入》，载《法律适用》2023 年第 5 期；参见徐俊、徐弘韬：《探析“互联网专条”兜底条款的适用》，载《中国审判》2021 年第 13 期。

② 《最高人民法院关于适用〈中华人民共和国反不正当竞争法〉若干问题的解释》第一条。

的合法竞争性法益，并违反商业道德，具有不正当性，应认定为违反《反不正当竞争法》第二条的规定。

四、结语

实施挽留弹窗行为是目前互联网企业惯常行为，意在争夺流量，但对同业竞争者以及消费者而言可能构成侵权。对其规制，需视其具体手段及形式，既可以从消费者权益保护角度出发，亦可以从《反不正当竞争法》角度出发。就《反不正当竞争法》，可先依《反不正当竞争法》第二条规定，认定其是否属不正当竞争行为。其中，既要考察其是否侵害其他经营者及消费者合法权益，还要认定其行为的不正当性。在认定不正当性的过程中，《互联网弹窗信息推送服务管理规定》的相关规定也可视作该行业应普遍遵循的商业道德，同时应考量被告主观过错及是否违背消费者选择意愿等情节。在认定实施挽留弹窗行为构成不正当竞争的前提下，应分析其具体手段及形式是否符合互联网专条的规定。在不符合互联网专条规定的情况下，方能适用《反不正当竞争法》第二条予以规制。

（**一审法院合议庭成员**　杨　捷　刘嘉洛　桑清圆
编写人　上海市浦东新区人民法院　杨　捷　阮文楚
责任编辑　姚俊萍
审稿人　丁文严）

李某诉某甲分离技术（上海）有限公司、某乙工业公司侵害商标权纠纷案

——违反诚信原则注册商标并滥用商标权的认定及规制

关键词：知识产权　诚信原则　恶意注册　权利瑕疵　规制路径

【裁判要旨】

商标权人通过民事诉讼寻求法律救济的前提是其实体权利的取得及诉讼权利的行使具有正当性，否则不应得到法律保护。在商标侵权诉讼中，若权利商标明显存在不以使用为目的而恶意申请注册或恶意抢注等情形，则该行为扰乱了商标注册秩序，且有可能侵害他人合法权益，属于违反诚信原则的商标注册行为。此种商标的权利基础存在重大瑕疵，背离了《商标法》的立法目的，已不是《商标法》意图保护的商标。即便该商标尚未经法定程序被宣告无效，权利人依据此类瑕疵商标提起商标侵权之诉的，也不应得到法律保护。

【相关法条】

《中华人民共和国民法典》

第七条　民事主体从事民事活动，应当遵循诚信原则，秉持诚实，恪守承诺。

《中华人民共和国民事诉讼法》

第十三条第一款　民事诉讼应当遵循诚信原则。

《中华人民共和国商标法》

第四条第一款　自然人、法人或者其他组织在生产经营活动中，对其商品或者服务需要取得商标专用权的，应当向商标局申请商标注册。不以使用为目的的恶意商标注册申请，应当予以驳回。

第七条第一款　申请注册和使用商标，应当遵循诚信原则。

第三十二条　申请商标注册不得损害他人现有的在先权利，也不得以不正当手段抢先注册他人已经使用并有一定影响的商标。

【案件索引】

一审：上海市徐汇区人民法院（2020）沪 0104 民初 7560 号（2021 年 9 月 30 日）

二审：上海知识产权法院（2022）沪 73 民终 4 号（2022 年 11 月 28 日）

【基本案情】

原告（上诉人）李某诉称：李某于 2005 年 11 月 14 日提出涉案商标的注册申请，后经核准取得专用权。2019 年 10 月 14 日，李某发现在某甲分离技术（上海）有限公司（以下简称某甲公司）运营的涉案网站所展示的宣传照片中可见过滤分离装置的机身上载有被诉侵权标识。某乙工业公司（以下简称某乙公司）认可该设备为其生产、制造。李某认为某甲公司、某乙公司的上述行为侵害了其就涉案商标享有的专用权，故请求法院判令两被告：（1）立即停止侵害涉案注册商标专用权的行为；（2）在某甲公司运营的网站中刊载声明并消除影响；（3）共同赔偿李某经济损失 1000000 元；（4）共同赔偿李某为制止侵权所支出的维权公证费 2215 元，律师费 10000 元。

被告（被上诉人）某甲公司辩称：（1）其未实施侵犯涉案商标专用权的行为，某甲公司并不是某乙公司的代理商，没有在国内代理销售过带有涉案商标的分离器产品；（2）某乙公司早在 2002 年 12 月 13 日就向欧洲知识产权局申请注册了与涉案商标外观完全一致的“EURODIA”商标，并在李某申请注册涉案商标前已在国内在先使用被诉侵权标识；（3）李某申请涉案商标之后并未实际使用；（4）李某抢注了大量的国外知名商标，恶意囤积商标用于侵权诉讼，以此谋取不正当利益。李某申请的涉案商标与某乙公司在先使用的被诉侵权标识在拼写、字体、形态等方面完全一致，照搬了某乙公司的商标样式。鉴于李某抢注、恶意囤积，违背了诚信原则，构成了权利滥用。

被告（被上诉人）某乙公司赞同某甲公司的答辩意见，并辩称：（1）被诉侵权标识一直是某乙公司的企业名称，早在二十一世纪初期就已进入中国市场开展经营活动，该企业名称及被诉侵权标识在涉案商标申请前便具有一定影响力和知名度；（2）李某在涉案商标注册后并未实际使用涉案商标且没有实际使用的意图；（3）李某系通过恶意抢注的方式注册涉案商标以牟取非法利益。因而某乙公司使用涉案商标的行为并不构成商标侵权。

法院经审理查明：李某于 2005 年 11 月 14 日申请涉案商标“”并获得核准，核定的商品类别为第 7 类上的气体分离设备、空气滤清器等。除

涉案商标外，李某还申请了注册商标百余件，涉及近十个类别。该些商标的申请日期多集中在2005年、2006年，且大多数处于无效状态。李某名下至今未登记注册个体工商户，亦未投资设立个人独资企业、一人有限公司等经营实体。某乙公司2002年开始在中国销售超滤装置、离子交换装置等产品，交易订单及发票中均载有“EURODIA”标识。

【裁判结果】

上海市徐汇区人民法院于2021年9月30日作出（2020）沪0104民初7560号民事判决：驳回李某的全部诉讼请求。

宣判后，李某不服，提出上诉。上海知识产权法院于2022年11月28日作出（2022）沪73民终4号民事判决：驳回上诉，维持原判。

【裁判理由】

法院生效裁判认为：诚信原则是民事领域的基本原则和帝王条款，在整个民商事法律体系中发挥基础性和全局性的作用。《民法总则》[①]《民法典》及《民事诉讼法》均明确规定了诚信原则。《商标法》第七条第一款系诚信原则在商标法领域的具体规定。《商标法》第四条、第三十二条等又是该法关于商标注册过程中诚信原则的具体体现。本案中，李某申请注册了包括涉案商标在内的大量商标，但至今未曾设立任何从事经营业务的主体，其申请注册商标不具有在商业活动中进行使用的意图。李某在无任何使用意图和使用行为的情况下，在与某乙公司经营产品相同的商品类别申请注册与某乙公司在先使用的字号及商标相同的商标，且涉及的是气体分离设备、空气滤清器等较为专业、生产能力要求较高的领域，况且李某还涉嫌囤积商标，故其申请注册涉案商标难谓正当，该行为违反了诚信原则。李某在其注册的涉案商标涉嫌抄袭某乙公司在先使用的字号及商标、不具有使用意图也未实际使用的情况下，基于涉案商标在本案中针对某乙公司等主张权利，亦违背了民事诉讼诚信原则。李某的诉请不应得到支持。

【案例注解】

《商标法》依法保护注册商标权利人的合法权益，在商标纠纷案件中，并

① 已失效。

非获准注册的商标当然能够获得法律的保护，还应当对权利人取得商标的过程是否违反诚信原则，行使权利是否存在权利滥用进行审查。

一、诚信原则在商标侵权案件中的适用

诚信原则一直以来都是民事主体从事民事活动，以及参与民事诉讼应当遵循的基本原则，在整个民商事法律体系中发挥基础性和全局性的作用。诚信原则要求人们在市场活动中讲究信用，在不损害他人合法利益、社会公共利益和市场秩序的前提下追求自己的利益，善意、审慎地行使自己的权利。任何违背法律精神，以损害他人正当权益为目的，恶意行使诉讼权利的行为均属于权利滥用，其相应权利主张不应得到法律的保护和支持。《商标法》第七条的规定是诚信原则在商标法领域的具体体现和要求，为《商标法》规制各种商标权滥用行为提供了根本遵循。商标权人只有秉持诚信原则申请注册和行使商标专用权权利，方可通过民事诉讼寻求法律救济。

诚信原则作为法律原则，在案件审理中一般不直接单独适用，但是也有例外。一方面，具体法条无法穷尽或涵盖所有恶意注册或权利滥用的类型，在具体法条无法适用的情况下，诚信原则可以发挥兜底作用，以填补法律漏洞。另一方面，《商标法》仅将恶意抢注等情形规定为不予注册或无效的理由，并未规定为不侵权抗辩的事由。当商标侵权案件中的权利商标存在不予注册或无效的情形时，被诉侵权人只能向商标行政机关申请商标无效。鉴于商标授权确权纠纷的处理耗时较长，即便最终权利商标被依法宣告无效，仍会导致被诉侵权人丧失发展良机，合法利益遭受难以弥补的损害。因此，允许法院在商标侵权案件中，对明显存在瑕疵的权利商标的保护范围作出限制，能有效遏制商标恶意注册、商标权滥用等行为，有利于形成更为规范的商标注册秩序，促进市场诚信。事实上，在审判实践中，各级法院在多个商标侵权案件中以商标权人取得或行使商标权违反诚信原则为由，对存在瑕疵的权利商标不予保护。例如，指导案例 82 号歌力思案①、优衣库案②等。

二、违反诚信原则注册商标并滥用商标权行为的认定规则

违反诚信原则注册商标并滥用商标权的行为在本质上属于侵权行为，其构成要件为：商标权的权利基础存在重大瑕疵，其取得即具有不正当性；商标注

---

① 王碎永诉深圳歌力思服饰股份有限公司等侵害商标权纠纷案，参见（2014）民提字第 24 号民事判决书。

② 广州市指南针会展服务有限公司等与优衣库商贸有限公司等侵害商标权纠纷案，参见（2018）最高法民再 394 号民事判决书。

册人不适当地主张权利，具有损害他人利益的主观恶意；商标权滥用损害他人合法利益，且损失与滥用商标权行为之间具有因果关系。① 笔者认为，对该行为的认定可以从商标权的取得和商标权的行使两个方面进行考量。

（一）商标权的取得层面

1. 申请注册商标应出于使用的目的

诚信原则要求申请注册商标应有真实的使用意图。商标的基本功能是识别商品或服务的来源，如果脱离生产经营活动的需要而申请注册商标，显然不可能实现商标的基本功能，也背离商标法保护商标专用权的立法初衷。因此，虽然我国《商标法》不要求申请注册商标以实际使用为前提，但仍要求申请注册商标应有真实的使用意图。国家知识产权局 2021 年 11 月发布的新修订的《商标审查审理指南》明确，“不以使用为目的”申请商标注册行为是指申请人在申请注册商标的时候，既无实际使用商标的目的，也无准备使用商标的行为，或者依据合理推断，无实际使用商标的可能性。一般而言，若申请人在注册商标前，已就申请注册的商标进行了实际使用，则其申请注册商标的行为显然正当合法；若申请人在商标获得授权后使用了该商标，则可推定其系出于使用目的而申请注册，但该种使用应是商业活动中真实、持续地使用，而不能是为了证明“使用”而炮制出的个别使用证据。若申请人在商标获准注册后未使用商标，可根据其是否为使用商标做了准备、申请注册的商标是否符合其生产经营所必需等进行判断。若申请人已经准备好经营场所、设备及人员，印制了宣传资料或通过其他途径对拟推出的产品进行宣传推广，可认定其为使用商标作了准备，其申请商标系出于使用目的。若申请人超出正常经营所需而大量囤积商标，则很难认定系出于使用目的而注册商标。②

2. 申请注册商标不得侵害他人在先的合法权益

诚信原则要求申请注册商标不能侵犯他人的在先权或其他合法权益。商标权系经注册而取得的一种财产权，当该权利与其他权益发生冲突时，法律保护通过诚实劳动形成的财产性权益，而不保护通过侵害他人合法权益的方式取得的权益。

（二）商标权的行使层面

从权利行使层面而言，主要是对商标权人是否存在权利滥用进行审查。依据诚信原则，商标权人应在法律规定的框架内善意、审慎地行使自己的权利，而不应滥用其商标权。商标权的善意行使要求权利人在商标权获准注册的范围内对商标进行商业化使用，以发挥商标区分商品来源的功能，而非将注册商标

---

① 宋健：《商标权滥用的司法规制》，载《知识产权》2018 年第 10 期。

② 叶菊芬：《违反诚信原则注册的商标不予保护》，载《中华商标》2021 年第 2 期。

本身作为牟利的工具。任何违背法律目的和精神，以损害他人正当权益为目的，恶意取得并行使权利的行为，均属于权利滥用。对于商标权人恶意行使商标权的行为，经审查认为其构成权利滥用的，应依法驳回其诉讼请求。

本案中，李某从未实际在商业经营活动中使用涉案商标，且其至今未曾设立任何从事经营业务的主体，可见其申请注册商标并不具有在商业活动中进行使用的意图。李某在无任何使用意图和使用行为的情况下，在与某乙公司经营产品相同的商品类别申请注册与某乙公司在先使用的字号及商标相同的商标，并基于涉案商标针对某乙公司等主张权利，其行为明显具有不正当性，违背了民事诉讼诚信原则，涉嫌滥用权利。

三、对恶意注册商标并滥用商标权行为的进一步规制

我国《商标法》施行以来，历经多次修改，制度体系正在逐步完善，但针对商标恶意注册及不正当维权的规制体系尚不健全。近日，国家知识产权局印发《系统治理商标恶意注册促进高质量发展工作方案（2023—2025 年）》，强调健全依法从严打击商标恶意注册行为工作机制、全领域深化打击商标恶意注册行为。笔者认为，规制商标恶意注册及滥用商标权行为，应从制度设计及司法救济两个层面系统、综合治理，具体论述如下：

（一）制度设计层面

1. 在行政、司法诸环节全面贯彻商标使用原则，加强商标注册与使用意图的联系

我国采取的商标取得模式属于“注册取得制”，在此种模式下，商标的注册与实际使用之间缺乏紧密联系。笔者认为，可以通过立法明确申请注册的商标应当是为了“使用或者承诺使用”，引导商标注册回归“注册为了使用”的制度本源。具体而言，在商标注册时要求申请人提交实际使用商标的相关证明材料或作出使用意图的计划说明，以便审查人员可以初步判断申请人是否系真实使用人，或者其申请的商标是否与其经营范围有关联，是否真正需要使用该商标。对于已经获得注册的商标，要求商标权人每 5 年提交使用说明或者不使用的正当理由以备查，一旦发现未予以说明或者经查证说明不真实，可以撤销该商标。

2. 完善法律法规体系的配套设计，健全商标行政审查及司法审判的协调治理

加强商标领域诚信建设，明确将诚信原则作为商标异议和无效的依据，以实现在驳回、异议或者宣告无效程序中对恶意注册行为的全面规制。完善商标授权确权程序和审查制度，降低当事人获权和维权的成本，避免程序空转和资源浪费。加强对商标恶意注册行为人及其代理人的制裁，明确行政、司法处罚的标准和具体方式，弥补《商标法》第六十八条没有处罚额度的缺陷；赋予

在先权利人赔偿损失请求权，明确恶意抢注给他人造成损失的民事赔偿责任，引入商标权恶意诉讼的反赔机制；构建恶意注册商标的强制移转制度，明确在先权利人在请求宣告无效时可以申请将被抢注的商标转移至自己名下。

（二）司法救济层面

对于商标恶意注册与商标权滥用的司法规制途径，既可通过提起不正当竞争诉讼主动出击，亦可以商标权滥用作为侵权抗辩事由被动防御。

1. 以商标权滥用作为侵权抗辩事由进行被动防御

对于在侵害商标权纠纷诉讼中，能否对注册商标存在恶意抢注等违反诚信原则的事实进行审查，司法实践曾存有争议。但在歌力思案被确认为最高人民法院指导案例之后，在先权利人对于恶意抢注商标者完全可以依据诚信原则以商标注册人构成权利滥用为由进行抗辩。如果法院经审查能够确认涉案注册商标的权利基础存在重大瑕疵，且注册人存在商标权滥用行为，主观恶意明显的，则可以依据诚信原则，判决驳回原告的诉讼请求。

2. 提起侵权损害赔偿诉讼或不正当竞争诉讼主动出击

对于违反诚信原则注册的商标，在先权利人可以通过商标授权确权程序申请宣告无效，也可以在商标侵权案件中提出商标瑕疵抗辩。但上述情形聚焦于对恶意注册人的权利予以否定，并未对案件另一方当事人因被牵涉进各种程序而产生的费用及遭受的损失进行有效的救济。因此，从立法上明确违反诚信原则注册商标或恶意提起商标权诉讼，给对方当事人造成损失的，相关利害关系人可以主张损害赔偿，符合司法现实的需要。

在实践中，根据商标权滥用行为的不同表现方式，在先权利人可以通过不同的路径寻求司法救济：

（1）针对非恶意诉讼型的商标权滥用行为①。恶意注册商标的目的在于谋取不正当利益，恶意注册人通常会向在先权利人兜售恶意注册的商标，一旦不成功，恶意注册人便会凭借其恶意注册的商标实施各种针对在先权利人的“维权行动”。例如，在电商平台恶意投诉导致在先权利人的商品被下架；滥用商标异议程序，对在先权利人已经注册的商标请求宣告无效或正在申请的商标提出异议等。对此，笔者认为，首先，恶意注册他人具有较高知名度的商业标识行为本身具有不正当性，在先权利人因提起商标异议、无效及行政诉讼所遭受的损失系由该不当行为所引起的，两者具有因果关系，且恶意注册人主观上具有过错。因此，恶意注册行为符合侵权行为的构成要件，在先权利人可以依据《民法典》第一千一百六十五条第一款、第一百三十二条维护自身权益。

① 本文中的非恶意诉讼行为主要指恶意注册、滥发警告函、恶意投诉、滥用商标异议程序、恶意售卖、商标囤积等非诉讼行为。

其次，恶意注册行为扰乱了商标注册规则、有损公平竞争的市场秩序、违反诚信原则、损害公共利益。该行为与《反不正当竞争法》第二条规定的扰乱市场竞争秩序，违背诚信原则，不遵守法律和商业道德，损害其他经营者合法权益的行为具有一致性。在先权利人可以提起不正当竞争之诉，并同时要求恶意注册人赔偿损失和合理开支。在“Coppertone”（确美同）案①中，法院适用诚信原则认定商标抢注人恶意抢注商标及恶意投诉行为构成不正当竞争，明确该类行为可依据《反不正当竞争法》第二条的规定予以规制。

（2）针对恶意诉讼型的商标权滥用行为。恶意注册人通过向在先权利人提起侵权诉讼以获取高额赔偿，亦是其获取利益的一种途径。针对恶意注册人提起的侵权诉讼，在先权利人可依据《最高人民法院关于知识产权侵权诉讼中被告以原告滥用权利为由请求赔偿合理开支问题的批复》的规定，通过提起反诉的方式请求恶意注册人赔偿诉讼合理开支；也可以单独提起损害赔偿之诉。最高人民法院在2011年修改《民事案件案由规定》时将“因恶意提起知识产权诉讼损害责任纠纷”作为一类案由正式写入规定，从法律层面上给予被损害人救济途径。《最高人民法院关于全面加强知识产权司法保护的意见》第十三条也规定：“妥善审理因恶意提起知识产权诉讼损害责任纠纷，依法支持包括律师费等合理支出在内的损害赔偿请求。”在TELEMATRIX案②中，法院认定比特公司提起商标侵权诉讼不具备正当的权利基础，主观上具有恶意，且造成了中讯公司的损失。比特公司在明知“TELEMATRIX”商标系抢注他人在先使用并有一定影响的商标情况下，以损害中讯公司合法权益和获取非法利益为目的提起的商标侵权诉讼构成恶意诉讼，判令比特公司赔偿经济损失及合理开支100万元。

（**一审法院独任审判员**　于　是
二审法院合议庭成员　钱光文　邵　勋　叶菊芬
编写人　上海知识产权法院　叶菊芬　杨　洁
责任编辑　姚俊萍
审稿人　丁文严）

---

① 拜耳消费者关爱控股有限责任公司、拜耳消费者护理股份有限公司诉李某不正当竞争纠纷案，参见浙江省余杭区人民法院（2017）浙0110民初18627号民事判决书。

② 江苏中讯数码电子有限公司诉山东比特智能科技股份有限公司因恶意提起知识产权诉讼损害责任纠纷案，参见江苏省无锡市中级人民法院（2016）苏02民初71号民事判决书、江苏省高级人民法院（2017）苏民终1874号民事判决书。

某娱乐公司、某会社等诉某科技公司、某网络公司等著作权侵权、不正当竞争纠纷案

——超出授权范围的再演绎作品的侵权认定

关键词：知识产权　著作权侵权　不正当竞争　演绎作品　超出授权范围

【裁判要旨】

被控侵权作品作为原作品的相关作品的演绎作品，即便其获得了原作品的相关权利人的授权，且在原作品与该相关作品已就各自的权属、权利边界、行权方式、利益分配等内容已经达成协议的情况下，当被控侵权作品的创作、改编等行为超出了该相关作品权利人的授权范围，以致被控侵权作品与原作品构成实质性相似，被控侵权作品所获得的授权将无法阻却对其侵犯原作品著作权的判定。

【相关法条】

《中华人民共和国著作权法》（2010 年修正）

第十二条[①]　改编、翻译、注释、整理已有作品而产生的作品，其著作权由改编、翻译、注释、整理人享有，但行使著作权时不得侵犯原作品的著作权。

【案件索引】

一审：上海市普陀区人民法院（2017）沪0107民初30818号（2019年11月29日）

---

① 该法已于2020年修正，修正后本条被修改为第十三条，内容未作修改。

二审：上海知识产权法院（2020）沪73民终149号（2023年8月30日）

【基本案情】

原告（被上诉人）某娱乐公司、原告（被上诉人）某会社诉称：原告某娱乐公司于2000年9月完成了网络游戏“The Legend of Mir 2”（《传奇2》，也称《热血传奇》）的创作、开发，并于2000年11月10日与某软件公司在某国共同登记为共有著作权人。2017年5月23日，某娱乐公司分立成立某会社，某会社自某娱乐公司处承继《传奇2》及《传奇3》游戏相关的全部知识产权。2017年，某娱乐公司、某会社发现，《传奇霸业》手游中大量利用了《热血传奇》的角色、技能、道具、武器、服装、怪物等独创性元素，构成对《热血传奇》著作权的侵犯。同时，相关宣传内容未经原告某娱乐公司、某会社、某软件公司授权，刻意将《传奇霸业》手游与经典《热血传奇》游戏建立联系，借助《热血传奇》的知名度抢夺市场、争夺客户，构成虚假宣传的不正当竞争。鉴于《传奇霸业》手游的出品单位为被告某科技公司、运营单位为被告某网络公司，著作权人为被告广州某科技公司，且上述三被告为关联公司，原告某娱乐公司、某会社认为《传奇霸业》手游的开发和运营系三被告共同合意行为，对此三被告应当承担共同侵权责任。请求法院判令：（1）三被告立即停止侵害二原告《热血传奇》游戏的著作权；（2）三被告立即停止虚假宣传的不正当竞争行为；（3）三被告连带赔偿二原告维权合理费用50万元；（4）三被告连带承担本案所有诉讼费用。

原告（被上诉人）某软件公司称：其在本案中不针对三被告提起诉请，但并不放弃实体权利。原告某娱乐公司、某会社在本案起诉前没有与其沟通，如本案原告败诉，诉讼费应由某娱乐公司、某会社承担，如原告胜诉，其享有作为共有著作权人的权利，但具体赔偿分配在本案中不予主张。

被告（上诉人）某科技公司、被告（上诉人）某网络公司、被告（上诉人）广州某科技公司共同辩称：首先，原告某娱乐公司、某会社并非本案适格主体，原告某娱乐公司已经将相关权利授权共有著作权人某软件公司行使，因此不能提起本案诉讼。加之涉案权利作品也已由某软件公司授权给了案外人，相关收益权也应归属于案外人，因此原告某娱乐公司、某会社也没有提起索赔的基础。其次，关于涉案游戏的权利基础问题，原告某娱乐公司享有著作权的游戏在某国登记名称是“The Legend of Mir2”，而本案中原告举证的《热血传奇》是案外人上海某网络发展公司引进游戏17年来多次更新版本后的游戏呈现，与原始游戏存在区别。再次，《传奇霸业》手游并不存在被控侵权行为，其一，被告广州某科技公司获得案外人，即《传奇世界》游戏著作权人及授权链上有权授权主体的合法授权，就《传奇世界》的权属，且案外人某信息技术（上海）公司及原告某娱乐公司、某软件公司曾经诉讼调解，达成合意，三方确认某信息技术（上海）公司对《传奇世界》享有完整的著作权，有权对外再行授权，原告某娱乐公司、某软件公司不会基于此再行提起诉讼，本案的发起违反了三方调解合意；其二，原告主张的作品类型为类电作品，但原告提交的对比素材并不包括游戏情节、发展主线等内容；其三，《传奇霸业》手游是基于《传奇世界》合法授权，独立改编并开发完成，基于原告提交的对比材料，比对中的相似部分大部分来源于《传奇世界》游戏和公有领域素材，其余相似内容仅占《传奇霸业》手游的极小比例，原告无法以该极少部分主张整体游戏侵权，不能证明游戏整体已构成实质性相似。最后，《传奇霸业》手游系由被告广州某科技公司独立研发，被告某科技公司、某网络公司仅是代理公司，在版号申请时提交了名称，但未实施任何侵犯著作权及不正当竞争的行为，不应承担法律责任。游戏运营由案外人进行，相应运营宣传由其进行。综上，被告某科技公司、某网络公司与本案纠纷无关。

法院经审理查明：《热血传奇》是由某娱乐公司于2000年开发的一款大型多人在线角色扮演游戏，该游戏由某娱乐公司和某软件公司作为共有著作权人，其中某娱乐公司委托某软件公司行使其享有的相关权利。2001年，某软件公司授权上海某网络发展公司将该游戏引入中国内地，2008年，某软件公司和上海某网络发展公司约定将《热血传奇》的相关授权转让给某信息技术（上海）公司。《热血传奇》游戏经过十余年的运营发展，先后出现多个迭代版本，且拥有数量庞大的玩家群体和广泛的知名度。后以2017年5月19日分立日为界，某会社自某娱乐公司处承继了《热血传奇》的著作权。

2003年，某信息技术（上海）公司经核准登记为《传奇世界》的著作权人。同年，某娱乐公司在北京市第一中级人民法院起诉上海某网络发展公司、某信息技术（上海）公司，认为其开发、运营的《传奇世界》游戏侵犯了《热血传奇》游戏的著作权，后某软件公司作为共同原告加入诉讼，该案经法院主持，原、被告于2007年2月2日自愿达成调解（即2007年调解协议）：上海某网络发展公司承认某娱乐公司和某软件公司共同拥有《热血传奇》的著作权，某娱乐公司和某软件公司承认某信息技术（上海）公司拥有《传奇世界》的著作权。各方进一步同意并确认，不会基于任何与本案诉讼相同或实质上相同的事实针对任何其他一方提起任何争议解决程序。

2016年9月21日，某信息技术（上海）公司授权广州某科技公司基于《传奇世界》网络游戏开发、改编一款《传奇世界》手游（改编游戏）；2016年8月1日，广州某科技公司开发完成了《传奇霸业》手游软件，并于同年8月15日登记为著作权人。经查，《传奇霸业》手游的出品单位为某科技公司、运营单位为某网络公司、著作权人为广州某科技公司。

另查明：2017 年 4 月 20 日某游戏网刊载文章提及：“经典传奇 IP 继承游戏核心玩法一脉相承追本溯源，《传奇霸业》本身既是秉承了正版传奇游戏的经典设置，为玩家提供了原汁原味的传奇体验，作为《传奇霸业》的移动端传承之作，《传奇霸业》手游品质完美复刻了页游经典，让经典传奇 IP 带着更加畅爽的页游基因在全新的领域——移动端得以再次华丽绽放。《传奇霸业》手游重现了经典的热血沙城，大家熟悉的场景和怪物都将重新与玩家们见面……”

【裁判结果】

上海市普陀区人民法院于 2019 年 11 月 29 日作出（2017）沪 0107 民初 30818 号民事判决：一、广州某科技公司于本判决生效之日起立即停止侵犯《热血传奇》游戏著作权的行为，即删除其开发并授权运营的《传奇霸业》手游中侵犯《热血传奇》游戏著作权的内容；二、某科技公司、某网络公司于本判决生效之日起十日内赔偿原告某娱乐公司、某会社合理费用人民币 10000 元；三、广州某科技公司于本判决生效之日起十日内赔偿原告某娱乐公司、某会社合理费用人民币 150000 元；四、某科技公司、某网络公司、广州某科技公司于本判决生效之日起十日内共同赔偿原告某娱乐公司、某会社合理费用人民币 90000 元；五、对原告某娱乐公司、某会社的其余诉讼请求不予支持。

宣判后，某科技公司、某网络公司、广州某科技公司不服，提起上诉。上海知识产权法院于 2023 年 8 月 30 日作出（2020）沪 73 民终 149 号民事判决：驳回上诉，维持原判。

【裁判理由】

法院生效裁判认为：1. 本案中，《热血传奇》网络游戏属于大型多人在线角色扮演类游戏，具有较高的角色代入感和多玩家交互性，具有文化艺术领域范畴的特性以及极高的独创性，且可以通过有形形式予以复制，属于我国《著作权法》保护的作品。作为一款角色扮演类网络游戏，《热血传奇》游戏整体画面从表现效果来看，是随着玩家的不断操作，呈现出的连续动态的图像，与电影作品的欣赏体验类似，可认定为类电影作品。此外，根据本案查明的事实，不同历史时期的《热血传奇》游戏版本更新都是在原有游戏版本内容基础上进行增加和扩充，游戏核心内容没有实质变化，故各个迭代版本游戏并非独立的新的游戏。

2. 本案中，某娱乐公司、某软件公司均为某国公司，中国和某国均为

《伯尔尼公约》成员国。在案证据亦证明，两者共同享有《热血传奇》软件著作权，在未有其他相反证据的情况下，可以认定《热血传奇》游戏生成画面的著作权人为某娱乐公司和某软件公司。至于某会社，以2017年5月分立日为界，其自某娱乐公司处承继了《热血传奇》的著作权。此外，鉴于《热血传奇》对案外人的授权范围及期限，某娱乐公司、某会社基于本案手游涉嫌侵权的诉权并未受限，故某娱乐公司，包括承继权利的某会社作为共有著作权人之一可以单独提起本案诉讼。

3. 接触和实质性相似是判断著作权侵权的标准，《热血传奇》是在中国连续运营十余年的经典网络游戏，游戏知名度高，且本案涉及比对的各版游戏发表时间均早于《传奇霸业》手游，可以认定作为游戏行业的从业主体应当知道《热血传奇》游戏的存在，具有接触可能性。在网络游戏相似性对比中，通常通过人物角色、武器、道具、服装、技能、地图、怪物、建筑物等游戏具体内容逐一比对判断两款游戏整体是否构成实质性相似。在角色扮演类游戏中，上述内容并不是割裂的，不同的人物角色职业对应着不同的武器、道具、服装和技能等人物要素，而不同的地图对应着不同的怪物、NPC和建筑物等场景要素，人物要素和场景要素整体上统一构成了角色扮演类游戏作品的核心表达内容。

在案证据显示，《热血传奇》与《传奇霸业》人物角色的整体外观具较高相似度，且人物角色中的多项技能设计、技能名称相同或相似。《传奇霸业》迭代后，虽就道具、NPC、怪物、防具、技能等进行了部分改动，但名称、外观及功能中至少有一项，仍与《热血传奇》游戏相似。两款游戏中涉及的游戏地图，其中建筑物形态、布局、功能细节装饰等具有相似性。综上，两款游戏涉及的上述内容构成实质性相似，《传奇霸业》手游侵犯了《热血传奇》游戏的改编权和信息网络传播权。

另结合在案证据，可以认定广州某科技公司开发《传奇霸业》手游获得了某信息技术（上海）公司《传奇世界》的授权。但《热血传奇》与《传奇世界》在人物角色、技能、场景设置等方面存在相似，且《热血传奇》先于《传奇世界》发表。而从2007年调解协议来看，并未涉及对《传奇世界》著作权行使方式的限制。加之在案证据表明，《传奇霸业》手游的被控侵权内容中部分元素虽与《传奇世界》游戏的相应元素有相似之处，但其与《热血传奇》游戏中相应元素的相似程度更高，部分元素与《传奇世界》游戏的相应元素并不相似，部分元素并未在《传奇世界》游戏中出现，且上述三种情形占比较高，《热血传奇》共有著作权人某娱乐公司与某软件公司，包括承继主体某会社均未对此给予广州某科技公司授权，故《传奇霸业》手游虽获《传奇世界》的授权，但并不足以阻却对广州某科技公司侵犯了《热血传奇》改编权的判定。结合侵权公证时间、某娱乐公司和某会社的分立时间等，可以认定广州某科技公司侵犯了《热血传奇》游戏的改编权，广州某科技公司、某网络公司、某科技公司侵犯了《热血传奇》游戏的信息网络传播权。

4. 关于不正当竞争部分。《热血传奇》游戏在中国已连续运营多年，具有极高知名度和广大玩家基础。某娱乐公司及承继主体公司基于《热血传奇》著作权人积累了良好声誉，而《传奇霸业》手游亦属游戏行业，因此两者具有较强竞争关系。本案中，在某游戏网刊载的文章中涉及的相关宣传用语及宣传方式较易使玩家对两款游戏具有关联性产生误解，较易成为吸引玩家的重要指标，因此属于虚假宣传的不正当竞争行为。

5. 关于民事责任的承担。其中停止侵权部分，广州某科技公司侵犯了《热血传奇》游戏的改编权和信息网络传播权，应立即停止侵权，即删除其开发并授权运营的《传奇霸业》手游中涉及侵犯《热血传奇》游戏著作权的内容。某网络公司、某科技公司侵犯了《热血传奇》游戏的信息网络传播权，并构成虚假宣传，然 2018 年 2 月起《传奇霸业》手游的运营单位已变更为案外人，且涉案侵权公证亦在案外人运营的游戏网，结合其他合同证据的印证，考虑到执行相应行为的主体可行性，本案中不再予以支持，某娱乐公司、某会社可就停止上述侵权行为向可能的案外主体另行主张。赔偿责任部分，侵犯改编权行为由广州某科技公司实施，其应就该部分侵权行为承担相应赔偿责任。广州某科技公司和某网络公司、某科技公司分别作为授权运营方和运营方，侵犯了《热血传奇》游戏的信息网络传播权，应就该部分共同侵权行为承担赔偿责任。某网络公司、某科技公司还构成虚假宣传的不正当竞争行为，应就该部分侵权行为承担相应赔偿责任。某娱乐公司、某会社仅在本案中主张维权合理费用，未主张其他损失赔偿，系其对自身权利的行使。其虽未提供维权合理费用的相关证据，但考虑到广州某科技公司、某网络公司、某科技公司各自的主观过错、侵权情节等，酌情判定。

【案例注解】

本案涉及的网络游戏①原为国外知名网络游戏，该游戏早在 2001 年进入中国市场本土化后，经过十余年的运营发展，不仅积累了数量庞大的玩家以及相当的知名度和美誉度，还出现了多个版本迭代以及与之相关的衍生游戏。本案所涉《热血传奇》作为原作品，其权属、授权等情况较为复杂，而被控侵

① 鉴于网络游戏的表现形式多样，本文所指网络游戏一般为由人物、情节等元素组成的角色扮演类游戏。

权的《传奇霸业》系经《传奇世界》著作权人授权改编而成，而《传奇世界》与《热血传奇》曾在法院因著作权侵权诉讼，最终在法院的调解下，双方就各自的权属、权利边界、行权方式、利益分配等内容达成协议。故针对被控侵权作品属于经原作品的相关作品授权改编而成的情况下，能否认定其侵犯了原作品的著作权，以及如何更好地平衡各方权利人的利益是本案审理的重点、难点问题。

一、网络游戏及其元素的可著作权性

近年来，随着网络游戏的不断发展以及类型日益多样化，网络游戏元素不断丰富，网络游戏的形态也越发多样化，因而网络游戏作为典型的由多种类型作品杂糅形成的复合型作品，若要将其纳入《著作权法》的保护范围，则首要明确的一个问题是将其中的各个元素作分类保护抑或将其作为某一作品类型进行整体保护。司法实践中，法院在案件审理过程中对于前述两种路径均有采用。

其一，在网络游戏元素可拆分的情况下，如果某种游戏元素属于现行法律中明确规定的某种作品类型，则将其单独纳入著作权法的保护范畴。例如，在涉《魔兽世界》网络游戏侵权纠纷案件中，原告主张将游戏中的英雄形象、装备图案以及地图等元素以美术作品进行保护，得到了法院的支持。①

其二，考虑到网络游戏在独创性表达上与类电作品②相近似，鉴于二者在创作过程与选择安排上，均围绕一定人物角色、故事情节等进行安排；在创作完成后的最终呈现形态上，均可以存储在一定介质上，由一系列有伴音或者无伴音的连续动态画面组成，并可借助适当装置呈现。因此当某一网络游戏可以被认定为类电作品的情况下，则将其作为整体纳入著作权法的保护范畴。③ 例如，本案中原告主张其享有权利的网络游戏《热血传奇》整体构成以类似摄制电影的方法创作的作品，应当受到著作权法的保护，且本案中不再对其他具体元素单独主张著作权。

当然，需要指出的是，鉴于目前对于网络游戏适用《著作权法》的保护路径尚未有相关法律规定予以明确，因此法院在相关案件审理过程中，不妨充分尊重原告的主张进行个案处理（即原告主张个别保护或是整体保护）。

---

① 参见广东省高级人民法院（2016）粤民终1719号民事判决书。

② 2010年4月1日实施的《著作权法》中使用的是“电影作品和以类似摄制电影的方法创作的作品”的表述，而2020年6月1日实施的《著作权法》则将相关表述修改为“视听作品”。鉴于本案审理时适用的是2010年4月1日实施的《著作权法》，故本文采用“类电作品”的表述。

③ 参见张书青：《类推适用：网络游戏著作权法保护的应然路径》，载《中国版权》2020年第4期。

二、演绎作品的权利归属、权利边界及利益平衡

所谓演绎作品是在已有作品基础上经过改写、改变、改编等方式创作的作品。一般而言，优秀的作品往往有二次开发或多次开发的必要，经过这种开发，作者的经济利益得到充分实现。

我国《著作权法》（2010 年修正）虽未明确规定“演绎作品”，但第十二条规定：“改编、翻译、注释、整理已有作品而产生的作品，其著作权由改编、翻译、注释、整理人享有，但行使著作权时不得侵犯原作品的著作权。”这一条实际上是对演绎作品版权归属的规定，确定了原著作权人和演绎者之间的版权利益关系。此外，第十条第一款第十三项至第十六项亦规定了作者的演绎权。

就演绎作品的权属而言，鉴于演绎作品并非对已有作品的机械复制，而是建立在新的思想表达形式的基础上对原作品的再现或改编，因此演绎作品需要演绎作者正确理解并把握已有作品的要义，同样凝聚了演绎作者的心血以及为之付出的创造性劳动①，一般而言演绎作者是演绎作品的著作权人，需要注意的是，若另有相关约定或法定情形的，则从其约定或法定。当然，基于演绎作品本身的特点，即演绎作品虽具有一定的独创性，但根本还是依附于已有作品而产生。因此演绎作品的著作权人所享有的著作权属于限缩的著作权，换言之，演绎作品的著作权人在享有或行使权利时受到已有作品著作权人的限制。

此外，演绎作品的著作权人同样可以授权他人使用其作品，但需要指出的是，由于演绎作品倾注了已有作品的作者与演绎作品的作者的共同心血，若赋予二者各自独立的作品许可使用权有失妥当，即尽管演绎作品本身并不能完全替代已有作品，但演绎作品的权利行使如果不受限制，就很可能在客观效果上挤压已有作品的市场份额从而威胁已有作品著作权人对其作品独创性表达元素的专有。② 因而在通常情况下，拟使用演绎作品进行再次创作的主体应获得演绎作品著作权人与已有作品著作权人的双重许可。当然，在某些特殊情况下，如果使用的部分确实是演绎作品著作权人独创的部分，则针对这部分的利用可以不经过原作品著作权人的许可，也即对于演绎作品中新颖的独创性表达，其著作权人可以自由使用而不受限制。③

就本案而言，涉及的原作品及演绎作品均属于游戏，且游戏发展时间跨度

---

① 何雪梅：《我国演绎作品的著作权归属及行使规则研究》，载《法制与社会》2017 年第 13 期。

② 李峰、袁博：《演绎作品再演绎的授权规则——〈鬼吹灯〉游戏改编案为视角》，载《人民司法 · 案例》2012 年第 14 期。

③ 何雪梅：《我国演绎作品的著作权归属及行使规则研究》，载《法制与社会》2017 年第 13 期。

十余年，故在游戏本身所搭载的平台不断发展的情况下（即页游、端游和手游），尽管在2007年调解协议中，《热血传奇》方与《传奇世界》方就各自的权利边界、利益分配等内容达成了一致，但需要注意的是，在2007年这个时间节点，移动手游刚刚兴起，各方当事人并不能预见在今后的数年间，手游将成为游戏行业的新增长点，手机用户将成为网络游戏的新受众。因而，在本案审理过程中，更应当关注的是2007年调解协议中各方当事人的“本意”，即各方当事人意在以2007年调解协议约束在现有情况下独立行使针对现有作品的相关权利、获取现有的作品的相关利益，但如果仍有超出该范围的改编情况，该等改编（或称演绎）仍应尊重原作品的著作权。

三、再演绎作品构成侵权的判定

本案中，虽2007年调解协议并未明确界定《传奇世界》系《热血传奇》的演绎作品，但不可否认的是，《热血传奇》和《传奇世界》在人物角色、技能、场景设置等方面存在相似，且《热血传奇》先于《传奇世界》，故就实质而言，将《传奇霸业》认定为再演绎作品并依据相关原则判断其侵权与否并无不当。

如前所述，再演绎作品在创作过程中，最为稳妥的方式是取得全部已有作品著作权人的许可，然而在实践中，仍有较多的再演绎作者没有取得已有作品著作权人的授权或仅取得了部分已有作品著作权人的授权，针对该种情况，认定该类再演绎作品是否侵犯了原作品著作权应考虑以下几点：

（一）再演绎作品中是否包含已有作品的表达元素

如前所述，如果再演绎作品中完全不包含已有作品的相关元素，仅是利用已有作品的思想等作二次创作，并不包含已有作品特有的元素或表达，则在该种情况下，再演绎的作者即便未取得已有作品的授权，仍然不会构成著作权侵权。

（二）再演绎作品虽包含已有作品的表达元素，但该元素属于有限表达或公有领域

已有作品的表达元素可以分为非独创性元素和独创性元素。对于非独创性元素，属于共有领域，并不专属于已有作品著作权人，因此同样可以自由使用而不需要得到已有作品著作权人的许可。如本案中，原告某娱乐公司、某会社就游戏界面和操作方式中的部分内容亦进行了主张，但由于部分内容在剔除上文涉及的要素及对应关系的独创性表达内容之后，基于游戏一般空间布局习惯、功能设计需要、玩家操作习惯等原因，应属于网络游戏的常用设计，属于有限表达和公有领域的表达。故对于这部分内容，法院认定原告某娱乐公司、某会社对这部分内容不享有著作权，也无谓保护。

（三）再演绎作品包含已有作品的表达元素，且该种使用未获授权

为了尊重著作权人对其作品的控制和利用，对于已有作品的未进入共有领域的独创性表达元素的利用，一般要得到已有作品著作权人的授权许可，否则就构成了对已有作品著作权的侵犯。① 就本案而言，《传奇霸业》手游的被控侵权内容中部分元素虽与《传奇世界》游戏的相应元素有相似之处，但其与《热血传奇》游戏中相应元素的相似程度更高，部分元素与《传奇世界》游戏的相应元素并不相似，部分元素并未在《传奇世界》游戏中出现，且上述三种情形占比较高。故在被控侵权游戏（《传奇霸业》）未取得全部已有作品著作权人授权的情况下，其取得的部分授权不能阻却对其构成侵权的认定。

四、结语

本案的审理，不仅界定了原作品与演绎作品及衍生作品各自的权利边界，而且明确了应当在不损害已有作品权利的前提下进行演绎的创作原则，更有效保护了外国游戏著作权人的合法权益，对于游戏的跨国流动、国际游戏本土化并不断促进游戏产业的健康发展具有积极的意义。

（**一审法院合议庭成员** 张佳璐 李 霞 高遂文
二审法院合议庭成员 胡 宓 易 嘉 杜灵燕
编写人 上海市普陀区人民法院 张佳璐 陈 莹
责任编辑 姚俊萍
审稿人 丁文严）

① 李峰、袁博：《演绎作品再演绎的授权规则——〈鬼吹灯〉游戏改编案为视角》，载《人民司法·案例》2012年第14期。

行政与国家赔偿

王某某诉复旦大学不授予硕士学位决定案

——高校及其下属院系制定学术评价文件的效力与适用

关键词：行政 学位授予 学术评价文件 学术自治 司法审查

【裁判要旨】

经法律法规授权，高等学校具有审查并授予硕士学位的职权。高等学校可制定本校授予硕士学位的工作细则，并可允许下属院系制定标准更高的学术评价标准，培养高水平学术人才。为促进学术自治和人才培养，高等学校各院系学位评定分委员会作出的针对特定专业硕士研究生的更为具体的培养方案和论文发表要求可以优先适用。学生否定院系学术评价文件中关于发表论文的相关要求，以符合校级学术论文发表标准为由，要求授予硕士学位的，人民法院不予支持。

【相关法条】

《中华人民共和国学位条例》

第八条第一款[①] 学士学位，由国务院授权的高等学校授予；硕士学位、博士学位，由国务院授权的高等学校和科学研究机构授予。

《中华人民共和国学位条例暂行实施办法》

第六条第二款 申请硕士学位人员应当在学位授予单位规定的期限内，向学位授予单位提交申请书和申请硕士学位的学术论文等材料。学位授予单位应当在申请日期截止后两个月内进行审查，决定是否同意申请，并将结果通知申

① 已失效。

请人及其所在单位。

第二十五条 学位授予单位可根据本暂行实施办法，制定本单位授予学位的工作细则。

【案件索引】

一审：上海市静安区人民法院（2023）沪0106行初696号（2023年8月29日）

二审：上海市第三中级人民法院（2024）沪03行终109号（2024年4月19日）

【基本案情】

原告（上诉人）王某某诉称：《〈复旦大学学位与研究生教育国内期刊指导目录〉制定、实施情况说明》（2018年1月修订）（以下简称《期刊指导目录说明》）明确："学位申请人在影响因子为6.0以上的SCI期刊发表文章且作者排名前三名"可作为特殊情况授予硕士学位。王某某已经于2021年2月11日以第三作者身份在第328期《生物资源技术》杂志上发表学术论文《处理条件对微生物菌群异养氨氧过程的影响》，达到了该《期刊指导目录说明》规定的硕士学位授予条件。但是复旦大学以《环境科学与工程系研究生申请学位规定》（2014年6月30日版）为更高标准，认为王某某没有达到该院系学位评定分委员会对发表学术论文的要求，拒绝授予硕士学位。王某某认为，《环境科学与工程系研究生申请学位规定》不应作为依据，故请求法院判令撤销复旦大学对其作出的不授予硕士学位的决定。

被告（被上诉人）复旦大学辩称：《环境科学与工程系研究生申请学位规定》于2014年当年在系内以张贴的形式公示，规定的内容又以研究生培养方案的形式，一直在王某某每学期都使用的研究生选课系统中刊载，王某某知晓上述规定中对发表学术论文的具体要求。复旦大学《期刊指导目录说明》第一页最后一句话写明"学校赞成并支持各学位评定分委员会提出比学校规定更高或更为详细的学术规范及学术要求"。王某某不符合该院系研究生培养方案的要求，即以本人为第一作者或者导师为第一作者且本人为第二作者，发表一篇影响因子1.0以上或者数篇影响因子累计1.0以上的、与学位论文研究内容相同的SCIE摘引期刊论文，因此未被授予硕士学位，请求法院判决驳回王某某的诉请。

法院经审理查明：2014年《环境科学与工程系研究生申请学位规定》载

明："一、本系研究生申请学位的学术论文，论文内容必须为学位论文内容；申请者必须是第一作者，或导师为第一作者、申请者为第二作者；论文必须经导师审阅，导师必须为论文的通讯作者。二、本系硕士研究生申请学位，具体要求如下：（1）环境管理专业（包括环境规划、城市生态、城市规划方向）要求在国内外权威学术期刊（A类）（《价格理论与实践》除外）上发表学术论文一篇以上……"

王某某系复旦大学环境科学与工程系环境科学专业2017级硕士研究生，于2017年9月至2020年9月在环境科学专业全日制学习。王某某于2020年7月28日完成论文答辩，其硕士毕业论文为《海杆菌A5对球等鞭金藻生长的促进作用及其机制》。2020年8月5日，王某某与环境科学与工程系研究生教务员微信联系，申请自答辩举行之日起暂缓一年申请学位。同年9月1日，院系秘书对王某某申请的审核意见为"学术论文发表尚未达标"。王某某于同年9月2日取得复旦大学硕士研究生毕业证书。2022年11月17日，王某某向复旦大学提交了一篇以王某某为第三作者，于2021年2月11日发表在第328期《生物资源技术》杂志上的学术论文《处理条件对微生物菌群异养氨氧过程的影响》。同年12月20日，王某某向校环境科学与工程系学位评定分委员会（以下简称系学位评定分委员会）提出学位申请，并提交了申请书、情况说明等，认为其已满足硕士学位申请条件，理由是《复旦大学学位与研究生教育国内期刊指导目录》中明确"学位申请人在影响因子为6.0以上的SCI期刊发表文章且作者排名前三名"可作为特殊情况授予学位证书。同日，系学位评定分委员会经表决，不同意授予王某某理学硕士学位。2023年1月9日，王某某与系学位评定分委员会秘书进行邮件沟通，次日收到回复"环境系研究生毕业申请学位需满足环境系学位评定分委员会制定的培养方案上的相关要求"。经复旦大学学位评定委员会（以下简称校学位评定委员会）第111次会议审议，决定不同意授予王某某理学硕士学位。同年3月10日，复旦大学通过邮件，告知王某某，复旦大学不授予其硕士学位，不授予学位理由为不满足院系学术论文发表要求。

【裁判结果】

上海市静安区人民法院于2023年8月29日作出（2023）沪0106行初696号行政判决：驳回王某某的全部诉讼请求。

宣判后，王某某提出上诉。上海市第三中级人民法院于2024年4月19日作出（2024）沪03行终109号行政判决：驳回上诉，维持原判。

【裁判理由】

法院生效裁判认为：根据《学位条例》第八条规定，复旦大学作为法律、法规授权的高等学校，有权授予硕士学位，校学位评定委员会有权作出是否批准授予王某某硕士学位的决定。根据《学位条例暂行实施办法》第二十五条的规定，复旦大学可以制定本单位授予学位的工作细则。据此，复旦大学制定了相应的《工作细则》和配套规定。复旦大学下属各院系有权根据专业研究方向、学术培养要求等，制定可申请本专业硕士学位的学术论文的具体要求及学位申请条件。《环境科学与工程系研究生申请学位规定》规定了复旦大学环境科学与工程系研究生申请学位的要求，包括申请者必须是学术论文的第一作者，或导师为第一作者、申请者为第二作者等要求，且该要求以研究生培养方案的形式通过选课系统提示本系研究生，王某某应当知晓。2018 年复旦大学《期刊指导目录说明》第一页最后一句话亦写明“学校赞成并支持各学位评定分委员会提出比学校规定更高或更为详细的学术规范及学术要求”。本案中，王某某未能发表符合申请本专业硕士学位要求的学术论文，对于其提出的硕士学位申请，系学位评定分委员会以其不满足 2017 级环境科学（学历硕士生）培养方案中论文发表要求，无记名投票表决未通过其学位申请，之后经校学位评定委员会会议审议，决定不同意授予其理学硕士学位，故复旦大学作出不授予学位的行为并无不当。王某某认为，《期刊指导目录说明》中明确“学位申请人在影响因子为 6.0 以上的 SCI 期刊发表文章且作者排名前三名”可作为特殊情况授予学位，故其无须以《环境科学与工程系研究生申请学位规定》为依据申请学位，该主张缺乏依据，也不符合客观事实。综上，王某某请求撤销复旦大学不授予学位的通知，依据不足，法院不予支持。

【案例注解】

本案系一起以高等学校为被告要求其授予硕士学位的行政案件，学生否认院系学术论文发表要求文件效力，主张其符合学校的学术论文发表标准，故应被授予硕士学位，该争议在司法实践中较为少见。《学位条例暂行实施办法》第二十五条虽授权高等学校制定授予学位的工作细则，但并未对高等学校内部相关文件的效力与适用等作出具体的规定和指引。本案的审理及判决，解析了高等学校及其下属院系学术评价文件的效力及适用顺序，提出高等学校及下属院系制定的学术评价文件不存在上下位法的冲突，司法审查应对学术自治事项保持谦抑，具有较好的示范意义。

一、高等学校有权制定学生管理、学术评价等文件

高等学校能否作为行政主体的讨论起始于1998年田某诉北京科技大学案①、1999年刘某某诉北京大学案②等司法判例的影响。目前，在理论和司法实务中，对高等学校与受教育者之间存在学籍管理、学位授予等领域的教育行政管理关系、高等学校可以成为教育行政诉讼被告等问题已经基本达成一致。对高等学校作出取消入学资格、取消学籍、退学、开除学籍、不授予学位或者其他涉及学生重大利益的处理或者决定不服的，学生有权提起行政诉讼，人民法院应当依法受理。本案中，复旦大学根据《学位条例》第八条，有权对王某某的学位申请进行审查，决定是否同意申请，并将结果通知王某某。王某某不服的，有权以复旦大学为被告提起行政诉讼。

在履行学生管理、学位授予等职责的过程中，高等学校有权根据《高等教育法》《普通高等学校学生管理规定》《学位条例》等，制定相应的文件，完善各类配套规定。关于学生管理，高等学校对有违反法律法规、《普通高等学校学生管理规定》以及学校纪律行为的学生，应当给予批评教育，并可视情节轻重，给予警告、严重警告、记过、留校察看、开除学籍等纪律处分。各高等学校可以在不违背上位法规定的情形下，制定相关规定，明确各类纪律处分的适用范围和学生的申诉程序，这是高等学校在行使学生管理和处分权力时享有教育自主权的体现。③ 此类学生管理的规范性文件应当报教育主管部门备案，学生对高等学校根据此类文件实施的管理行为不服，有权提起行政诉讼并可以要求附带审查相关文件。关于学位管理，根据《学位条例暂行实施办法》第二十五条的规定，高等学校可以制定本单位授予学位的工作细则。据此，各高等学校可以制定相应的工作细则和配套文件，对于学位申请、审查、复议、复核等内容，明确相关的程序及标准。其中，关于学位申请条件中的学术论文发表要求等，高等学校也可以制定相关的学术评价文件，根据自身的教学水平和实际情况，明确各学位授予的学术标准。④ 学术评价文件是高等学校鉴定学术成果、审核学术质量、引导学术方向的重要规定，有时包含在学位授予的相关文件中，有时单独制定，反映了高等学校学术标准、价值、方向和期望。

---

① 参见北京市海淀区人民法院（1998）海行初字第142号行政判决书。

② 参见北京市海淀区人民法院（1999）海行初字第104号行政判决书。

③ 陈鹏：《论高校自主权的司法审查》，载《陕西师范大学学报（哲学社会科学版）》2004年第1期。

④ 指导案例39号：何小强诉华中科技大学拒绝授予学位案。

二、高等学校不同层级学术评价文件[①]的效力及适用

（一）学术评价文件的效力不涉及上下位法冲突

各高等学校具有教育自主权，不仅有权授予学位、对受教育者进行管理和处分，还可以制定各类学术规范、学术评价文件，实现学术自治。学位管理和学籍管理的决定，涉及学生受教育的权利和义务，不仅属于行政诉讼的受案范围，且决定所依据的相关规定，属于规范性文件，应受上位法的制约，不超出上位法的适用范围。[②] 但是，对于作为学术评价标准的文件，由于涉及学术自治，其效力应当区别于规范性文件。

根据《学位条例暂行实施办法》等法律法规的授权，高等学校在进行学位评定活动时，可以制定本校的学术规范、学术标准等学术评价文件，同时可以鼓励和支持下属院系根据本专业要求，制定学位授予的学术标准。从形式要素看，学术评价文件由高等学校或院系依照一定的程序制定，并在校内公开发布，具有普遍约束力和反复适用性。因此，学术评价规范性文件，具有高校内“准法”的效力。[③] 从实质内容来看，学术评价文件是对《学位条例》第六条第三项所称“在科学或专门技术上做出创造性的成果”的具体内涵的阐述，属于学术自治范畴，各高等学校及其下属院系制定的学术评价标准各有适用的范围，并无效力上的高下之分。

本案中，复旦大学《工作细则》与《环境科学与工程系研究生申请学位规定》均提出了学术论文发表要求，作为授予学位的申请条件。从内容性质而言，两者关于学术评价标准的部分，均构成学术评价文件性质，虽有校级文件和院级文件的差别，但在各自适用范围内的约束效力相同。两文件不具有法律上的效力等级差别，不适用《立法法》第五章规定的法律效力规则。从授权来源而言，根据《学位条例暂行实施办法》第二十五条的规定，复旦大学制定学位授予《工作细则》和配套规定，明确复旦大学下属各院系有权根据专业研究方向、学术培养要求等，制定可申请本专业硕士学位的学术论文的具体要求及学位申请条件。同时，2018 年复旦大学《期刊指导目录说明》第一页最后一句话亦写明“学校赞成并支持各学位评定分委员会提出比学校规定更高或更为详细的学术规范及学术要求”。因此，复旦大学《工作细则》与《环境科学与工程系研究生申请学位规定》不属于行政法意义上的上下位法，

---

① 蔡毅：《建立一套良好的学术评价体系》，载《学术界》2003 年第 6 期。

② 伏创宇：《高校校规合法性审查的逻辑与路径——以最高人民法院的两则指导案例为切入点》，载《法学家》2015 年第 6 期。

③ 郑琳：《二级学院能否增设论文发表作为学位授予标准？——以“柴某杰案”为分析样本的展开》，载《法学教育研究》2023 年第 1 期。

王某某不能以《环境科学与工程系研究生申请学位规定》与《工作细则》规定不同，否定前者对其的适用效力。

（二）学术评价标准优先适用院系学术评价文件更具合理性

在认定高校及下属院系制作的学术评价文件的效力及适用时，需要审查高等学校的内部规定。“各学科标准高于或低于学校标准，应在学校规定中予以体现，高校在学位授予方面的程序规制并未否定各学科制定具有本学科特点科研标准的自主性。”① 赋予学院在“专业相关度上对学位授予标准的重大发言权”②，具有必要性和合理性。各院系相比于学校而言更了解自身学科特征和发展方向，将学校学术评价体系重心下移至各院系，从长远来看，能够充分调动学院的积极性，激发学院的办学活力，完善高校内部治理结构。③ 经过高校合法授权，各院系依照合法合规程序制定的学术性规范性文件，经过高校审核批准，即使以学院名义发布也具备效力。④

本案中，复旦大学环境科学与工程系作为国家重点建设的一流学科，拥有较高的办学水平。复旦大学通过《期刊指导目录说明》已将环境工程学科纳入另行制定科研成果量化指标的学科范围。《期刊指导目录说明》也明确，“学校赞成并支持各学位评定分委员会提出比学校规定更高或更为详细的学术规范及学术要求”。据此，2014 年《环境科学与工程系研究生申请学位规定》提出的更高学术标准，获得学校认可，这不仅体现了院系的学术自治原则，而且更符合培养高水平学术人才的目标。环境科学与工程系学生在申请学位时，优先适用该院系标准中的学术论文发表要求，既符合学校规定，也更具合理性。

三、对学术自治事项的司法审查与救济途径

（一）司法机关无权审查学术自治范围内的学术评价标准

本案中，王某某主张复旦大学应当授予其硕士学位的主要理由是，其作为第三作者发表了学术论文，符合复旦大学硕士学位授予条件中的特殊情形，《环境科学与工程系研究生申请学位规定》提出了学术评价更高标准，不应作

---

① 参见陈全真：《高校二级学院自治权的运行机制及行使限度——兼评“柴丽杰诉上海大学不授予博士学位案”》，载《中国教育法制评论》2022 年第 1 期。

② 张颂昀：《学位授予标准设定权：基本内涵、核心争议与制度构设》，载《中国高教研究》2021 年第 6 期。

③ 参见张德祥、李洋帆：《二级学院治理：大学治理的重要课题》，载《中国高教研究》2017 年第 3 期。

④ 参见任海涛：《高校二级学院“规则”的法律效力研究———从“柴丽杰诉上海大学不履行法定职责案”谈起》，载《教育发展研究》2020 年第 7 期。

为审判依据。因此，本案的争议焦点，实质上是法院是否可以审查学术评价文件反映的学术自治事项。

高等学校设立学术委员会，决定有关学术发展、学术评价、学术规范的事项。对于大学的学术自治行为，应以大学对学术事项的专业判断为核心进行审查，法院应当在实体上予以尊重。司法审查不能随意干涉学术自治范围内的事项，比如对于答辩委员会关于专业论文答辩通过与否的专业判断等，若当事人有异议，只能通过学校本身进行救济。早在1999年何某强诉华中科技大学案中，法院认为："华中科技大学在不违反《学位条例》所规定授予学士学位基本原则的基础上，有权在学术自治范围内制定本校学士学位授予标准。"① 通过大学英语四级作为该校授予学士学位要件之一显然属于学术自治范畴，且此种规定并没有违反《学位条例》有关授予学士学位基本原则之规定，法院不予干涉。

本案中，王某某就读的复旦大学环境科学与工程系制定了更高标准的发表学术论文的要求，复旦大学也明确学校赞成并支持各学位评定分委员会提出比学校规定更高或更为详细的学术规范及学术要求。因此，在此案的审理中，司法机关应当尊重高等学校对学术评价标准的权力下放，院系受高等学校授权，有权确定本院系各专业的学术评价标准，并适用于本专业学生。对不同的学术评价标准及其适用，法院应当作为学术自治事项，尊重高等学校内部的安排。

当然，各院系提高学术标准时，一方面要引导和促进学术研究的方向和质量，同时要与学校的使命愿景及战略目标保持一致，在尊重学术自由与促进学术责任之间找到恰当的平衡点②。学术自治同时也意味着学校拥有对自身学术管理行为进行自我监督和自我纠正的权力。在大学内部成员包括学生对学术评价标准持有不同意见时要予以重视，保障各方享有学术事务方面的"参与民主"。学校若自我检查发现学术评价文件的不适当之处，有权进行撤销或修正，这种权力的行使，有助于促进教育治理体系和治理能力的现代化。

（二）司法机关对学术自治行为侧重于程序合法性审查

高等学校对学校事务有广泛的判断权，但大学自治并非法外治权，在关乎学生学籍管理、纪律处分等方面，其作出的决定需受法院全面审查。但本案发生争议的是学术评价标准，纯属学术自治范畴，故司法机关仅能对高等学校是否履行正当程序进行审查。③ 例如，在柴某杰诉上海大学案中，法院以上海大

---

① 参见湖北省武汉市洪山区人民法院（2008）洪行初字第81号行政判决书。

② 伏创宇：《高校校规自治的边界——寻求学术自由与学生权利的平衡》，载《教师权利及其法律保障》，2014年第29期。

③ 郭修江：《审理教育行政案件若干问题思考》，载湛中乐主编：《教育行政诉讼理论与实务研究》，中国法制出版社2013年版，第80页。

学对柴某杰博士学位申请未予组织审核评定为由确认其行为违法。①

本案中，法院也对复旦大学学术评价的正当程序进行了审查。首先，关于环境科学与工程系学术评价标准的公开性，《环境科学与工程系研究生申请学位规定》规定了复旦大学环境科学与工程系研究生申请学位的要求，该要求以研究生培养方案的形式通过选课系统提示本系研究生，王某某应当知晓。其次，复旦大学针对王某某毕业时未能完成学术论文发表要求的情形，允许其提出延缓学位申请。再次，针对王某某的学位申请，先由系学位评定分委员会进行表决，之后校学位评定委员会召开会议进行审议，并由复旦大学通过邮件通知王某某，决定不授予王某某硕士学位，理由是论文发表未达标。法院认为，上述程序充分保障了学生的知情权和申请权，符合正当性要求。法院对学术自治事项侧重于程序正当的司法审查，既有助于确保高等学校进行学术自治时，保持必要的独立性和自主性，同时也在流程和程序上受到司法机关的法律监督和制约，以保护公民的合法权益不受不当侵害。

综上，高等学校享有学术自治，高等学校与其各院系不同的学术评价文件，不适用上位法与下位法的效力判断关系。学生在知晓院系学位评定分委员会学术要求更高的情形下，主张按照学校标准授予硕士学位，人民法院不予支持。

（**一审法院合议庭成员**　王剑晖　潘怡易　张竹燕
二审法院合议庭成员　丁晓华　陈瑜庭　程　黎
上海市静安区人民法院　丁晓华
编写人　上海市第三中级人民法院　余瑞翔
上海交通大学凯原法学院　黄小桐
责任编辑　李　晶
审稿人　韩德强）

① 参见上海市浦东新区人民法院（2019）沪0115行初362号行政判决书。

张某诉如皋市行政审批局、南通市行政审批局工商登记及行政复议案

——以“他人代签”为由撤销公司股东登记的认定与审查

关键词：行政　行政许可　代签　工商登记　撤销　冒名

【裁判要旨】

公司登记瑕疵并不必然导致登记行为被撤销，在公司股东登记存在“他人代签”情形下，如“被冒名人”与代签人之间系家庭成员或其他亲友等特定身份关系的，应当推定“被冒名人”对登记内容知情且不反对。撤销公司股东登记关系到债权人等其他利害关系人的权益，甚至涉及公共利益，登记机关应当审慎处理。如无足够证据否定上述推定的合理性，不得轻易推翻公司股东登记的法律效力。登记机关仅以“他人代签”为由撤销公司股东登记的，人民法院不予支持。

【相关法条】

《中华人民共和国民法典》

第一百四十条　行为人可以明示或者默示作出意思表示。

沉默只有在有法律规定、当事人约定或者符合当事人之间的交易习惯时，才可以视为意思表示。

《中华人民共和国行政许可法》

第八条第一款　公民、法人或者其他组织依法取得的行政许可受法律保护，行政机关不得擅自改变已经生效的行政许可。

第六十九条第二款　被许可人以欺骗、贿赂等不正当手段取得行政许可的，应当予以撤销。

第六十九条第三款　依照前两款的规定撤销行政许可，可能对公共利益造成重大损害的，不予撤销。

【案件索引】

一审：江苏省南通市中级人民法院（2022）苏06行初49号（2022年12月25日）

二审：江苏省高级人民法院（2023）苏行终247号（2023年9月13日）

【基本案情】

原告（被上诉人）张某诉称：股东设立公司的意思表示并非仅以签名的真实性直接判断，李某甲对股东身份是明知且默认的，某公司属于家族企业，李某甲参与经营并取得分红，且多次向张某提起某公司经营事宜，李某甲不知其为股东的主张不符合常理，李某甲的真实目的是隐瞒、转移婚内财产。《行政许可法》规定，被许可人以欺骗、贿赂等不正当手段取得行政许可的，应当予以撤销，本案不存在欺骗的情形。请求判决撤销如皋市行政审批局作出的《关于撤销某公司相关登记事项的决定书》、南通市行政审批局作出的《行政复议决定书》。

被告（被上诉人）如皋市行政审批局辩称：某公司系提供虚假材料骗取公司登记，张某关于李某甲对股东身份知晓并认可，以及李某甲参与经营、取得分红等主张缺乏证据支持，如皋市行政审批局作出的《关于撤销某公司相关登记事项的决定书》认定事实清楚、程序合法。请求驳回张某的诉讼请求。

被告（被上诉人）南通市行政审批局辩称：李某乙未经李某甲同意，在某公司股东会决议、章程、登记授权委托书及李某甲身份证复印件等材料上代李某甲本人签名，并向登记机关提交上述材料。如皋市行政审批局作出的《关于撤销某公司相关登记事项的决定书》认定事实清楚、证据充分、适用法律法规正确，《行政复议决定书》合法有据。请求驳回原告张某的诉讼请求。

第三人如皋市市场监督管理局述称：如皋市市场监督管理局依法履行了调查职责，同意如皋市行政审批局、南通市行政审批局的答辩意见，请求驳回原告张某的诉讼请求。

第三人某公司述称：某公司设立登记时“李某甲”的签名确实是实际控制人李某乙冒名所签，请求驳回原告张某的诉讼请求。

第三人（上诉人）李某甲述称：李某甲对于登记为股东一事并不知情，直至2019年方才知晓，请求驳回原告张某的诉讼请求。

法院经审理查明：某公司于2004年6月4日设立，系有限责任公司，注册资本50万元，其中李某甲出资30万元、秦某出资10万元、范某某出资10

万元。某公司设立时法定代表人为范某某，2019 年变更为许某某，公司实际控制人为李某乙。李某乙、许某某系李某甲的父母亲，秦某系李某乙侄子，范某某系许某某朋友的女儿。设立登记由李某乙持李某甲、秦某身份证，许某某持范某某的身份证及委托书办理，李某甲、秦某的出资实际由李某乙缴纳。张某与李某甲系夫妻关系，香港特别行政区区域法院正在审理两人的离婚诉讼。2020 年 1 月 23 日，李某甲向如皋市市场监督管理局举报，称某公司冒用其身份，将其登记为股东。经如皋市市场监督管理局调查后将案件移交如皋市行政审批局处理。如皋市行政审批局作出《关于撤销某公司相关登记事项的决定书》，认定某公司申请设立登记时，存在冒用李某甲身份信息将其登记为股东的情形，根据《行政许可法》第六十九条第二款规定，决定撤销某公司 2004 年 6 月 4 日设立登记中李某甲的股东身份。张某不服该撤销决定，向南通市行政审批局申请行政复议。南通市行政审批局于 2021 年 12 月 24 日作出《行政复议决定书》，决定维持撤销决定。张某不服撤销决定及复议决定，向江苏省南通经济技术开发区人民法院提起行政诉讼。经报请江苏省南通市中级人民法院提级管辖，江苏省南通市中级人民法院决定提级管辖并审理。

【裁判结果】

江苏省南通市中级人民法院于 2022 年 12 月 25 日作出（2022）苏 06 行初 49 号行政判决：一、撤销如皋市行政审批局于 2021 年 7 月 26 日作出的皋行审撤字〔2021〕第 003 号《关于撤销某公司相关登记事项的决定书》；二、撤销南通市行政审批局于 2021 年 12 月 24 日作出的〔2021〕通行审复决 005 号《行政复议决定书》。

宣判后，李某甲不服，提出上诉。江苏省高级人民法院于 2023 年 9 月 13 日作出（2023）苏行终 247 号行政判决：驳回上诉，维持原判。

【裁判理由】

法院生效裁判认为：公司登记既应具有真实性，也应具有确定性。对真实性的判断并不能局限于申请材料在形式上是否客观属实，应更加注意甄别当事人意思表示是否真实或者对登记内容是否明知。如果综合相关情节，可以得出当事人意思表示真实或者对登记内容明知的结论，则应当维护公司登记的确定性。即便“李某甲”签名非本人所签，登记存在瑕疵，且无证据证明李某甲曾参与某公司的经营管理或明示认可“代签”行为效力，但基于李某甲与李某乙之间的特定身份关系，应当推定已经通过李某甲知情且不反对的方式予以修正。如皋市行政审批局撤销李某甲在某公司的股东身份，带来的后果是某公司注册资本的减少，必然涉及债权人利益及交易安全的稳定。如皋市行政审批局作出撤销决定未征求相关部门的意见，也未衡量是否对公共利益造成损害。撤销决定仅以某公司股东、实际控制人一致同意撤销公司登记，即认定为“情节严重”，进而撤销某公司李某甲的股东身份于法不符。

【案例注解】

在深化“放管服”改革，推动政府职能转变的背景下，我国商事登记制度进行了改革，凸显了政府简政放权，激发企业活力，优化营商环境的目标。市场监管体制围绕“便捷高效、规范统一、宽进严管”的原则进行了改革，有力地促进了社会经济发展。然而，实践中公司虚假登记或冒名登记频发，扰乱了市场经营秩序，增加了市场监管难度，降低了政府公信力。市场主体登记机关对于此类虚假登记或冒名登记行为，需要进行准确甄别，遵循审慎审查原则与比例原则，既不能任由违法行为泛滥，又不能任意以行政权力介入商事主体正常的经营活动。人民法院的司法审查，应当在实质审查的基础上，充分衡量公共利益与个人利益，在优化营商环境与规范市场登记行为之间做到平衡。

一、股东冒名登记的性质与类型

企业法人登记具有私法权益登记和公法权益登记的双重属性。① 公司股东资格以记载在股东名册上为准。公司股东登记仅是宣示性登记，而不是设权性登记。换言之，公司股东登记具有对外公示公信效力，未经登记不得对抗第三人，但登记行为本身并非对股东权利的确认。在公司登记实践中较为常见的冒用他人身份信息、代签他人姓名、提供其他虚假材料等情形，属于虚假登记。“冒名登记”是指提交虚假材料或者采取其他欺诈手段隐瞒重要事实，冒用他人名义，将其登记为有限责任公司股东、股份有限公司发起人、非公司企业法人出资人、合伙企业合伙人等违法行为。冒名登记当然属于提交虚假材料取得登记的虚假登记行为。

实践中，冒名登记存在多种情形。第一种情形，被冒名人完全不知情，与提交材料的人无任何关系。此类情形下，属于纯粹的冒名，对当事人的权利义务产生较大影响。第二种情形，被冒名人已经向有权机关提出异议，认为存在被冒名情况。比如向公安机关报案，经公安机关核查，确实存在身份证被盗用、冒用情形的。第三种情形，公司存在民事案件，被冒名人作为公司股东或

① 高家伟主编：《行政行为合法性审查类型化研究》，中国政法大学出版社2020年版，第233页。

法定代表人，在民事、刑事案件中发现被冒名的情况，民事、刑事案件尚未了结。第四种情形，被冒名人与冒名人之间存在特定关系，比如系夫妻关系、亲属关系、亲友关系等，由冒名人代为签署相关材料取得登记。①

在冒名登记行为情形中，实践中多发的是“他人代签”行为，被冒名人认为在公司登记、股东登记过程中的申请材料上的签名均非本人签字，存在冒名登记行为，主张要求登记机关撤销登记。

二、“他人代签”是否构成冒名登记的认定

对于他人代签行为是否构成冒名登记，关系到公司股东登记行为是否应当予以撤销。如何认定他人代签行为是否构成冒名登记，具有重要的实践意义。通常可以通过以下几个方面进行综合判断。

（一）“被冒名人”是否具有明示、默示或符合交易习惯下的“沉默”意思表示

《民法典》第一百四十条规定：“行为人可以明示或者默示作出意思表示。沉默只有在有法律规定、当事人约定或者符合当事人之间的交易习惯时，才可以视为意思表示。”明示意思表示是指行为人以书面或口头形式对外表示其意思效果。默示意思表示是指依可推断之行为得出意思表示。默示意思表示可以分为沉默的意思表示与其他可推断的意思表示。② 他人代签行为如构成明示意思表示，如本人实际到场，本人签订了授权委托书等情形，则他人代签行为符合规定，并无不妥，不能以此认定为冒名登记行为。存有异议的是他人代签行为是否构成默示意思表示，涉及对无权代理行为的追认。根据上述分析，如被冒名人事后对登记内容知晓且不反对，构成被冒名人对他人无权代理行为的追认。此外，被冒名人在公司登记后参与公司相关经营管理活动，则构成事实上对冒名登记行为的认可。

（二）冒名人与被冒名人之间是否存在特定关系

股东权利具有人身权与财产权的双重属性，并非仅能由本人行使，在当事人之间存在特定身份关系的情形下，也可以由他人代为行使。以家庭共同财产出资或与其他亲友共同出资成立公司，在公司设立与经营实践中较为常见。以夫妻共有财产、家庭共同财产出资的，登记为名义股东的家庭成员可以实际不参与公司经营，而由其他家庭成员作为实际控制人，负责公司经营管理，股权收益归属家庭共同财产。此类“家族企业”的出资及管理模式通常不致损害

---

① 参见李雪松等：《冒名登记撤销程序实务困境与解决方案》，载《法制与经济》，2020 年第 12 期。

② 参见杨代雄主编：《袖珍民法典评注》，中国民主法制出版社 2022 年，第 81 页。

家庭成员的利益，亦不违反法律和行政法规的强制性规定。

公司设立登记实践中，因实际出资人基于特殊身份不宜或依法不可以登记为股东，借用亲友名义登记为股东的，法律法规并不禁止。家庭成员、亲友之间成立的公司，具有高度的人合性特征，此种特殊身份关系下设立的公司，股东之间、股东与经营管理者之间均相互熟知且达成默示一致的意思表示。出资成立公司、参与公司经营管理涉及家庭共同财产的处分与收益，对于共同生活的家庭成员而言当属重大事项，在家庭关系正常的情形下，以“非本人签名”否认股东登记明显有悖日常生活经验法则。

（三）基于特定身份关系下的“代签”行为

基于家庭关系等特定身份关系下的“代签”行为，还需要考虑家庭关系是否存在矛盾或有证据证明代签人存在其他不良动机和目的，如无上述情形，则应当推定他人代签行为的法律效力。根据《最高人民法院关于行政诉讼证据若干问题的规定》第六十八条之规定，根据日常生活经验法则推定的事实，法庭可以直接认定。但当事人有相反证据足以推翻的除外。基于特定身份关系下的“代签”行为，除非家庭关系存在矛盾或有证据证明代签人存在其他不良动机和目的，应当推定“代签”行为的法律效力。

三、登记机关撤销冒名登记的程序规则

《国家市场监督管理总局关于撤销冒用他人身份信息取得公司登记的指导意见》①（以下简称《指导意见》）对做好撤销冒名登记工作作出专门指导。《指导意见》要求登记机关认真核验被冒用人本人签字的撤销登记申请及其身份证件复印件（本人到场的，核实原件）。被冒用人还可以一并提供身份证件丢失报警回执、身份证件遗失公告、银行挂失身份证件记录、由专业机构出具的笔迹鉴定报告等有助于认定冒名登记基本事实的文件材料。通过查阅冒名登记行为涉及的档案材料，对公司住所或经营场所进行现场检查，询问公司相关人员、登记代理人或利害关系人等方式，对冒名登记基本事实进行调查，并根据需要征询公安、税务、金融、人力资源和社会保障等相关部门意见。有证据证明被冒用人对该次登记知情或事后曾予追认，或者公示期内利害关系人提出异议经调查属实，登记机关认为冒名登记不成立的，应依法作出不予撤销登记决定。公安、税务、金融、人力资源和社会保障等相关部门出具书面意见不同意撤销登记，或者撤销登记可能对公共利益造成重大损害的，登记机关应作出不予撤销登记决定。

根据上述规定，登记机关在撤销冒名登记时，有严格的程序要求，应当秉

① 已失效。

持审慎审查的原则。公司设立登记时相关材料上的签名不是本人所签，并不必然导致登记行为被撤销。《指导意见》建立了登记机关的审查规则，实质是以不予撤销为原则，以撤销为例外。具体的程序要求为：

首先，需要认真核对申请撤销冒名登记的被冒名人提交的相关材料。即对冒名登记的形式内容进行审查，由被冒名人提供冒名的佐证材料，比如笔迹鉴定意见、身份证被盗用、公安机关查处情况等，以初步判断可能存在冒名的情况。

其次，需要对冒名登记的事实进行调查核实。在被冒名人提供初步证据的情况下，登记机关需要对相关情况进行调查核实，此种调查核实属于实质性审查，并非在设立登记时的形式审查，赋予了登记机关更多的义务。

再次，需要征询公安、税务、金融、人力资源和社会保障等相关部门意见。撤销登记直接影响公司的经营，不仅关涉公司内部的经营管理，还会对公司的债权人、税收、社会保险等产生深刻的影响。因此，还需要征询相关部门的意见。

最后，在前述基础上，再区分不同情形进行处理，在被冒名人事后知情、事后追认，公安等相关部门不同意撤销或撤销可能对公共利益造成损害等情形下，不予撤销。登记机关还需要判断登记行为撤销后，是否对公共利益造成损害。

四、他人代签行为是否构成冒名登记的司法审查规则

《关于审理公司登记行政案件若干问题的座谈会纪要》明确，公司股东等以申请材料不是其本人签字或者盖章为由，请求确认登记行为违法或者撤销登记行为的，人民法院可以根据具体情况判决撤销登记行为、确认登记行为违法或者判决登记机关履行更正职责。但能够证明原告此前已明知该情况却未提出异议，并在此基础上从事过相关管理和经营活动的，人民法院对原告的诉讼请求一般不予支持。他人代签行为是否构成冒名登记，登记机关撤销登记是否合法，需要建立一套有效的司法审查规则，可以构建“冒名登记行为准确识别——登记机关是否尽到审慎审查义务——撤销登记是否符合比例原则”的司法审查模式。

（一）冒名登记行为的准确识别

根据上述冒名登记行为的认定规则，在司法程序中，首先应当对是否构成冒名登记行为进行准确的认定。如不能认定为冒名登记行为，则撤销登记无从谈起。在认定冒名登记行为过程中，还涉及举证责任分配的问题。为维护登记行为的公信力，要求被冒名人在请求撤销股东登记时，承担更大的举证责任。股东登记虽然涉及股东的身份权利，但某一家庭成员主张被其他家庭成员

“代签”构成冒名登记的，应当进一步提供证据证明。举证不足的，应当推定其知情。家庭成员、亲友之间成立的公司，具有高度的人合性特征，此种特殊身份关系下设立的公司，股东之间、股东与经营管理者之间均相互熟知且达成默示一致的意思表示。出资成立公司、参与公司经营管理涉及家庭共同财产的处分与收益，对于共同生活的家庭成员而言当属重大事项，在家庭关系正常的情形下，以“非本人签名”否认股东登记明显有悖日常生活经验法则。

（二）登记机关是否尽到审慎审查义务

以申请材料签名非本人所为且公司设立登记非其真实意思为由诉请撤销公司设立登记行为的，法院对该行为作形式审查还是实质审查，一直存在争议。一种观点认为，法院对公司登记行为应采用形式审查标准。主要理由是公司登记机关审查能力有限。审查标准应与审查能力相适应，公司登记机关辨别签名真伪的能力并不比自然人更高，要求其对公司设立登记申请材料中签名的真伪予以审查不具有可操作性。① 另外，法律法规已明确规定由申请人对申请材料的真实性负责。故在公司登记机关并无过错的前提下，法院要求其承担实质审查的责任有失公正。②

另一种观点认为，法院对公司设立登记行为应采用实质审查标准。证据的三性是法院认定证据有效性和确定案件事实的基础，法院对事实和证据的认定只能是实质审查，追求证据所反映的客观真实是法院的责任。换言之，司法审查的重点是行政行为是否错误和错误程度，而非错误的原因。此外，从行政审查和司法审查的功能定位、当前的司法现状、登记机关提升能力的动力和各国司法审查的主流等方面来看，司法机关采取实质审查标准也具有正当性。③

上述观点主要探讨了在被冒名人直接提起诉讼请求撤销冒名登记的情况下的审查标准问题，司法审查与行政机关的登记审查之间存在本质性的区别，尽管登记机关在登记过程中采用了形式审查的标准，但司法审查中应当尊重事实，对登记行为进行实质性审查。而且，《指导意见》对登记机关撤销冒名登记的程序做了较为细化的规定，相应规定要求登记机关在撤销登记过程中应当审慎审查，采用的是实质审查的标准，司法审查当然也应当采用更为严格的实质审查标准。登记机关仅以存在他人代签行为为由撤销股东登记，显然未能尽到调查核实职责，也未征询相关部门的意见，据此作出的撤销股东登记行为，显然不符合法定程序。

---

① 参见文婧：《论行政登记——基于公私法双重视域》，武汉大学2011年博士学位论文。

② 参见李孝猛：《公司登记审查的裁量》，法律出版社2011年版，第27～28页。

③ 参见王永亮：《因身份被盗用诉请撤销公司设立登记的审理思路》，载《人民司法·案例》2012年第16期。

（三）撤销登记是否符合比例原则

在登记机关已经作出撤销登记的情形下，需要考察撤销登记是否符合比例原则。比例原则是指行政权尤其是行政裁量权的行使应当全面权衡公共利益和个人利益，尽量采取对行政相对人权益损害最小的方式，并使其与所追求的行政目的之间保持平衡。① 公司一经成立，便具备独立的法人人格属性，对外承担义务，享受权利。公司参与社会经济生活，与其他法人、自然人及其他组织产生千丝万缕的关系。公司股东的加入与退出、注册资本的增加与减少等重大事项变化关系债权人、消费者、劳动者及市场交易安全，甚至涉及社会公共利益，因此，行政机关在撤销公司相关登记事项时需持审慎的态度。公司存在登记瑕疵时通过自治的方式能够弥补的，应当首选修正的方式，无须撤销公司登记。即使撤销公司登记，也要求虚假登记违法行为达到“情节严重”的程度且撤销并不至于损害公共利益。因公司登记撤销后，还会引发税务、金融等部门的“善后”，故作出撤销决定时应当征求公安、税务、金融、人力资源和社会保障等相关部门的意见，也要衡量是否对公共利益造成损害。

（**一审法院合议庭成员**　张志新　张祺炜　殷　勤
二审法院合议庭成员　张松波　高玉成　张　静
编写人　江苏省南通市中级人民法院　张志新
江苏省南通经济技术开发区人民法院　潘雄博
责任编辑　李　晶
审稿人　韩德强）

---

① 章志远：《行政法学总论》，北京大学出版社2014年版，第98页。

某公司诉罗山县人民政府及第三人信阳市交通运输局继续履行行政协议案

——建设项目压覆矿产资源纠纷中法律关系的认定及矿产压覆补偿的范围

关键词：行政　行政协议　压覆矿产资源　探矿权　采矿权　压覆补偿

【裁判要旨】

1. 建设项目压覆矿产资源纠纷中矿业权人与自然资源行政主管部门的法律关系属于行政法律关系，矿业权人与建设单位的法律关系属于民事法律关系。

2. 矿业权包含探矿权和采矿权，二者非同一权利，探矿权人对采矿权具有优先取得权，但探矿权人并非必然取得采矿权。

3. 探矿权处于已取得探矿权许可证未开始勘查、已取得探矿权许可证且已实施勘查、探矿权处于保留期间的，应予以补偿；处于申请探矿权转采矿权期间的，当相关部门不批准转为采矿权时，无须补偿；当相关部门为使建设项目顺利开展而不予办理采矿权，迫使原探矿权人退出的，应当予以补偿。对探矿权的压覆补偿应为直接损失。

【相关法条】

《中华人民共和国矿产资源法》

第三条　矿产资源属于国家所有，由国务院行使国家对矿产资源的所有权。地表或者地下的矿产资源的国家所有权，不因其所依附的土地的所有权或者使用权的不同而改变。

国家保障矿产资源的合理开发利用。禁止任何组织或者个人用任何手段侵占或者破坏矿产资源。各级人民政府必须加强矿产资源的保护工作。

勘查、开采矿产资源，必须依法分别申请、经批准取得探矿权、采矿权，并办理登记；但是，已经依法申请取得采矿权的矿山企业在划定的矿区范围内为本企业的生产而进行的勘查除外。国家保护探矿权和采矿权不受侵犯，保障矿区和勘查作业区的生产秩序、工作秩序不受影响和破坏。

从事矿产资源勘查和开采的，必须符合规定的资质条件。

《中华人民共和国民法典》

第三百二十九条 依法取得的探矿权、采矿权、取水权和使用水域、滩涂从事养殖、捕捞的权利受法律保护。

《最高人民法院关于审理行政协议案件若干问题的规定》

第一条 行政机关为了实现行政管理或者公共服务目标，与公民、法人或者其他组织协商订立的具有行政法上权利义务内容的协议，属于行政诉讼法第十二条第一款第十一项规定的行政协议。

【案件索引】

一审：河南省信阳市中级人民法院（2022）豫15行初39号（2022年9月28日）

二审：河南省高级人民法院（2022）豫行终848号（2023年2月27日）

【基本案情】

原告（上诉人）某公司诉称：原告通过合法受让取得某铁矿矿区的探矿权，探矿权期限到期后，原告向国土资源部门提起的采矿权申请仍然在办理过程中。被告为修建高速公路，于2020年5月6日与原告、第三人签订协议，约定第三人可在原告铁矿矿区范围内修建某段工程项目，被告按照相关文件规定给予原告补偿。现第三人的工程项目已开工建设，被告一直未对原告进行补偿，请求：（1）依法判决被告履行原告、被告、第三人签订的《新建工程项目压覆矿产资源协议》；（2）依法判决被告赔偿原告直接经济损失人民币4626600元；（3）依法判决被告赔偿原告剩余资源储量价款损失300万元（暂计300万元，具体数额待评估报告作出后再另行变更）；（4）依法判决被告就第一项和第二项赔偿数额按照全国银行间同业拆借中心公布的贷款利率向原告支付自原告起诉之日至原告实际履行之日的利息；（5）本案的诉讼费等所有费用由被告承担。

被告（被上诉人）罗山县人民政府辩称：（1）某公司不具有主体资格，案涉协议无效；（2）某公司要求被告赔偿其直接损失及剩余资源储量价款损失无法律依据，不应支持；（3）本案属于民事诉讼，不属于行政诉讼的管辖范围。

第三人信阳市交通运输局述称：(1) 本案不属于行政诉讼受案范围；(2) 原告不是适格的权利主体，某公司不是案涉矿业的矿业权人。请求驳回原告某公司的起诉。

法院经审理查明：2013 年 8 月 5 日，某甲公司（甲方）与某乙公司（乙方）签订了《探矿权转让合同》，将某铁矿区的探矿权转让给某公司。2016 年 3 月 10 日，原河南省国土资源厅向某公司颁发了探矿权证，该证载明“有效期限：2016 年 3 月 26 日至 2017 年 3 月 25 日，注：该探矿权为最后一次保留”。2017 年 6 月 1 日，原河南省国土资源厅向某公司作出《行政许可申请材料补正告知书》，主要内容为某公司于 2017 年 3 月 3 日提出的铁矿区行政许可申请已收悉，并通知其于 2017 年 9 月 1 日之前补充申请材料。2017 年 7 月 31 日，原河南省国土资源厅作出豫国土资公告〔2017〕12 号《公告》，某公司的案涉勘查许可证在《公告》中的废止清单内。2017 年 10 月 19 日，河南省自然资源厅对某公司作出豫划矿不予办字〔2017〕011 号《不予批准划定矿区范围登记通知》，决定不予批准划定矿区范围申请。某公司对该通知不服，向国土资源部[①]申请复议。国土资源部于 2018 年 2 月 11 日作出《行政复议通知书》延期至 2018 年 3 月 26 日前作出行政复议决定，于 2018 年 3 月 7 日作出《行政复议通知书》，行政复议中止。

2018 年 9 月 20 日，河南省交通运输厅作出豫交文〔2018〕371 号《关于开展重点项目前期工作做好国土空间控制规划的通知》，同意某段高速公路项目开展前期工作，建设单位为信阳市交通运输局。2020 年 5 月 6 日，某公司（甲方）与罗山县人民政府（乙方）、信阳市交通运输局（丙方）签订了《某段新建工程项目压覆矿产资源协议》：“一、甲方同意丙方在某公司铁矿矿区范围内修建‘拟建项目’。二、甲方放弃‘拟建项目’压覆的矿区范围及压覆的资源量。在甲方矿区土地使用权办理和开采建设等环节中，乙方在政策法规允许范围内给予支持和优惠。三、乙方同意按照豫政办〔2013〕101 号文、豫国土资规〔2016〕7 号文及省自然资源厅的备案证明等相关文件，给予甲方补偿。四、乙方承诺负责按有关规定协调解决压覆矿产补偿事宜。”2020 年 12 月 9 日，河南省自然资源厅作出豫自然资函〔2020〕749 号《关于高速公路某段工程项目压覆重要矿产资源的审查意见》载明：“划定矿区范围‘河南省某地铁矿’矿种为超贫磁铁矿，已由原河南省国土资源厅出具了‘不予批准划定矿区范围登记通知’（豫划矿不予办字〔2017〕011 号），不予批准其划定

① 根据《第十三届全国人民代表大会第一次会议关于国务院机构改革方案的决定》，撤销国土资源部，组建自然资源部。

矿区范围的申请；依据豫自然资办发〔2019〕46 号文件，超贫磁铁矿已不再作为可开发利用的矿产资源。”2021 年 10 月 14 日，罗山县人民政府作出罗政函〔2021〕61 号《关于对某公司的函》，函告某公司向罗山县人民政府提供能证明案涉探矿权或采矿权属于其合法所有的相关证件材料，某公司未提供。

【裁判结果】

河南省信阳市中级人民法院于 2022 年 9 月 28 日作出（2022）豫 15 行初 39 号行政判决：驳回原告某公司的诉讼请求。

宣判后，某公司不服，提起上诉。河南省高级人民法院于 2023 年 2 月 27 日作出（2022）豫行终 848 号行政判决：驳回上诉，维持原判。

【裁判理由】

法院生效裁判认为：（1）关于某公司是否对涉案矿产资源享有合法权益。某公司通过合法受让取得某地铁矿矿区的探矿权，探矿权期限到期后，2017 年 7 月 31 日原河南省国土资源厅作出豫国土资公告〔2017〕12 号《公告》，对探矿权人逾期未办理延续登记手续而自行废止的勘查许可证予以公告，其中包含某公司的涉案勘查许可证。涉案高速项目 2018 年 9 月 20 日被批准开展前期工作时，某公司的探矿权已废止，且原河南省国土资源厅未予批准某公司划定矿区范围申请，涉案探矿权未转为采矿权，某公司对涉案矿产资源不享有合法权益。（2）关于涉案协议是否有效。涉案协议的履行应以某公司对涉案矿产资源享有合法权益为前提，某公司请求继续履行涉案协议，缺乏事实和法律依据，依法不予支持。（3）关于某公司的损失补偿问题。某公司对涉案矿产资源不享有合法权益、涉案协议无效，某公司不具有要求补偿其取得探矿权及探矿投入的权利基础，其因探矿进行的投资等损失，不属于涉案矿产资源被压覆的补偿范围，应自行承担。综上，某公司的上诉请求不能成立，应予驳回；一审判决认定事实清楚，适用法律正确，应予维持。据此，二审判决驳回上诉，维持原判。

【案例注解】

建设项目压覆矿产资源纠纷是涉矿案件中最为复杂的案件类型之一，集中体现为公益与私益的平衡、公法与私法的交织。本案的争议焦点在于本案是否属于行政诉讼、某公司是否对涉案矿产资源享有合法矿业权、某公司要求补偿的诉讼请求是否成立。

一、建设项目压覆矿产资源纠纷中法律关系的认定

符合“建设项目压覆矿产资源”的情形主要包含以下条件：一是建设项目的项目选址内具有符合“《矿产资源开采登记管理办法》附录所列34个矿种和省级国土资源行政主管部门确定的本行政区优势矿产、紧缺矿产的矿产资源”①。二是被压覆矿产资源上设有合法矿业权。三是在建设用地审批前，项目建设单位必须提供与矿业权人签订的压覆重要矿产资源补偿协议书或补偿意向书，履行压覆重要矿产资源审批手续。四是自然资源行政主管部门批准压覆。由此可见，建设项目压覆矿产资源纠纷中的法律关系如下：其一，矿业权人与自然资源行政主管部门之间的法律关系中，一方面，由于被压覆的矿产资源根本用途发生改变，由原本的生产生活材料变为土地承载的功能负担，② 此时矿业权因该行政行为受到影响，矿业权人作为行政相对人有权就压覆决定的合法性向自然资源行政主管部门提出异议；另一方面，虽然矿业权不是所有权，建设项目压覆矿产资源不属于典型的行政征收，但这一行为对矿业权人造成了重大财产损失，此时矿业权人本应有权请求自然资源行政主管部门进行行政补偿，然而实践中因缺乏关于压覆矿产资源直接给予行政补偿的法律依据，依照“无依据即不补偿”③ 的理念，矿业权人多以行政补偿协议的方式寻求补偿救济。综上所述，矿业权人就行政补偿协议请求自然资源行政主管部门履行补偿义务而产生纠纷的，属于行政法律关系。其二，建设单位与矿业权人之间的法律关系中，压覆矿产资源是涉及公益的纠纷，但从建设单位造成矿业权人重大财产损失的角度来看，指向的是私益纠纷，加之矿业权人与建设单位是平等的民事主体。因此，矿业权人与项目建设单位就压覆矿产资源补偿产生纠纷的，应当依照民事法律关系进行审理。

本案中，罗山县人民政府与某公司及信阳市交通运输局签订了《高速公路某段新建工程项目压覆矿产资源协议》，依据《最高人民法院关于审理行政协议案件若干问题的规定》第一条之规定，该协议的目的是实现行政管理或者公共服务目标的职能，具有行政法意义上权利义务的内容，应当属于行政协议，且其本质上是矿业权人请求自然资源行政主管部门履行行政补偿的纠纷，属于行政诉讼的范围。

---

① 陈敏、孟刚、苗琦等：《新时代建设项目压覆矿产资源管理的思考》，载《中国矿业》2022年第9期。

② 参见叶阳：《矿产压覆案件审判中的争议及其消解》，载《人民司法・应用》2022年第31期。

③ 王玎：《论准征收制度的路径构建》，载《行政法学研究》2021年第2期。

二、合法矿业权的解析和认定

矿业权是指经过行政特别许可而开发、利用自然资源，获得收益的准物权，属于特许物权，也称为自然资源使用权。[①] 矿业权的合法性是矿产资源被压覆后是否予以补偿的基础。

一是矿业权的基本内涵。一方面，依据《矿产资源法》第三条第一款、第三条第三款规定，矿产资源属于国家所有，矿业权并非矿产资源的所有权，矿业权是在矿产资源上从事勘查、开采作业的权利。另一方面，矿业权包含探矿权和采矿权。探矿权、采矿权申请人均需经过依法申请登记，取得行政许可，才能取得合法矿业权。

二是探矿权与采矿权的区分。探矿权与采矿权是在国家所有矿产资源的基础上，对矿产勘查、开采作出的不同权利安排。依据《矿产资源法实施细则》第六条第一款、第二款规定，探矿权是勘查矿产资源的权利，采矿权包括开采矿产资源的权利、获得开采矿产品的权利，二者并非同一权利。区别在于：(1) 权利性质不同，探矿权是用益物权，探矿权对勘探的标的矿产并无所有权，而是通过勘探获取标的矿产资源的价值信息，以此投入市场获取收益。采矿权具有物权属性，采矿权不仅仅包含开采矿区的权利，对开采出的矿产资源也具有所有权。(2) 权利内容不同。根据《矿产资源法实施细则》规定，探矿权包含：勘查权、优先权等。采矿权包含：开采权、矿产所有权、销售权等。(3) 权利期限不同。探矿权以探矿权许可证为限且期限较短，采矿权除了采矿许可证有效期外，因采矿权衍生的矿权最长可达50年。由此可见，探矿权与采矿权是两种独立的权利，而且根据物权法定原则，法律仅规定了探矿权和采矿权两种矿业权，并未规定矿区权益，故某公司主张的矿区权益人并非法定用益物权的权利主体。

三是探矿权与采矿权的关系。依据《矿业权出让转让管理暂行规定》第十六条规定，“在探矿权有效期和保留期内，探矿权人有优先取得勘查作业区内矿产资源采矿权的权利”。上述规定明确了探矿权人对于采矿权的优先取得权，但探矿权人并非基于探矿权就必然能够取得该矿区的采矿权，由探矿权过渡到采矿权具有法定条件，应通过依法申请经批准登记获得采矿权证而取得采矿权，才能成为采矿权人，也即探矿权人并非必然成为采矿权人。

本案中，某公司主张探矿权与采矿权是一体的，属于两个不同阶段，其因购买探矿权并投资勘查，而且其采矿权复议申请未被驳回，某公司认为应确认其系涉案矿区权益人，该主张依法不能成立。

---

① 参见杨立新：《中国物权法研究》，中国人民大学出版社2018年版，第745～746页。

三、建设项目压覆矿产资源纠纷中可予补偿的矿产权利范围

《国土资源部关于进一步做好建设项目压覆重要矿产资源审批管理工作的通知》（国土资发〔2010〕137 号）（以下简称 137 号文件）规定了压覆矿产资源的补偿原则："1. 矿业权人被压覆资源储量在当前市场条件下所应缴的价款（无偿取得的除外）；2. 所压覆的矿产资源分担的勘查投资、已建的开采设施投入和搬迁相应设施等直接损失。"上述规定只是原则性规定，实践中由于建设项目压覆矿产资源对探矿权和采矿权产生的实际影响以及造成的损失大小是截然不同的，因此应当区分探矿权和采矿权实行差异化补偿。

（一）建设项目压覆矿产资源纠纷中对探矿权人可予补偿的认定及范围

1. 建设项目压覆矿产资源时是否对探矿权人予以补偿的审查

一是探矿权合法性的审查。探矿权合法主要包含取得探矿权的程序合法、权利内容及权限合法、许可探矿权的行政主体合法等，具体而言即探矿权人在进行探矿权登记并取得探矿权许可证。二是根据探矿权所处阶段分类认定是否予以补偿。合法探矿权存在以下几个阶段：已取得探矿权许可证未开始勘查、已取得探矿权许可证且已实施勘查、探矿权处于保留期间、申请探矿权转采矿权，其中，前三个阶段均属于不涉及探矿权是否到期的阶段，如在这三个阶段期间存在建设项目压覆矿产资源行为的，应当予以补偿；申请探矿权转采矿权的，当相关部门不批准转为采矿权时，建设项目压覆矿产资源无须补偿，当相关部门为使建设项目顺利开展而不予办理采矿权，迫使原探矿权人退出的，应当予以补偿。本案中，某公司处于探矿权转采矿权期间，某公司于 2013 年 8 月通过受让取得涉案矿产资源探矿权，并于 2016 年 3 月取得探矿权证，该探矿权证载明："有效期限：2016 年 3 月 26 日至 2017 年 3 月 25 日，注：该探矿权为最后一次保留。"2017 年 7 月 31 日，原河南省国土资源厅作出豫国土资〔2017〕12 号公告，对探矿权人逾期未办理延续登记手续而自行废止的勘查许可证予以公告，其中包含某公司的涉案勘查许可证。因此，涉案高速项目 2018 年 9 月 20 日被批准开展前期工作时，某公司的探矿权因已逾有效期且未办理延续登记手续已经自行废止，并且原河南省国土资源厅未批准某公司划定矿区范围申请，涉案探矿权未能转为采矿权，故可以认定涉案高速项目修建时某公司的探矿权已经灭失，无须就探矿权益补偿某公司。

2. 建设项目压覆矿产资源纠纷中对探矿权人可予补偿的范围

在补偿申请人存在合法探矿权的基础上，结合 137 号文件的精神，应对直接损失予以补偿，如勘查、已建设施、搬迁等投入，对于被压覆的矿产资源损失一般不予补偿。一方面，由于探矿权仅是勘查矿产资源的权利，不涉及财产权；另一方面，由于勘查矿产资源的本质是风险投资行为，探矿行为与获得矿

产资源的所有权并不存在必然因果关系，即使确实存在有价值的矿产资源，该矿产资源也是预期利益，如对探矿权人就矿产资源损失进行补偿，会形成探矿权人的不当得利，不符合“填平原则”的内在要求。以此类推，对于经过储量评审认定不宜继续推进至下一勘查阶段，或不应再增加勘查投入继续勘查的情况下，建设项目压覆矿产资源不需要对探矿权人进行补偿。本案中，即使某公司在建设项目压覆时是合法探矿权人，但涉案区域的矿产是超贫磁铁矿，依据豫自然资办发〔2019〕46号文件，超贫磁铁矿已不再作为可开发利用的矿产资源，也即涉案区域没有必要继续进行勘查，某公司要求罗山县人民政府赔偿其支付的探矿权转让费、赔偿其因压覆资源储量价值损失的诉讼请求不成立。

（二）建设项目压覆矿产资源纠纷中对采矿权人可予补偿的认定及范围

1. 建设项目压覆矿产资源时是否对采矿权人予以补偿的审查

一是采矿权合法性的审查。采矿权合法主要包含取得采矿权的程序合法、权利内容及权限合法、许可探矿权的行政主体合法，具体而言即采矿权人在进行探矿权登记并取得探矿权许可证。二是建设项目压覆矿产资源时对采矿权人是否予以补偿的分类认定。采矿权应分为到期采矿权、未到期采矿权两种情况，采矿权到期的，如采矿权到期时依法注销，则不需补偿，如开发利用矿产资源方案确定的期限长于采矿许可证载明的采矿权期限，且采矿人申请延续到期的采矿权，但行政管理部门以建设项目压覆矿产资源为由不予办理延续登记的，应当予以补偿；采矿权未到期的，应当对采矿权人的损失予以补偿。本案中，某公司在其探矿权有效期届满前，于2017年3月3日向原河南省国土资源厅提出涉案矿产资源划定矿区范围行政许可申请，原河南省国土资源厅于2017年9月作出豫划矿不予办字〔2017〕011号《不予批准划定矿区范围登记通知》，决定不予批准某公司划定矿区范围申请，某公司为此向原中华人民共和国国土资源部申请复议，该行政复议目前处于中止状态。虽然某公司申请行政复议尚无结果，但原河南省国土资源厅作出豫划矿不予办字〔2017〕011号《不予批准划定矿区范围登记通知》的行政行为已经发生法律效力，不因某公司申请行政复议而失去效力，根据《矿产资源开采登记管理办法》第四条规定，能否划定矿区范围直接影响采矿权的取得，故可以认定某公司申请涉案矿产资源探矿权转采矿权未获批准，其未取得合法采矿权，无须就采矿权益补偿某公司。

2. 建设项目压覆矿产资源纠纷中对采矿权人可予补偿的范围

对采矿权人的补偿应以137号文件规定的直接损失为原则，以间接损失为例外。此处直接损失也即采矿权人现有利益的减少，以137号文件中的相关补偿内容为标准；间接损失为采矿权人预期可得的利益，其中包含以下内容：一是矿产资源的间接损失，因建设项目压覆而关闭开采矿山工程的，通过评估确定剩余年限内可采的剩余矿产资源储量价款等；二是因被迫终止劳动合同或劳务合同而支付劳动者经济补偿金的间接损失。

（一审法院合议庭成员　李洪宇　阮晓强　王　朗
二审法院合议庭成员　王凤强　田伍龙　王江华
编写人　河南省高级人民法院　张东方
　　　　郑州铁路运输法院　杨洁琳
责任编辑　李　晶
审稿人　韩德强）

张某诉天津某医院、天津市南开区卫生健康委员会等撤销《出生医学证明》及行政复议案

——医疗保健机构可以签发只含有母亲单方信息的《出生医学证明》

关键词：行政　母亲单方信息　《出生医学证明》　合法性审查

【裁判要旨】

医疗保健机构出具新生儿《出生医学证明》，系可诉的行政确认行为，属于人民法院行政诉讼受案范围。医疗保健机构系依据法律、法规直接授权出具新生儿《出生医学证明》，区县级卫生健康委员会并非适格被告。医疗保健机构审核新生儿母亲提交的拒绝提供父亲信息的书面声明等法定材料后，即可出具《出生医学证明》，无须核查孕产保健系统信息，亦无权违背新生儿母亲意愿，将孕产保健系统中的新生儿父亲信息强制载明于《出生医学证明》之上。

【相关法条】

《中华人民共和国母婴保健法》

第二十三条　医疗保健机构和从事家庭接生的人员按照国务院卫生行政部门的规定，出具统一制发的新生儿出生医学证明；有产妇和婴儿死亡以及新生儿出生缺陷情况的，应当向卫生行政部门报告。

【案件索引】

一审：天津市红桥区人民法院（2023）津0106行初11号（2023年6月1日）

二审：天津市第一中级人民法院（2023）津01行终583号（2023年9月25日）

【基本案情】

原告（上诉人）张某诉称：其与前妻尹某在婚姻关系存续期间生育一女，尹某自行命名为尹某某。后，原告发现天津某医院于2021年12月1日出具的尹某某《出生医学证明》载明父亲信息“/”。在尹某怀孕期间，原告与尹某已完成妇幼卫生信息系统及孕产妇保健手册建档的相关流程，记载新生儿父母信息完备准确，但天津某医院未予核查，即接受天津市南开区卫生健康委员会的委托，在尹某侵权提交《放弃提供新生儿父亲信息申请书》的情况下，未对妇幼管理系统登记信息进行核查，且从未联系原告核实相关权利和义务，出具的尹某某《出生医学证明》违法。被告天津市南开区人民政府对天津某医院出具的尹某某《出生医学证明》，作出维持的复议决定，亦属于认定事实不清、适用法律错误。请求法院：（1）撤销天津某医院出具的《出生医学证明》；（2）撤销天津市南开区人民政府作出的《行政复议决定书》。

被告（被上诉人）天津某医院辩称：《出生医学证明》系医疗保健机构对于新生儿出生状态进行记载登记的生物医学证明材料，并非行政机关作出的行政行为，本案不属于行政诉讼受案范围。即使本案属于行政诉讼受案范围，依据法律规定，该医院具有出具《出生医学证明》的法定职权，尹某向该医院提交的《〈出生医学证明〉首次签发登记表》父亲一栏项目为“空”，并提交了自愿放弃提供女婴父亲信息的书面申请。因此，被诉《出生医学证明》合法。

被告（被上诉人）天津市南开区卫生健康委员会辩称：其不是本案适格被告，《出生医学证明》并非依委托作出。

被告（被上诉人）天津市南开区人民政府辩称：被诉《行政复议决定书》认定事实清楚，履行程序合法，适用法律正确。

第三人尹某、尹某某共同述称：原告张某在尹某怀孕期间频繁吵闹，致尹某出现先兆流产，尹某不得已回到娘家居住。在天津某医院住院分娩期间，该医院已经多次向尹某询问、释明是否提供尹某某父亲的信息，尹某根据法律规定向天津某医院出具自愿放弃提供女婴父亲信息申请书等材料。被诉《出生医学证明》合法有效。

法院经审理查明：张某与尹某原系夫妻关系，二人于2019年11月16日登记结婚，于2022年5月6日离婚。2021年11月20日，尹某在天津某医院分娩一女婴，取名尹某某。离婚协议约定尹某某由尹某直接抚养。

2021年11月20日，尹某在天津某医院填写《〈出生医学证明〉首次签发登记表》，在母亲基本信息栏中填写其本人信息，父亲基本信息栏均为空白。

2021年12月1日，尹某填写《申请书》，载明："于2021年11月20日在某医院产下一女婴，名为尹某某。本人尹某，现声明自愿放弃提供女婴的父亲信息。一切不良后果，由本人自负。以上声明内容真实，本声明人愿意承担一切法律责任。"同日，尹某填写《声明书》，载明："本人尹某于2021年11月20日在某医院分娩一女婴，经夫妻双方同意，孩子随母姓，出生医学证明签发后不论任何情况，信息不再作更改，一切后果自负。"2021年12月1日，某医院出具尹某某《出生医学证明》，载明母亲姓名尹某及相关信息，父亲姓名及相关信息均为"/"。张某得知该《出生医学证明》内容后，向天津市南开区人民政府申请行政复议。天津市南开区人民政府作出被诉《行政复议决定书》，维持被诉《出生医学证明》。

【裁判结果】

天津市红桥区人民法院于2023年6月1日作出（2023）津0106行初11号行政判决：驳回原告张某的诉讼请求。

宣判后，张某提出上诉。天津市第一中级人民法院于2023年9月25日作出（2023）津01行终583号行政判决：驳回上诉，维持原判。

【裁判理由】

法院生效裁判认为：本案的争议焦点是：出具《出生医学证明》的行为是否属于可诉的行政行为；南开区卫健委是否为本案适格被告；被诉的《出生医学证明》及《行政复议决定书》是否合法。

一、出具《出生医学证明》的行为是否属于可诉的行政行为

《出生医学证明》是《母婴保健法》规定的法定医学证明文书，其针对特定的公民作出，是确认婴儿出生的法律事实和户口登记机关进行出生登记的重要依据，出具《出生医学证明》的行为属于行政证明行为。根据《母婴保健法》第二十三条的规定，某医院具有出具《出生医学证明》的主体资格和法定职权，这既是其职权也是其职责，其出具《出生医学证明》的行为系依法行使行政管理职权的行为，属于行政诉讼受案范围，具有可诉性。

二、南开区卫健委是否为本案适格被告

根据《母婴保健法》第二十三条及《国家卫生和计划生育委员会、公安部关于启用和规范管理新版〈出生医学证明〉的通知》（国卫妇幼发〔2013〕

52号）中关于《出生医学证明》首次签发情形的规定“《出生医学证明》签发机构应当按照相关规定，为新生儿签发国家统一制发的《出生医学证明》。（一）在具有助产技术服务资质的医疗保健机构内出生的新生儿，由该机构负责签发”，医疗保健机构出具《出生医学证明》的主体资格和法定职权基于法律、法规的直接授权。根据《行政诉讼法》第二条的规定，由法律、法规授权的组织所作的具体行政行为，该组织是被告。某医院作为助产医院依据法律、法规的授权出具被诉《出生医学证明》，主体适格。且该权力来自法律、法规的直接授权，并不需要南开区卫健委进行委托，二者之间不具有委托关系。张某主张某医院系接受南开区卫健委的委托出具被诉《出生医学证明》，没有法律依据。综上，南开区卫健委并非本案的适格被告。

三、被诉的《出生医学证明》及《行政复议决定书》是否合法

根据《母婴保健法》第二十三条规定，某医院具有出具被诉《出生医学证明》的主体资格和法定职权。结合国卫妇幼发〔2013〕52号文中关于《出生医学证明》首次签发要求的规定，“签发机构审验新生儿父母有效身份证件原件并留存复印件后，按照《出生医学证明首次签发登记表》内容签发”“未提供新生儿父亲信息的，新生儿母亲应当提供本人签字的书面声明，签发机构可在《出生医学证明》上父亲信息的相应栏目处填写‘/’”。本案中，尹某填写了《〈出生医学证明〉首次签发登记表》，某医院提供了其本人身份证以及不提供新生儿父亲信息的书面证明，某医院据此出具被诉《出生医学证明》的行为认定事实清楚，适用法律正确，程序合法。张某提出某医院应当履行对于新生儿父亲的核查程序，核查孕产保健、妇幼管理等系统，将其个人信息载于被诉《出生医学证明》父亲信息栏的主张，与上述规定相悖，签发机构对新生儿父亲身份的认定本质上依赖于新生儿母亲的确认，新生儿母亲提交拒绝提供父亲信息的书面声明，签发机构亦应按照上述规定出具未记载父亲信息的《出生医学证明》，在《出生医学证明》上父亲信息的相应栏目处填写“/”，以保障新生儿获得法律权利。张某的主张理据不足。根据《行政复议法》（2017年修正）第十五条第一款第（三）项的规定，南开区政府具有受理行政复议申请并作出行政复议决定的主体资格和法定职权。南开区政府提供的证据能够证明，其作出维持被诉《出生医学证明》的复议决定符合法律规定。

【案例注解】

《出生医学证明》是由国家卫生健康委员会统一印制，以省、自治区、直辖市为单位统一编号，最终由具有助产资格的医疗保健机构依据《母婴保健法》出具的登记有新生儿姓名、性别、出生时间、出生孕周、出生体重、出生身长、出生地点、医疗机构名称、父母亲信息（含姓名、年龄、国籍、民族、有效身份证件号码、住址）、出生证编号、签发日期、鉴证机构等信息，是新生儿申报国籍、户籍，取得公民身份的法定医学证明文书。其是证明新生儿出生时的自然状况、血亲关系及取得户籍和国籍登记、确认与父母亲的血亲关系、获得母婴保健等的第一手凭证。但实务中，对于出具出生医学证明是否属行政诉讼受案范围以及纳入行政诉讼范围后原被告身份如何识别、出生医学证明的申领主体如何界定等均存在不同的认识。

一、符合法律规定的医疗保健机构属于行政诉讼中的特殊适格被告

随着社会职能转变调整，公共企事业单位、社会团体承载越来越多的公共服务职能及特殊的行政管理职能，其作为现代社会一类极为重要的社会组织，不仅符合以公共利益为目的的事业单位特征，同时也具有法人主体资格所包含的资格特征。故而，《行政诉讼法》规定了在一定情形下，经法律、法规授权的组织依法可以成为行政诉讼中的适格被告。而医疗保健机构也分属其内。一般情况下，医疗保健机构虽并非国家行政机关，不当然成为行政诉讼中的适格被告，但其可以作为法律法规授权的组织，行使行政管理职权，进而成为行政诉讼的适格被告，但对此，司法实务主要分歧如下：

一种观点认为，医疗保健机构作为法律法规授权的组织，其出具《出生医学证明》的行为，是势必对新生儿公民身份取得等事项产生直接的、实际的影响，属于可诉的行政行为，属于行政案件受案范围。

另一种观点认为，医疗保健机构出具《出生医学证明》的行为，是医患关系乃至医疗服务合同的记载和证明，不应当属于行政案件受案范围。因《母婴保健法》第二十三条系法律授权的医学证明行为的规范，属于民事职能性质的授权。

根据《行政诉讼法》第二条、《母婴保健法》第二十三条及《国家卫生和计划生育委员会、公安部关于启用和规范管理新版〈出生医学证明〉的通知》的相关规定，经批准开展助产技术服务并依法取得“母婴保健技术服务许可证”的医疗保健机构，经卫生部门授权后则具备签发新生儿出生医学证明的行政管理职权。未经授权的主体当然不具备出具条件。因此，医疗保健机构作为法律、法规、规章授权的组织，可转化身份成为具有行政主体资格、依法享有行使权力的主体，即成为行政诉讼中的适格被告。

与此同时，医疗保健机构为特定主体出具《出生医学证明》的行为属于可诉的行政行为。当事人认为出具《出生医学证明》的医疗保健机构作出的行政行为侵犯其合法权益的，应当作为行政案件受理。

结合上述观点，笔者认为，《出生医学证明》由国家卫生行政部门统一制发，签发时间、流程、内容等均由法律规范明确规定，医疗机构需审核条件后，对符合条件的公民必须出具，没有自主选择是否出具、何时出具、如何出具的权利。因此出具《出生医学证明》的行为具有授权性、法定性和强制性的特点，符合行政权的一般特征。而医疗服务行为是基于医患双方缔结的合同关系所产生的行为，虽出于职业伦理和道德，医方具有一定的强制缔约义务，但总体上遵循私法的意思自治原则。对于提供医疗服务的主体有严格的资格限制，但对其从事的诊断、治疗等具体行为不需要法律明确授权，对其形式和内容亦不存在法定要式，而是由医患双方自主决断。因此，医疗服务行为呈现非授权性、意定性和自愿性特点。① 综上，出具《出生医学证明》在行为特征上区别于一般出具病历、处方、诊断等医疗服务行为。

另外，《出生医学证明》载明新生儿姓名、性别、健康状况、出生地点、父母情况等信息，具有医学法律效力，用以证明出生人口的自然状况和血亲关系。既是新生儿依法获得国籍、社会保障以及户籍机关进行户籍登记的医学依据，也是国家进行人口管理的重要方式，制度目的在于建立稳定的社会关系、在教育、就业、养老等方面实现社会利益的有序分配，体现了行政行为通过履行公共管理职能，维护公共秩序，以促进公共利益的整体实现的浓重行政管理色彩。

综上所述，根据《行政诉讼法》第二条规定及出具《出生医学证明》的行为特征和行为效力、目的综合来看，具备签发新生儿出生医学证明的医疗保健机构，虽然不是行政机关，但其承担出具《出生医学证明》的行政管理职能，是法律法规授权的组织。其行为区别于基于意思自治的民事医疗行为，亦不属于受卫生行政部门委托的行为，因此具有行政诉讼的被告主体资格。

根据国卫妇幼发〔2013〕52 号文的规定，国家卫生和计划生育委员会② 负责全国《出生医学证明》的管理和业务指导，地方各级卫健委负责本行政区域《出生医学证明》的管理工作。同时结合《母婴保健法》第二十三条的规定，一般情况下，地方各级卫健委作为辖区内的卫生健康行政管理部门，对《出生医学证明》负有管理职责，但其并非直接签发主体，当事人对签发的《出生医学证明》的行政行为不服，应当以直接签发的医疗保健机构为被告提起行政诉讼，而非以辖区的卫健委为被告提起行政诉讼。

---

① 参见北京市西城区人民法院（2020）京0102行初142号行政判决书。

② 根据《第十三届全国人民代表大会第一次会议关于国务院机构改革方案的决定》，撤销国家卫生和计划生育委员会，组建国家卫生健康委员会。

二、医疗保健机构出具的《出生医学证明》属单方行政确认行为

根据《母婴保健法》第二十三条的规定，在我国境内出生的新生儿，应依法获得卫生行政部门统一制发的《出生医学证明》。而对新生儿签发合法的《出生医学证明》具备证明婴儿出生状态、血亲关系以及公民身份确定的法律效力，属于行政行为范畴内的行政确认行为，且系单方行政确认行为。

结合《母婴保健法》及《母婴保健法实施办法》的规定，医疗保健机构出具《出生医学证明》的行为即是确认新生儿出生的法律事实，其与生母、生父之间的法律关系以及其作为我国公民的法律地位的一种证明，属于行政确认行为中的证明行为。而该行为既是职权也是职责，毕竟签发不能滥用职权，也不能渎职。它是对特定公民作出的法律事实确认证明，具有强制性、单方性、确定性。

据此，可以看出国家卫生部门授权医疗保健机构出具《出生医学证明》是国家一项行政管理制度，是对新生儿出生客观事实的确认，在目前社会生活中具有重要地位。此外，该行政行为是一种羁束性行政行为，医疗保健机构或从事家庭接生人员在签发过程中，不具有自由裁量权，应当严格按照新版《出生医学证明》（第六版）规定的签发情形，准确填写新生儿的客观出生情况后签章作出。这也明显与一般医疗机构出具的疾病诊断证明不同。结合《母婴保健法》及《母婴保健法实施办法》等相关规定的内在要求，其可以反映出《出生医学证明》的签发是在更高层次上代表国家对出生事务管理的一种法定要求，同时也反映了国家将其纳入公共行政职能范围的一种意志和态度。

三、《出生医学证明》的司法审查需结合时代特征赋予新的司法理解

目前，各个省市均出台了关于《出生医学证明》的管理规定。[①] 笔者据此大致梳理出了《出生医学证明》申领的基本流程，即原则上由新生儿母亲向该医疗保健机构申领《出生医学证明》。但是主要分歧在于以下四点：一是新生儿母亲申领时是否需要明确其父亲信息；二是新生儿母亲申领时，其父亲是否必须到场共同办理；三是新生儿母亲是否可以不予提供新生儿父亲信息单方

① 山西省卫生健康委员会、山西省公安厅关于印发《出生医学证明管理办法》的通知（晋卫妇幼发〔2021〕7号）；山东省卫生健康委员会、山东省公安厅关于印发《山东省出生医学证明管理办法》的通知（鲁卫发〔2019〕10号）；浙江省卫生厅、浙江省公安厅关于印发《浙江省〈出生医学证明〉管理规定（试行）》的通知（浙卫发〔2012〕96号）；海南省卫生厅、海南省公安厅、海南省财政厅、海南省人口和计划生育委员会关于印发《海南省出生医学证明管理办法》（试行）的通知（琼卫妇社〔2010〕23号）等。

申领；四是新生儿父亲是否可以经母亲授权携带有效身份证明单方办理。

基于上述四点分歧进行归纳分析，主要可分为两种情形：一种情形是新生婴儿父母亲关系正常，新生婴儿母亲能够提供且愿意提供新生儿父亲的有效身份证件、资料的情况下，由母亲单方出面申领或经由新生儿母亲授权，由新生儿父亲提供其母亲授权委托书及有效身份证件、资料的情况下申领含有新生儿父母亲双方信息的《出生医学证明》；另一种情形是新生儿母亲不愿提供或者因特殊情况不能提供新生儿父亲有效身份证件或资料，即只申领含有母亲单方信息的《出生医学证明》。

(一) 医疗保健机构签发《出生医学证明》不必然需要审查清楚新生儿父亲的相关情况

考虑现实生活中可能存在的多种情形下，如何使新生儿不受影响，及时取得《出生医学证明》是亟须考量的。通过检索各个省市关于《出生医学证明》的规定，均未明确要求医疗保障机构只有在查清新生儿的生父情况下才能签发。可能出台相应的规定前，相关部门已经考量了现实客观复杂性的特征。

首先，结合上述分歧情形一，即一般的正常申领程序。此时医疗保健机构签发的《出生医学证明》载明新生儿双亲信息。医疗保健机构无须具体审查《出生医学证明》中的新生儿父亲是生理学意义或法律意义上的。只要按照相关规定的申领程序，作形式审查即可签发。这样既可以保证效率，也与医疗保健机构的实际工作情况相契合。

其次，对于上述分歧情形二，现实生活中的情形愈发复杂，难以统一概述，甚至难以明晰具体生父系何人。若不赋予新生儿母亲单方申领的权利，新生儿的合法权益将不能得到有效保障。具体而言：

一是新生儿双亲虽系婚姻关系存续期间，但因夫妻感情破裂正处于协议离婚或诉讼离婚过程中，因为相关事项，如新生儿姓名不能取得一致意见，其父亲不愿配合办理，甚至明确告知医疗保健机构不能办理。此时，医疗保健机构势必面临进退两难的境地。

二是新生儿系未婚生育、婚前或婚内怀孕但离婚后生育或因婚外情原因，甚至因不法侵害，不能明确生父的情形下，其母亲不愿、不想、不能提供生父信息。这也与各个省市相关规定中的“不愿或无法提供新生儿父亲信息”不谋而合。此种情况下，也应当明确了新生儿母亲单方面意志申领《出生医学证明》的法定权利。

至于申领《出生医学证明》的具体情形中，是父母双方申领或是母亲单方意志申领或是新生儿父亲申领（经母亲授权申领，新生儿母亲死亡、失踪、无民事权利能力或限制民事权利能力等）的规定，均不构成对新生儿父亲权益的影响、侵害或者对于男女性别的歧视。只是更多的系保障新生儿合法权益的考量。

最后，要求医疗保健机构全面掌握、查清该事实过于苛责。医疗保健机构作为特殊的行政主体，其审查能力只能承担与其能力相当的审查义务。《出生医学证明》签发过程中，其只能掌握其基于接生事实下新生儿母亲的情况，对于其父亲的掌握只能通过大众眼光去识别或合理推断，此时并不具有完全的确定性。也不能强制要求其父亲通过生物鉴定程序加以确认。如果处理不当势必引发新的矛盾，得不偿失。

（二）医疗保健机构可以签发只含有母亲单方信息的《出生医学证明》

现实社会中基于生育现象及婚姻现象的客观复杂性，如果必须严守双亲信息的完备性，可能出现申领《出生医学证明》的障碍，甚至户口登记的搁浅。此时显然不利于新生儿权利的保障。笔者之所以主张医疗保健机构可以签发只含有母亲单方信息的《出生医学证明》，主要原因如下：

首先，婴儿的出生是一个需要两性结合、受孕怀胎和顺利出生的完整过程。自母体受孕之后的整个过程，一般均由娩出婴儿的母亲一方完成，基于此，婴儿与母亲的血亲关系是一目了然的。而婴儿与其父亲之间的血亲关系，因婴儿的娩出存在着不为外人知晓的两性结合及受孕过程，对此医疗机构并不具有介入见证的条件及可能性。二者相比较而言，因医疗机构为生育孕妇助产接生，得以第一时间见证和掌握婴儿与其母亲的关系的独有便利条件。

其次，对于《出生医学证明》的申领不应过分苛责，应当给予新生儿母亲单方意志的权利。对于新生儿生父有异议，其可在后续户口登记程序中予以解决。并不必然对其合法权益产生不可救济的先天阻碍。更为关键的是《母婴保健法》及《母婴保健法实施办法》并未赋予医疗保健机构在出具《出生医学证明》时应当审查新生儿父母对新生儿姓名及有关事项是否达成合意的职责。①

综上，之所以应当赋予新生儿母亲单方意志的申领权利，主要是因为医疗保健机构对于新生儿的分娩过程直观可见，其与母亲的血亲关系天然可证。而与父亲之间的血亲关系，因医疗保健机构或者从事家庭接生的人员并不具有介入见证的条件及可能性，无法准确判断。因此，对于《出生医学证明》的申领第一责任人应当是母亲。换言之，申领意愿、信息记载应当由母亲自主决定。即使对新生儿母亲及父亲申领作出不同的规定，也不会说从根本上侵害父亲的权益。② 反之，一味强调新生儿父母合意，必将使新生儿后续获得国籍、

① 参见江苏省南通市中级人民法院（2018）苏06行终711号行政判决书。
② 参见浙江省嘉兴市中级人民法院（2020）浙04行终266号行政判决书。

户籍、社会保障等权益造成重大影响。也完全背离了规范《出生医学证明》的初衷和人口管理的根本目的。另外，新生儿母亲单方申领也与医疗保健机构能力相匹配且符合医疗机构审查核实的条件和可能性。

（**一审法院合议庭成员** 齐 欣 郎 蕊 郭来锁
二审法院合议庭成员 任桂红 刘 婧 芦一峰
编写人 天津市红桥区人民法院 郎 蕊
天津市高级人民法院 脱攀峰 卢 琛
责任编辑 李 晶
审稿人 徐继军）

《人民法院案例选》征稿启事

《人民法院案例选》是最高人民法院最早创办的案例研究出版物，也是我国改革开放以后出版时间最早、延续时间最长、出版册数最多的案例研究书籍，至今已出版200辑。书籍出版三十多年来，始终坚持“反映审判面貌，总结审判经验，研究审判理论，服务审判实践”的编选方针，突出“真实、典型、说理、及时”的编辑特色，以深入浅出的法理论证、规范流畅的法律语言，将最具时效性、典型性、新颖性的案件及裁判情况，办案法官的分析逻辑、法理运用、经验智慧，以及办案体悟，清晰完整地呈现给广大读者，是法官们做好审判执行工作的重要参考，也是社会各界认识了解人民法院工作的一个窗口。自出版以来，一直受到业内和社会各界的关注和欢迎。

为进一步提高该书质量，丰富稿件来源，增进该书与作者的互动交流，现面向广大法官和法律工作者以及喜好案例研究的各界人士公开征集稿件。

一、稿件范围

稿件应是对人民法院已生效裁判的深入分析，包括民事、刑事、商事、知识产权、行政、国家赔偿、仲裁、执行等方面案例的分析。具体体例格式请参见微信公众号“中国应用法学研究所”登载的《〈人民法院案例选〉编写体例及报送规范》一文，或咨询《人民法院案例选》编辑部（电话：010－67555922，010－67555919）。

二、来稿要求

1. 每篇来稿字数应不少于6000字（含图表），案例注解（分析）部分不少于4000字。

2. 来稿所涉案件应为裁判已生效案件，关于未生效案件的稿件一律不予采用。

3. 来稿内容应遵守法律法规，不得泄露党和国家机密、审判执行工作秘密，不得侵犯当事人隐私，符合公开出版要求。

4. 来稿应采用WORD文档形式，案例注解（分析）部分请采用一级、二级、三级标题的格式，比如，一、（一）、1.，以此类推。

5. 来稿应确保引用资料文献的准确性；来稿中有图表、图片的，要确保图表、图片的清晰性和客观性。

6. 来稿所涉人民法院名称、裁判文书号、裁判作出日期、审判人员姓名等必须与相关裁判文书完全一致，并应附相关裁判文书。

7. 来稿文责自负。作者应保证稿件的原创性，不侵犯他人的著作权，不得一稿多投。本刊对拟用稿件有删改权，如不同意，请在来稿中注明。

8. 来稿请附作者简介，包括真实姓名、性别、职务、职称、工作单位、联系电话（手机号码）、邮寄地址。

9. 来稿不退，请自留备稿。来稿一经刊用，稿件的复制权、发行权、汇编权及信息网络传播权等著作权属于中国应用法学研究所。

来稿请以电子版形式发送至邮箱：rmfyalx@126.com，或将纸质稿件邮寄至最高人民法院中国应用法学研究所《人民法院案例选》编辑部（北京市东城区北花市大街9号，邮编：100062）。

期待您的来稿！

《人民法院案例选》通讯编辑

北京市高级人民法院　胡嘉荣　刘晓虹　何　琴
天津市高级人民法院　王　婧　孙　伟
河北省高级人民法院　王　佳
山西省高级人民法院　马云跃
内蒙古自治区高级人民法院　梁　宏　焦日清　杨智勇
辽宁省高级人民法院　周文政
吉林省高级人民法院　刘国春　敬晓清
黑龙江省高级人民法院　周　怡
上海市高级人民法院　牛晨光
江苏省高级人民法院　曹美娟　缪　芳
浙江省高级人民法院　杨　治
安徽省高级人民法院　吴　婧
福建省高级人民法院　刘　光
江西省高级人民法院　章光园
山东省高级人民法院　徐清霜　芦　强
河南省高级人民法院　郭宇凌
湖北省高级人民法院　宋森军
湖南省高级人民法院　唐　竞
广东省高级人民法院　文靖之
广西壮族自治区高级人民法院　赵元松
海南省高级人民法院　李周伟
重庆市高级人民法院　游中川　吴雨亭
四川省高级人民法院　杜玉兰　金　晶
贵州省高级人民法院　尤　媛
云南省高级人民法院　郑天柱
西藏自治区高级人民法院　杨庭轶
陕西省高级人民法院　常媛媛　杨新斌

甘肃省高级人民法院　张文强
青海省高级人民法院　孙启英
宁夏回族自治区高级人民法院　吴培渊　杨　莹
新疆维吾尔自治区高级人民法院　马小菊
解放军军事法院　徐占峰
新疆维吾尔自治区高级人民法院生产建设兵团分院　王　琼
石家庄市中级人民法院　王红岩
太原市中级人民法院　张玉森
沈阳市中级人民法院　田　震
大连市中级人民法院　侯德强
长春市中级人民法院　赵　璐
哈尔滨市中级人民法院　周　磊
南京市中级人民法院　羊　震
南通市中级人民法院　谷昔伟
无锡市中级人民法院　宋婉龄
徐州市中级人民法院　葛　文
淮安市中级人民法院　解思辛
杭州市中级人民法院　邓兴广
宁波市中级人民法院　袁玮玮
合肥市中级人民法院　张小春
福州市中级人民法院　陈学凯
厦门市中级人民法院　陈荣炜
南昌市中级人民法院　陈　健
济南市中级人民法院　赵　雯
青岛市中级人民法院　傅庆涛
东营市中级人民法院　延　颜
郑州市中级人民法院　朱世鹏
武汉市中级人民法院　柯昌洁
宜昌市中级人民法院　黄金波
长沙市中级人民法院　张　明
广州市中级人民法院　王龙飞　林健涛
深圳市中级人民法院　丁业强
南宁市中级人民法院　周传明
海口市中级人民法院　崔玉坤
成都市中级人民法院　郝廷婷

泸州市中级人民法院　胡　艳
贵阳市中级人民法院　余长智
昆明市中级人民法院　冯丽萍
拉萨市中级人民法院　王　静
西安市中级人民法院　高　伟
兰州市中级人民法院　鲁千晓
西宁市中级人民法院　潘　伟
银川市中级人民法院　周志胜
天津海事法院　董丽娟
上海海事法院　英振坤
广州海事法院　付俊洋
宁波海事法院　孔　昱
青岛海事法院　张　静
厦门海事法院　吴海燕
武汉海事法院　王建新
大连海事法院　刘铁男
北海海事法院　邱德平
海口海事法院　刘本荣

（各法院通讯编辑若有变动，请及时告知中国应用法学研究所，电话：010－67555922 韩笑冬，邮箱：rmfyalx@ 126. com）